课堂教学卷

于漪全集

上海教育出版社

20世纪80年代初,上课教具是请学生画的

1982年元旦,四面八方的学生前来探望,幸福感充盈胸际

20世纪80年代中期,在上海市第二师范学校校训前

2009年,在"上海市杰出女教师表彰会"上与学生李莉同台受表彰

出版说明

《于漪全集》是基础教育领域首部特级教师的全集,也是上海教育出版社为特级教师出版的第一部全集。它的出版,对于传承、弘扬和建设新时代社会主义文化,对于以教育自信创建自信的教育具有重要意义。

《于漪全集》收录了于漪在不同时期发表于全国各类期刊和出版于多种图书的论文、讲话、序跋等作品。难免挂一漏万,故对写作时间和文章出处不一一注明,留待日后修订逐步完善。同时,对原发期刊编辑部、图书出版单位一并致谢。

全集由上海市教师学研究会组织有关教师、专家编辑。于漪的教育思想植根于教学实践,是理论与实践的有机融合和生动阐述。有时一材多用,是为了从不同角度阐释相关问题,为读者呈现丰富的不同历史阶段的思考成果。

全集以"一辈子学做教师"为线索,根据文章内容,共分 8 卷 21 册,从基础教育、语文教育、课堂教学、阅读教学、写作教学、教师成长、序言书信、教育人生八个方面多维度展现于漪来自教育第一线的理论研究成果,力求树立当代教育家的典型形象。

目录

于漪文体教学教案选

写在前面的话 　　3

记叙文 　　5
《截肢和输血》 　　5
《黄桥烧饼》 　　14
《谁是最可爱的人》 　　21

说明文 　　27
《宇宙里有些什么》 　　27
《活板》 　　33
《中国石拱桥》 　　40
《大自然的语言》 　　46

议论文 　　52
《事事关心》《谈读书》《关于写文章》《散文重要》 　　52
《"友邦惊诧"论》 　　60
《批评和自我批评》 　　68

文学作品 　　73
《周总理,你在哪里》 　　73
《白杨礼赞》 　　81
《雪》 　　88

《驿路梨花》　　　　　　　　　　　　94
　　《变色龙》　　　　　　　　　　　　103
文言文　　　　　　　　　　　　　　109
　　《木兰诗》　　　　　　　　　　　　109
　　《出师表》　　　　　　　　　　　　118
　　《公输》　　　　　　　　　　　　　125
　　《岳阳楼记》　　　　　　　　　　　132

于漪教案选
——特级教师教案选

　　写在前面　　　　　　　　　　　　　145
熏陶感染　教文育人　　　　　　　　147
　　《七根火柴》　　　　　　　　　　　147
　　《茶花赋》　　　　　　　　　　　　156
　　《刑场上的婚礼》　　　　　　　　　166
　　《在马克思墓前的讲话》　　　　　　173
　　《春》　　　　　　　　　　　　　　184
　　《母亲的回忆》　　　　　　　　　　191
　　《听潮》　　　　　　　　　　　　　201
　　《多收了三五斗》　　　　　　　　　207
兴趣是学习的推动力　　　　　　　　221
　　《李愬雪夜入蔡州》　　　　　　　　221
　　《论雷峰塔的倒掉》　　　　　　　　230

《孔乙己》　　　　　　　　　　　　237
　《西里西亚的纺织工人》　　　　　　246
　练笔指导　　　　　　　　　　　　253
　《雨中登泰山》　　　　　　　　　　256
　《说"疑"》　　　　　　　　　　　　267
　《最后一次讲演》　　　　　　　　　272
　《冯婉贞》　　　　　　　　　　　　279
　《范进中举》　　　　　　　　　　　284

开发学生智力的宝库　　　　　　　289
　《记一辆纺车》　　　　　　　　　　289
　《藤野先生》　　　　　　　　　　　297
　《果树园》　　　　　　　　　　　　303
　《海燕》　　　　　　　　　　　　　316
　《聪明人和傻子和奴才》　　　　　　322
　《百合花》　　　　　　　　　　　　327
　作文讲评
　　——《献上一支心中的歌》　　　　340
　《给青年的一封信》　　　　　　　　344

读写相长　意在创造　　　　　　　349
　《卖油翁》　　　　　　　　　　　　349
　《在烈日和暴雨下》　　　　　　　　354
　《故乡》　　　　　　　　　　　　　360
　《石壕吏》　　　　　　　　　　　　368
　《祖冲之》　　　　　　　　　　　　374
　《雷雨前》　　　　　　　　　　　　378

《歌声》	388
《第比利斯地下印刷所》	394

以有限拓无限　开阔教学天地　　399

《人民英雄永垂不朽》	399
《一面》	405
《二六七号牢房》	414
《拿来主义》	419
《我的叔叔于勒》	428
《竞选州长》	434
《老杨同志》	440
《松树的风格》	445
《地质之光》《探索星空奥秘的年青人》	451

于漪文体教学教案选

写在前面的话

几个月以前,《语文教学通讯》社嘱我挑选一部分教案按文体归类编印成册,供年轻的中学语文教师参考。起初,我觉得力不从心。"十年动乱",除了记忆中的东西未被挖走之外,记录着我教学实践脚印的一本本教案荡然无存,片言只字也未留下。手头有的仅是近两年多来改教初中以后写的,数量不多,不成样子,这里奉献给同志们的都是"毛坯"。

要提高课堂教学质量,课前必须下功夫进行认真的准备。从教材和学生实际出发编写教案,是课前准备必不可少的重要环节。论工作年限,我是教育战线的"老兵";然而,由于所教年级的经常更换与教材的变动,对不少教材仍然十分生疏,对80年代学生的特点更是缺乏足够的认识与研究,就这些方面说,我又是一个"新兵"。我像当年初教课时一样,工作再忙,活动再多,也要加班加点写好教案才上课堂。不做好准备,匆忙上阵,心里不踏实,觉得对不起学生。写教案,不完全是技术问题,它检验自己工作的责任感,检验自己对党的教育事业的忠诚。每次写时,我总想思考得周到一点,写得规范一些,在扎扎实实传授语文知识的同时,能有效地发展学生的智力,提高他们听、读、说、写的能力,并且在思想情操方面给以良好的熏陶与感染。由于学识功底不厚,理论水平有限,有些教案写得不够理想。青年同志目光敏锐,勇于革新,往往一眼就能看出究竟。我奉献这些没有加过任何润色的"毛坯",正是为了听取同志们的宝贵意见和批评,集思广益,以匡我之不逮。

这块砖抛到语文教学的长河中如能激起细微的浪花,我就感到莫大的欣慰。细微的浪花会瞬息消逝,继之而来的将是年轻教师奔涌向前的波涛,叩击语文教学的大门,热忱地探索其中的奥秘。

在编选过程中,上海教育学院冯起德、陈刚两位老师花费了不少时间与精力,在此表示深切的感谢。

于　漪

1982 年 4 月

记叙文

《截肢和输血》

【教学目的】

1. 引导学生学习白求恩同志对工作极端负责,对同志极端热忱的共产主义精神。

2. 学习本文选取人物的生活片段,运用语言、行动反映人物精神面貌的写作手法。

【教学时数】

两课时。

【教学步骤】

第 一 课 时

一、出示挂图,引入课文

出示"白求恩同志做手术"的挂图。

提问启发:这幅画请同学们仔细看一看。画面的主人公是谁?画中描绘了怎样一件事?谁能讲一讲有关这方面的故事?

学生回答后教师归纳:主人公是白求恩同志,加拿大共产党员,著名医生。1937年抗日战争全面爆发。他率领一个由加拿大人和美国人组织的医疗队,不远万里,来到中国。他把中国人民的革命事业当作自己的事业,在前线救死扶伤,为革命忘我工作,表现了崇高的国际主义精神。这幅画就是描述他在一个简陋的帐篷里为伤员做手术的动人情景。今天我们学习的《截肢和输血》这篇课文,也是描述这方面的动人事迹的。作家周而复同志运用文学的表现手法,选取白求恩同志革命生活的两个片段,具体地表现他对中国人民的真挚情谊和崇高的精神境界。我们学习以后会深受教育与感染。

二、阅读全文

1. 认识生字难词。提出疑难问题。

拂晓(fú xiǎo)　　　　长(cháng)骨　　　　深酣(hān)

烙(lào)铁　　　　　　翘(qiáo)　　　　　　肘(zhǒu)窝

质疑:(略)

2. "截肢和输血"这个标题在文中起什么作用?

学生回答:文章标题醒目,清楚地表明了文章记叙的内容。

3. 课文分两个部分,请各用一句话概括其内容。

学生回答后教师点明:课文第一部分叙述白求恩大夫检查和治疗伤病员,着重写他为伤病员截肢;第二部分叙述他为伤病员输血。

三、引导学生读读议议,理解文章第一部分的内容与写法

1. 学生朗读课文第一部分。

2. 启发思考:白求恩大夫到了河浙村,第一句话说的是什么?反映他怎样的思想?他顾不上休息,一连做了几件事,请大家理一理,他做了哪几件事?

学生思考后回答,教师归纳补充。

要点:

白求恩同志一到河浙村,就"急忙忙地"问:"病房在哪儿?"话虽平常,但反映了他一心扑在工作上的可贵精神,因为他马不停蹄地一天走了八十里山路,够劳累的了。卫生部政治委员潘同志要他先吃饭、休息,他怎么说的呢?(学生回答)"我是来工作的,不是来休息的。"话多么简短有力!表达了他一心为工作,一心抢救伤病员的负责精神。

白求恩大夫来到村里一连做了四件事。

第一件事,查病房。白求恩大夫争分夺秒抢救伤病员,他"一口气"检查了三十多个伤病员,其中发现"有五个要立刻做手术"。

第二件事,参加手术前的准备工作。为了进行截肢,他急切地问王大夫:"二十分钟以后能做手术吗?"在听到满意答复、而顾部长又要求他"先吃饭"后"动手"时,他恳挚地请求:"我也要去参加准备工作,没有时间吃饭。"在他雷厉风行的工作热忱鼓舞下,准备工作很快完成,手术室气氛紧张严肃。当白大夫看到一位伤员因没扎夹板,伤情恶化时,心情十分激动,一个"扔"和两句责问的话,有力地表达了他对不负责任现象的不能容忍。

第三件事,传授技术。白求恩大夫抓紧分分秒秒工作,对于伤员上麻药深酣时的"片刻",更是毫不放松。他简明扼要地给医务人员讲解"离断术"的历史。

第四件事,看望伤员。做完手术,已是半夜。顾部长第三次请白求恩同志吃饭,而他却是"脱下衣服","跑到"病房,"一一去看"刚做过手术的伤员。

3. 提问、思考、讨论:这几件事情表现了白求恩同志怎样的精神?请学生抓住课文中的关键词语试加说明。

学生回答,教师或肯定或补充。

要点:作者在具体记叙白求恩同志这一桩桩事情的同时,深刻地发掘了他思想深处的精神瑰宝:"一口气"检查了三十多个伤病员,是在他自己不顾旅途劳累、一点都没有休息的情况下做的。这毫不喘息的紧张的工作,有力地突出了他高度负责的工作热忱。"我也要去参加准备工作,没有时间吃饭"这一句话,清楚地表明了他对工作极端负责的精神。为了治好伤员,不是分内的事情他也主动去做,表现了他废寝忘食的工作精神。他不能容忍不负责任,一个"扔"字,集中刻画了他对这种工作态度的责备和激愤。"中国共产党交给八路军的不是什么精良的武器,而是经过二万五千里长征锻炼的干部哇!"这句话说得斩钉截铁,"哇",感叹号,语气很重。白求恩同志从丰富的革命经历中懂得:共产党、八路军领导的革命事业是依靠久经锻炼的干部、战士去完成的。干部、战士是革命的宝贝,是党的财富,必须千百倍地加以爱护。这里,一个表达内心感情的动作,一句感人肺腑的心理表白,既展示了他对工作极端负责的精神,又蕴含着他对伤员无限真挚的阶级深情。"只要伤员告诉我一声好,那我就不知道怎么快乐了。"虽是一句简单的话,却含意丰富深刻,只要伤员好,他可以废寝忘食;他以伤员之乐为乐,跟伤员心心相连。作者用一个"快乐",一个"跳",活灵活现地表达出他的喜悦,使人如闻其声,如见其人。

上述一件件一桩桩,看似平凡,却闪烁着熠熠的崇高的共产主义精神。

4. 白求恩同志一到河洑村,一连干了那么多事情。那么,他是怎样来到这个村子的呢?课文中有一段精彩的描绘。

(1) 朗读,从"开头"到"和卫生部顾部长一道进了村"。

(2) 启发思考:白求恩同志是在怎样的气候下赶路的?请学生用一个单音词回答。

学生异口同声回答:"冷"。

(3) 提问:作者是怎样写"冷"的?

学生回答后教师点明:作者用质朴的笔调从多方面来渲染自然环境的"冷":先点明地点是"雁北"的"崇山峻岭",时间是正当"十一月"的天气。再描绘"雪":"山岭蒙上一层绒毡似的雪";雪"还在下着";白大夫披着"一身雪花"进了河洑村。寥寥数笔,勾勒了一个大雪纷飞、寒气袭人的冰冷世界。

（4）提问：作者为什么着力写气候的寒冷？用意是什么呢？

学生回答后教师归纳：作者写气候的"寒冷"，是为了突出白求恩同志"火热"的工作热情；以"冷"托"热"，借以表现白求恩同志一心为工作，不畏任何艰难险阻的精神面貌。

四、布置作业

1. 结合美术课，把"截肢"这一部分内容用连环画形式勾勒五至六幅简图。认真体会白求恩同志对工作极端负责的精神。

2. 朗读课文。把"截肢"部分缩写成300字的短文。

【板　　书】

截肢和输血

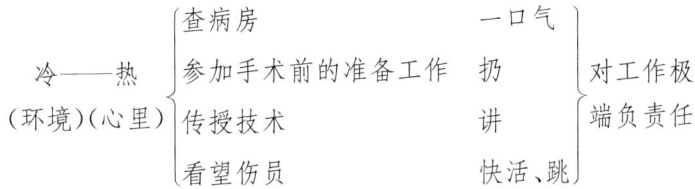

第 二 课 时

一、作业交流

1. 请两位学生看画讲画，复述第一部分内容。

指导：复述时要注意这样几点：每幅画的中心是否明确；画与画之间是否连贯；讲述时是不是根据画中情况恰当地运用课文中有关的语言。

2. 交流学生缩写的300字短文。

指导：短文要紧扣中心，减少可有可无的描写，注意前后连贯、故事完整、语言通顺。

二、学习课文第二部分

从第一部分所反映的几件事我们可以看到,白求恩同志对工作极端负责,对伤员充满真挚的情谊;第二部分记叙他对同志极端热忱的态度,更令人感动。这种热忱的态度是通过输血这件事形象地加以表现的。怎么表现的呢?

1. 请学生齐声朗读第二部分。

2. 思考回答:

(1) 白求恩大夫为什么要给伤病员输血?

学生回答后教师点明:因为输血已经成为关系到伤员生与死的大问题。经白求恩大夫检查,一位伤员因流血过多,必须立刻做离断手术。作者用"要是不……要是……而不"提出两种假设情况:"要是不立即做手术,伤员很快就会死亡;要是做手术而不输血,那也还是难免死亡。"严峻的现实已经把输血摆到刻不容缓的位置,在这紧急情况下,具有崇高献身精神的白求恩同志坚决要求给伤病员输血。

(2) 白求恩大夫为什么一定要把自己的血输给中国的伤员呢?

学生回答后教师归纳:在艰苦的战争环境中,普通的药物尚且搞不到,鲜血更是难得。鲜血奇缺,要立刻找到合适的健康人抽取,那更是难上加难。在这种情况下,白求恩同志挺身而出,"快活"地说:"我是O型,万能输血者。"这"快活"的神态,十分干脆的话,把白求恩大夫以能为伤员多做点事情而感到无比自豪的心情刻画得淋漓尽致。

白求恩大夫一定要把自己的血输给中国的伤员,还因为他时刻想着"前方将士为国家民族打仗,可以流血牺牲;我们在后方的工作人员取出一点血液补充他们,难道有什么不应该吗?"他把自己当作整个伟大的解放事业中一名"后方的工作人员"。正因为白求恩大夫把革命战士的生命紧紧地系在自己身上,把中国人民的解放事业当作自己的事业,他才抢先要求输血。课文用"我输不是一样吗?""难道有什么不应该吗?"两个语气十分肯定的反问句,表达了他急伤员之所急的心情;又用"别耽搁时间,救伤员要紧""来,快点!"两个命令句,有力地突出了他一事当前,勇挑重担,毫不利己、专门利人的精神。

（3）白求恩大夫把自己的血输给中国战士的时候,他的身体情况、工作情况是怎样的呢?

学生回答后教师归纳:作者特别交代了白求恩大夫是"五十多岁的年龄";身体非常"疲弱";工作十分繁忙:"每天除了监督筹备特种外科医院,还要给十个以上的伤员做手术。"这里,作者有意把他输血时轻松自如、心甘情愿的神情和他的年龄、身体、工作繁重的情况加以对比,有力地烘托了他与伤员血肉相连,心心相印的革命情谊,烘托了他对同志极端热忱的革命精神。

（4）"加拿大共产党员三百cc的血液静静地流到中国人民的八路军战士的身上。"一个外国人的血流到中国战士的身上,这件事具有怎样的意义呢?

学生讨论后回答,教师补充。

要点:中国战士的身上"静静地"流淌着伟大的国际无产阶级代表的鲜血。从这"静静地流着"的殷红血液中,我们看到了白求恩同志毫不利己、专门利人的共产主义精神和他全心全意为中国人民的革命事业英勇献身的崇高国际主义精神。这种国际主义和共产主义的精神,对中国人民是极大的教育。白求恩同志虽然离开了我们,但他的高大形象、崇高精神永远活在我们心中,是我们学习的光辉榜样。

三、总结全文

朗读课文,回答问题:

1. 这篇文章的中心思想是什么？

本文通过对白求恩同志给伤病员截肢和输血两个生活片段的生动描述，反映了白求恩同志对工作的极端负责，对同志的极端热忱，颂扬了他为革命忘我工作，毫不利己、专门利人的共产主义精神。

2. 这篇文章主要运用哪些描写方法来表现白求恩同志崇高的共产主义精神的？

学生讨论后，教师择其要加以概括：

(1) 通过人物的语言加以描绘。

要求学生把白求恩同志前前后后的话连贯起来读，读的时候注意语调。

教师点明：白求恩同志这些话掷地有声，非常感人。他是外国人，讲中国话时语句虽很简单，但内容丰富、思想高尚。作者描写时既注意反映他的思想面貌，又注意符合他的身份。这点很值得我们学习。

(2) 通过人物行动来表现。

教师提问：有哪些行动呢？

学生回答：第一部分追叙四件事，第二部分写了输血。

提问：为什么通过语言、行动能够反映一个人的精神面貌呢？

学生回答后教师点明：言为心声，语言反映一个人的思想，而行动是受思想支配的。

四、布置作业

1.《截肢和输血》是选取人物的生活片段加以记叙的。课外可读一读周而复同志的《诺尔曼·白求恩片断》和《白求恩大夫》，加深理解他崇高的国际主义精神。

2. 把"输血"部分缩写成 200 字短文。要求文字通顺。

3. 预习《纪念白求恩》，看毛主席是怎样评价这位国际共产主义战士的。

【板　　书】

截肢和输血

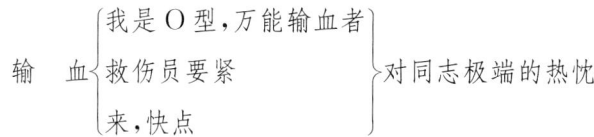

【教　　后】

1. 课文比较浅显,为了引起学生学习的兴趣,培养想象的能力,采用了图文对照的方法教。由图引出文,再要学生看文作图,学生在兴趣甚浓之中加深了对课文的理解。尽管有些学生画得不怎么好,但同样收到了效果。这种方法是可行的。

2. 学生已有一定的概括能力,第一部分拎出四件事以后,能简要地加以概括。

3. 两个部分比较,第二部分难教,内容太简,即使磨得很细,味道仍然不浓。

4. 第一部分缩写,学生已有所锻炼,第二部分不必重复,布置作业课前应慎重思考。

《黄桥烧饼》

【教学目的】

1. 体会黄桥人民对陈毅同志的深切怀念,加深对陈毅等老一辈无产阶级革命家的景仰和热爱。

2. 理解本文"寄情于物,树碑于心"的写法,懂得细节在表达主题中的作用。

【教学时数】

两课时。

【教学步骤】

一、背诵陈毅同志的诗,激发崇敬的感情

冬夜杂咏(之一)

青　松

大雪压青松,

青松挺且直。

要知松高洁,

待到雪化时。

1960 年 12 月

赣南游击词(一章)

靠人民,支援永不忘。
他是重生亲父母,
我是斗争好儿郎。
革命强中强。

1936年夏

二、了解课文概貌,拎出文章特点

陈毅同志是我们崇敬的无产阶级革命家,中国人民的忠诚战士。他光明磊落,英勇善战,才华出众。人民爱戴他,深深地怀念他。

《黄桥烧饼》是一篇饱含革命激情的记事散文。作者顾寄南。黄桥决战是有名的战役。陈老总执行了毛主席"诱敌深入,聚而歼之"的方针,率领新四军指战员在黄桥镇经一天一夜的激战,全歼韩德勤主力一万余人,蒋军八十九军军长李守维仓促逃跑,淹死在河里。这一战役打开了苏北抗日的新局面。作者选择了战役中的一个侧面记叙了陈老总指挥黄桥保卫战的动人情景和人民对陈老总的深切怀念。

1. 本文的特点是什么呢?

同学们已预习过,大家评评看,这样提合不合适:特点是"寄情于物,树碑于心"。

2. 要具体理解上述特点,先弄清楚以下两个问题:

(1) 全文以什么为线索展开记叙的?

讨论后明确:《黄桥烧饼歌》与黄桥烧饼是贯串全文的线索。始则以黄桥烧饼和《黄桥烧饼歌》点明题目,说明黄桥出名的原因;继则以黄桥人民做烧饼、送烧饼以及诞生与传唱《黄桥烧饼歌》紧紧承接;再则以《黄桥烧饼歌》在1949年后、在陈毅同志逝世后的继续传唱而波澜起伏;终则以《黄桥烧饼歌》填写新词而收束全文。整篇脉络明晰,前后三十多年的材料贯为一体。

（2）围绕这条线索,文章分为几个部分？每个部分各记叙什么内容？用文中现成的语句回答,或抓住关键词语自己组织句子。

作者在文中处处围绕这条线索引起联想:

第一部分(第1～8段):写黄桥烧饼的出名与《黄桥烧饼歌》的诞生与流传。

第二部分(第9～15段):写黄桥人民建设家园时唱着它,在怀念陈毅同志时唱着它,它成为黄桥人民继承革命传统的战歌,怀念革命先烈的思亲曲。

第三部分(第16～17段):为《黄桥烧饼歌》填新词,表达粉碎"四人帮"后的欢乐,进一步写对陈老总的无限怀念。

三、逐段细读,理解体会

第一部分:

1. 黄桥原是小镇,黄桥烧饼原是极普通的食品,为何出了名？

概括介绍桥的地理位置,点明题旨。简要叙述陈毅同志与粟裕同志率部挺进苏中,为了开辟抗日根据地,在黄桥指挥痛歼国民党顽固派的战斗这一历史事件,说明小镇成为革命斗争历史名镇的缘由。笔墨简要,紧扣篇题。它和陈老总的丰功紧密联系在一起。陈毅同志立下了黄桥保卫战的一座丰碑。

2. 黄桥保卫战为何能取得胜利？作者是怎样记叙的？其中什么场面最感人？为何要这样写？

交代历史背景,写明这场自卫反击战的政治依据,陈老总代表人民意愿,教训国民党顽固派,得到人民的热烈拥护与支援。反映人民战争威力无比。

在火热的支前场面中,张奶奶送饼的细节很感人,把陈老总关心群众疾苦,人民一心支前表现得有血有肉(人物语言、关键词语)。

将初稿与现在文章的开头进行比较,引导学生体会,话不在多,要精,要斩去纷繁的头绪。

作者是黄桥电器厂工人,初稿开头未紧扣主题:

我的家乡黄桥是苏北平原上将近两万人口的大镇。素有七十二条巷、六十六家烧饼店之称,比许多县城还大。但在抗日战争前并不出色,遍查典籍,确难找到关于它的记载。只是传说,古代叫"黑松林",以后叫"永丰镇"。宋朝抗金名将岳飞部属牛皋曾在这里扎过营盘,在南坝桥上大战过金兀术,至今还留下了地下兵器库和系马桩、旗杆石,为黄桥人所乐道,亦为外地人所罕闻。

可是,自从陈毅和粟裕同志遵照毛主席"坚决地建立根据地"的指示,在这里指挥了黄桥保卫战以后,黄桥一跃而登史册,成为历史上经久不衰的话题,不知名的小镇出了名,连同出名的还有黄桥烧饼和《黄桥烧饼歌》。

文首游离主题,《人民日报》编者指出要"减头绪,立主脑,把开头压缩一下……"。该删不删,主题就淹没。(《教学与研究》1978年第2期)

第二部分:

1. 这一部分以情动人,写了怎样的内容?集中表达了怎样的感情?
2. 为了表达这样的感情,作者选用了哪些材料?这些材料又是怎样穿插安排的?

学生思考回答后教师小结:

(1) 这一部分集中表达了黄桥人民对陈老总的深切怀念、由衷爱戴,在心中树立了陈毅同志的光辉丰碑。

(2) 选用了唱歌、送饼、题字、剪相片材料;选用了陈老总逝世后黄桥人民的痛彻肺腑的哀悼——做饼、献饼、吊唁；选用了黄桥保卫战时陈老总和一开明绅士下棋的细节。这些材料围绕"歌"穿插安排，寄情于物，物中倾注无限深情。这一段细节不安排在前一段叙述，而用追叙方法插叙，什么原因呢？这样安排不仅表现陈老总"成竹在胸""指挥若定""稳操胜券"的从容风度，而且忆陈老总的声音笑貌，更能激起人们感情的浪花，使人热爱陈老总，痛恨污蔑陈老总的"四人帮"，悲愤交集。

3. 反复朗读第二部分，体会寄情于物，树碑于心的特点。

要求：口齿清楚，语调恰当，饱含悼念与无限热爱之情。（重点读第10～15段）

读前，读时具体指导：插叙部分语调应稍昂，与前两段的低沉须区别；第15段须把爱与恨表达出来。

第三部分：

1. 人们谱写新词，表达粉碎"四人帮"后的欢乐。

2. 结尾运用丰富的想象，创造了陈老总与黄桥人民心连心的优美意境。

黄桥保卫战胜利后不久，陈老总率新四军苏北指挥部的部队，与南下的八路军三个纵队在盐城胜利会师。为欢庆胜利，于1940年11月7日陈老总写了《与八路军南下部队会师，同志中有十年不见者》一诗：

> 十年征战几人回，
> 又见同侪并马归。
> 江淮河汉今谁属，
> 红旗十月满天飞！

引用陈老总诗中一句作结，增添新意，更倍增怀念陈老总之情。

四、总结全文,加深印象

本文语言朴素,以情感人。对陈老总悼念也是人民的悼念。作者努力写出陈老总爱人民,人民敬陈老总的血肉相连的感情。

为表此情,反复咏物,以物寄情;寄情的最高峰,是树碑于心,把陈老总的丰功伟绩、高大形象永远铭刻在心头。这样写,有独特的艺术风格,给人以深刻的感染。

五、布置作业

1. 朗读"一九七二年一月六日"至"陈毅同志的光辉形象永远屹立在我们心中",要求读时满怀怀念深情,并表达对"四人帮"的蔑视和憎恨。

2. 解释下列词语,并用它们组成一两段话,表达自己对陈老总的景仰与怀念。

  络绎不绝 睹物伤情 叱咤风云

  铿锵有力 成竹在胸 指挥若定

  情不自禁 巍然屹立

3. 课外阅读《陈毅诗词选集》(人民文学出版社 1977 年版)。

【板 书】

黄 桥 烧 饼

寄情于物	树碑于心
黄桥烧饼与黄桥烧饼歌	陈老总
1　出名　诞生	成竹在胸　指挥若定
2　　　传唱	叱咤风云　铿锵有力
3　　　填新词	永在人间

【教　　后】

1. 文章以什么来结构情节，学生吃不准。多数认为是黄桥烧饼结构情节，少数认为是《黄桥烧饼歌》贯串始终，把二者结合起来考虑的仅是个别学生。再次指导阅读，始领悟。今后这方面要加强指导。

2. 以"寄情于物，树碑于心"拎起全文，展开教学活动，效果较好。把初稿的开头与修改后的作比较，学生欢迎这种教法。

3. "麦秸(jiē)""哽咽(yè)""扑簌簌(sù)""叱咤(chì zhà)"等词有些学生读不准，应加强正音与辨形。

4. 学生很喜欢文章的第二部分，读后受感染，一下课好些学生抢着要看《陈毅诗词选集》。

《谁是最可爱的人》

【教学目的】

1. 学习中国人民志愿军热爱祖国、热爱人民；仇视帝国主义、反动派，勇于为正义事业献身的高尚品格。

2. 学习课文运用典型事例表达中心思想；学习记叙、议论、抒情相结合的写法。

【教学时数】

两课时。

【教学步骤】

一、填空，引入课文

（ ）人心（ ）　　（ ）人肺（ ）　　（ ）（ ）人口

《谁是最可爱的人》发表于1951年4月11日《人民日报》上，是50年代"扣人心弦""感人肺腑""脍炙人口"的好文章，是中国人民志愿军的一首赞歌。

作者魏巍，河南郑州人，长期在部队中从事文艺工作。抗日战争时期，随军工作在晋察冀边区；抗美援朝时，1950年、1952年两次到朝鲜前线，与志愿军生活在一起，战斗在一起，对他们有深厚的感情。1951年3月回国后写了许多优秀的通讯，本文是其中的一篇。发表之后，在全国人民中产生了深广的影响。从此，人们就以"最可爱的人"称呼志愿军战士。

为什么说是"最可爱的人"呢？作者从哪些角度，用哪些方法来表现"最可爱"的内容的？

二、检查预习情况，请学生回答问题

1. 文章记叙了什么内容？
2. 歌颂了志愿军什么品质？
3. 通过哪些事迹的记叙表现"最可爱"的内容的？每个事迹用一个词组或一个句子来概括。
4. 为什么说志愿军是"最可爱的人"？
5. 谈谈初读的感受。

三、讨论表现"最可爱的人"高尚品质的事迹

明确：

1. 一场壮烈的战斗，殊死的战斗，表现震撼天地的爱国主义精神。

直接描写——任务繁重，时机紧迫，敌众我寡，勇猛战斗。作者用"摔""扑""抱""烧"等一系列动词逼真地再现英勇无畏的志愿军战士与敌人徒手搏斗的可歌可泣场面。战斗的起因、经过、结果交代得一清二楚。

间接描写——营长的话，是战场实况的记录，是英雄战士反侵略壮烈行为的颂歌，倾注了强烈的感情，震撼读者的心灵。

文中一一记下名字，是对反侵略的英雄表示深切的悼念，是为烈士们千载万世树丰碑。（英雄群象）

2. 烈火中抢救朝鲜小孩，表现高度的国际主义精神。

着力描写志愿军战士对朝鲜人民的深厚的爱。

（1）先勾勒生动的形象。作肖像画：介绍年龄、姓名、籍贯，增强文章的真实感，使青年战士的形象如在眼前。

（2）再点出思想基础。"离敌人越近，越觉着打得过瘾，越觉着打得解恨"，为下文对朝鲜人民的爱做了必要的铺垫。把恨与爱联系起来，

对敌人的恨来自对人民的爱。

（3）烈火中冒着生命危险抢救朝鲜小孩的场面。先作者叙述，随着情节的向高潮发展，转用战士的话来写。直接引述志愿军战士的话，说情况，绘心理，"踹（chuài）开门，扑了进去"。"在地上乱摸""一把抓着抱起来，跳出门去"等一连串抢险行动的描写；几次写大人的情况，都是为了深入刻画志愿军战士马玉祥高度的国际主义精神。

3. 防空洞内一席对话；表现志愿军爱国主义思想和国际主义精神。三次问答的描写，突出了战士为祖国为人民的高尚宽广的胸怀。

（1）自己吃雪，为了祖国人民不吃雪。自己蹲防空洞，为了祖国人民可以不蹲防空洞。

（2）想祖国又不愿回去。（托付的任务还未完成）

（3）对祖国对人民无所求，只要"一块朝鲜解放纪念章"。

综上所述，可知战士们三次答话是如此的普通、朴实，然而，透过这些朴素的语言，我们可以清晰地看到他们晶莹透亮的心灵，受到教育与感染。

4. 作者在选材上有何特色？请学生发表意见。

作者精选了具有典型意义的材料来表达文章的中心。

朝鲜战场上可歌可泣的事何止万千，如果一一写来，文章必然芜杂。本篇围绕对祖国的爱和对敌人的恨，愿为祖国、为人民献身的精神精选典型材料来写，从集体到个人，从战斗到生活，从英雄的行为到英雄的思想，全面而深刻地反映出战士高尚的精神境界，勾画出战士可爱的形象。这种严谨认真的选择材料的态度与方法值得我们学习、借鉴。

5. 朗读第14段，说明它在这部分文章中的作用。

这部分以强烈的抒情笔触作小结，表现了作者对战士的深深的崇敬。"第一流的战士""第一流的人""世界上一切伟大人民的优秀之花""值得骄傲的祖国之花"等赞美语言如乐曲中的旋律在我们心中经久地回荡。

四、理解抒情、议论在文中的作用

1. 放全文的朗读录音,要求学生对照课文,仔细谛听,体会作者表达的思想感情。

2. 画出抒情与议论的语句,说明它们在文中的作用。

学生发表意见后,明确:

(1) 第1段以发表感想、抒写感受为主。点出写作动机,层层深入。

感动—放纵奔流—急于告诉你们。

极力烘托,突出主题。

然后用"可是"的转折句,点明题意,揭示主题思想,批评错误看法,最后用"他们的品质……""他们的意志……""他们的气质……""他们的胸怀……"排比句赞美,抒发强烈的颂扬之情。

自由朗读、齐读、表情朗读第1段。

(2) 第2段以记叙为主,夹以抒情与议论,对典型事例起阐发和补充的作用。

(3) 第3段以抒情和议论作结,把祖国人民的幸福和志愿军战士奋不顾身的战斗紧密地联系起来,把读者因典型事件的记叙而激发起来的感情推向理性认识的高度,起到了进一步突出中心的作用。

文章从"最可爱"开始,至"最可爱"结束,用了六个"最可爱",由于倾注了真情实感,由于饱含具体充实的内容,不仅不嫌多,而且给人以极其深刻的印象,成为脍炙人口的表现与歌颂爱国主义精神、国际主义精神的名篇。

五、齐读前三段与最后两段,要求感情饱满,书声琅琅

六、布置作业

1. 朗读全文,背诵前三段与最后两段。

2. 练习三,找有关的同义词和反义词。

3. 仔细阅读练习五,弄清楚什么叫完全句、简单句、无主句,下节课讨论学习。

【板　　书】

谁是最可爱的人

```
                   精神面貌      典型材料
              ┌ 纯洁和高尚
   最可爱的人 │ 坚韧和刚强    一场壮烈的战斗
              ┤              烈火中抢救朝鲜小孩
   志愿军战士 │ 淳朴和谦逊    防空洞内一席话
              └ 美丽和宽广
   ──────────────────────────────────
              爱国主义精神与国际主义精神
```

【教　　后】

1. 学生思想敏锐,与五六十年代的学生比较,有很多不同之处。在教学过程中,我问了这么一个问题:志愿军思念祖国而又为什么不愿意回来呢?有学生回答说:心里想有一块"朝鲜解放纪念章"。有学生补充说:因为朝鲜还半边红半边黑。话未说完,大部分学生叫嚷起来,不以为然。一个学生站起来问:"朝鲜现在还半边红半边黑,志愿军怎么就撤回来了呢?"过去教这篇文章,从没有学生提出这样的问题。我表扬了他们反应快,肯动脑筋,并就当时与后来朝鲜的形势作了具体分析。学生思维活,对教师的要求就高,教师须有足够的知识储备和驾驭课堂的能力,切不可掉以轻心。

2. 在教的过程中补充说明"最可爱"是从不同角度写的,虽多也不见累赘,反给人以深刻印象。

(1) 从感受、思想的潮水写;

(2) 从说明角度写;

(3) 从意志、气质、品质、胸怀角度写;

(4) 在事迹的基础上写;

(5) 上升到理性认识阶段理解。

3. 朗读的录音好,学生听了很受感动。借助录音,指导学生朗读,使学生在朗读过程中受到熏陶与感染。

说明文

《宇宙里有些什么》

【教学目的】

1. 了解宇宙是物质的、运动的、无穷无尽的,培养学生唯物主义的观点和对天文学的爱好。

2. 初步理解说明文方面的知识,懂得列数字、作比较、打比方等方法在说明事物中的作用。

【教学时数】

两课时。

【教学步骤】

一、从表达方法引入课文学习

说明文是一种说明事物的文章。

记叙、议论和说明都是文章最基本的表达方式。写事情的发展过程,人物的活动,景物的变化,用记叙的方式;对事物表示意见,提出主张,用议论的方式;对事物的形状、性质、成因、关系、功用等加以介绍,就用说明的方式。

请同学们分别举例说明记叙、议论和说明三种不同的表达方式,对三者进行区别。

今天学习一篇非常有趣的说明文——《宇宙里有些什么》。

二、启发思考，讲读第一部分

白天我们仰视天空，或丽日蓝天，白云朵朵，或彤云密布，灰幔笼罩；夜晚仰视天空，或皓月素辉，群星灿烂，或黑色浓重，深邃无底。彼时彼刻，你们想到些什么呢？是否想到天空究竟有多少奥秘？宇宙究竟有多大？宇宙里究竟有些什么？如果能洞悉宇宙的奥秘，该多幸福啊！

文章第一句话就是领着我们打开认识的窗户，"目光投向"浩瀚无比的宇宙。

什么叫宇宙呢？宇宙究竟有多大？请用课文、注释以及自己的理解回答。

宇宙：所有的空间和时间的总称。"宇"，上下四方，指所有的空间；"宙"，古往今来，指所有的时间。

宇宙大得"无穷无尽""茫无涯际""广阔无垠"。（要求学生说"茫无涯际"的同义词、近义词。）

宇宙里究竟有些什么呢？

三、放幻灯片，引导学生看群星灿烂的夜空，学习课文第二、三部分

1. 思考：

从一张幻灯片上我们可看到天空众多的星星，而实际上宇宙里究竟有多少星星呢？怎样才能把这个复杂的问题有条有理地说得清楚明白呢？

2. 阅读第 2～18 段，在练习本上列简表说明宇宙里有些什么？（下面简表备参考）

段落	名称	特征	主要说明方法
（二）宇宙是物质的，无穷无尽的。（第2～18段）	恒星	灼热,庞大,发光发热	列数字作比较举例子打比方
	行星	不发光,绕恒星转	
	星云	浮游,本身不发光	
	银河	铁饼形状	
	银河系		
	恒星系(河外星系)		
	……		
（三）宇宙是无穷无尽的,它的运动也是无穷无尽的。（第19～21段）		飞快地运动着	列数字举例子

3. 讲读分析

第二部分：

(1) 恒星具有怎样的特征？表面上给人的感觉是什么？实际上怎样？说明时运用了怎样的方法？请抓住关键词理解。

表面：冷,寒光,小星星,萤火虫。
实际：热,热浪,大火球。

通过对应的方法由表及里地说明恒星的特征。

(2) 文中对恒星怎样分类说明的？从哪些角度说的？各类恒星之间有何异同？说明时运用了哪些方法？

先分述,后总述。先说"异",后说"同"。

恒星分成大、中、小三类,第3、4、5段第一句话分别点明。从体积、密度、重量、引力、温度等角度加以说明。说明时运用了列数字、作比较的方法。比如,大恒星可以装得下八十万万个太阳,小的比地球还小；又比如讲密度时,说小恒星的密度特别大,"火柴头那么大的一点点就抵得上十多个成年人的重量。用白金造成同样大的一个球,重量才抵得上它的二千分之一"。这样列数字,作比较,把各类恒星的特征介绍得既具体,又形象。

大、中、小三类恒星尽管在体积、密度、重量、温度、引力等方面有差异,但同是灼热庞大的气体球,全部发光发热。第6段用一句话总述,与第2段恒星的特征紧紧呼应。

眩(xuàn)目:耀眼的意思。

(3)文中用怎样的方法来对行星作科学说明的?

太阳系的行星人们是已知的,其他行星是未知的,用已知推未知,用两个反问句对行星的特征——不发光,绕恒星转,作了科学的回答。

(4)星际之间有多远的距离?星星和星星之间还存在些什么?怎样来说明的?

因为宇宙空间无比辽阔,星际之间的距离极远,作者用"每秒钟能飞16.6公里的火箭船得走几万年"的具体数字说明这颗星星到那颗星星的距离。(一光年为94 605亿公里,天文数字很大很大)

星际之间还存在着星云,先总说由什么物质组成,状态如何,再分说亮星云与暗星云。

(5)阅读第2~11段,在自己所列简表中分别填写上恒星、行星、星云的特征。

(6)宇宙中有众多的星星,我们怎样去认识它们呢?按照一定的组织结构去认识。读第12~14段,请学生把银河与银河系的组织结构说清楚。

银河如铁饼形状,中心厚,两边薄,像套在地球周围的一个环。银河又同许多与其类似的恒星群组成银河系。

作者用打比方、列数字的方法具体说明人们视力受地平线限制,误把光环看成"天河",以及银河星星非常多的情况。列数字时,巧妙地用了一个"数","你一口气数下去,得数一千多年",给人以具体真切的感觉。

(7) 作者把读者的目光怎样引向银河系外的无数恒星系的?那里究竟有些什么?作者采用了什么方法来介绍的?

用设问把目光引向银河系外的无数恒星系,进一步开拓读者视野,用"微不足道的小点点"与上述的"一千万万颗以上的星星""一个更大的恒星系"暗比,使读者对宇宙的茫无涯际有具体的感受。

说明宇宙里有"千千万万"个像银河系一样的恒星系,并举仙女座里一恒星系为例;再从已知的数以亿计的恒星系说明这仅是茫茫宇宙的极小部分,从而指出随着科技水平的发展与提高,将会看到更远的世界。

介绍时由近而远,由小而大——银河,银河系,河外星系。

说明时列数字,举例子,打比方,运用人们已有的知识作具体的介绍。

(8) 阅读第12～18段,在自己所列简表中分别填写上银河、银河系、恒星系的主要说明方法,并概括这一部分的要点。

——宇宙是物质的、无穷无尽的。

第二部分:

(1) 齐读第19～21段,寻找表达这一部分的关键词。

(2) 要求学生概括这一段的要点。

——宇宙是无穷无尽的,它的运动也是无穷无尽的。

4. 朗读结尾部分,小结全文:(请学生思考回答)

(1) 结尾部分说明什么问题?

(2) 这样结尾有何作用?

(3) 作者在文中运用哪些方法说明事物的?举例说明。

结尾一段说明人与自然的关系。宇宙是可认识的。可征服的。

说明人们对宇宙的认识有"已知"和"未知",而"未知"的奥秘必然会成为"可知"。文章以辩证唯物主义观点说明对宇宙认识的"已知""未知"与"可知"的关系,激发学生认识自然与征服自然的兴趣与热情。

文章从"目光投向无穷无尽的宇宙"开始,运用列数字、作比较、打比方等方法说明宇宙里存在的和运动着的各种星体、星云,最后以"征服宇宙"的预言结束。运用这些方法把复杂的事物说得有条有理、形象、具体。这篇有趣的科学小品激励我们学科学、爱科学、用科学,立志探索宇宙的奥秘,为科学的发展做贡献。

四、课堂练习

1. 口练。再放幻灯片,要求学生有条有理地说明宇宙里有些什么。

2. 补充与修改课上列的简表,把文章的内容(宇宙里有些什么)、段落、说明方法综合在一张表里,要正确、简明。

3. 思考与练习三。

【教　后】

1. 有些学生问:既然"宇宙"是时间与空间的总称,为何还说"宇宙空间"?(课文重点说"宇",通常说"宇宙",指"空间")

2. 有一位学生问:"一千万万颗多少?"另一位学生答:"一千亿。"前者又问:"为何不用亿?"其他学生认为:"万万是叠词,读起来响亮,有气势,给人以'多'的感觉。"

3. 有学生认为:"铁饼形状"与"环"状似乎矛盾。(实际不矛盾,银河呈铁饼状,中心厚,两边薄,因地球在当中,故银河就像套在地球周围的一个环。)

4. 口头训练时学生借助简表能有条理地说明白;而把文章的内容、段落、说明方法综合在一张表里,有难度,有些学生课上来不及做。要逐步训练,不能操之过急。

《活板》

【教学目的】

1. 认识活版印刷术对人类文化的伟大贡献,体会我国古代劳动人民的高度智慧和创造精神。

2. 学习运用平实浅显的文字层次清晰地说明事物的方法。

3. 理解文中词语的变性与活用。

【教学时数】

两课时。

【教学步骤】

一、激发民族自豪感,引入课文

我们伟大的祖国是世界历史上文化发达最早的几个国家之一。几千年来,我国人民进行艰苦、勤奋和富有智慧的劳动,逐步建立起伟大的具有独特光彩的物质文明和精神文明,使我国长时期居于世界的前列,对东方以至全世界的文化产生了深刻的影响。

我国古代的四大发明驰名中外,对人类文化有巨大贡献。哪四大发明呢?请同学们说说看。

火药,造纸,指南针,活字印刷术。

活字印刷术谁发明的呢?起何作用?谁最早记录了这个重大发明?

宋朝平民毕昇发明活字印刷,开创了世界活字印刷的新纪元。雕版印刷比手工抄写方便得多,一次可印几百部、几千部,但是雕版依然很费工,印一页就得刻一块版,雕印一部大书,往往需几年工夫,人力、物力和时间都很不经济。毕昇创造的活字印刷,节省了雕版费用,缩短了出书时间,既经济又方便,在丰富文化宝藏、增进文化交流方面起了重大的作用。比德国人谷登堡用活字印刷《圣经》要早四百多年。我国活字印刷术从13世纪起经朝鲜、日本等亚洲国家传到欧洲各地。现在盛行的铅字排印的基本原理,和最初毕昇发明活字的排印方法是完全相同的。

最早记录这个重大发明的是沈括的《梦溪笔谈》(出示《梦溪笔谈》一书)。沈括是我国北宋时期著名的学者、科学家。《梦溪笔谈》是一部内容丰富、包罗万象的著作,可贵的是其中一大部分详细记载了劳动人民在科学技术方面的卓越贡献,内容涉及数学、天文、物理、化学、生物、地质、地理、气象、医药和工程技术等十分广阔的领域。

书中对活字印刷术是怎样记载的呢?

二、阅读全文,在文字上疏通

1. 学生质疑。

2. 词句理解。

第1段:

板:即"版",指雕版。

盛:盛大,大规模。

五经:指《易》《书》《诗》《礼》《春秋》五种古书。五代时即印五经;后唐时冯道向官府建议,才开始印刷重要的儒家经典。

已后:"已"同"以",以后。

板本:雕版印刷的本子。

第2段:

布衣:指平民,点明毕昇的身份(应是"布衣毕昇"。《笔谈》中还记有一老锻工毕昇。)

胶泥:黏土。

令:使。

和(huò):动词,混合。

冒:覆盖。

密布:密密排列。

铁范:范是模子。此地"铁范"指铁框子。

就火:靠近火。就,靠近。

炀(yáng):烤。

按其面:压它的(活字)字面。

砥(dǐ):磨刀石。如砥,像磨刀石一样平。

若:如果。

止:只。

未为:不算,不是。

极为:很是。

自:另外,别自。

更互:交替,轮流。

可就:可以完成。就,完成。

帖:用标签标出。

每韵为一帖:(按韵目分类排列)每一个韵帖一个标签。帖,作动词用。

贮(zhù)之:储存它。

奇字:生僻的字。

素:平常。

旋:随即。

文理:木头的纹理。文,同"纹"。

沾水：被水浸湿。

兼：并且。

不可取：不能取下来，不能拿下来。

不若燔(fán)土：不像上文说的用胶泥刻字用火烧坚。若，像。燔，烧。

讫：完毕。

殊不：一点儿不。

第3段：

为：被。"为……所……"，文言里表被动的一种格式。

群从(cóng)：此处指弟侄辈。从，次于最亲的亲属。

保藏：保存。一作"宝藏"，珍贵地保存。

以上词句在学生试讲时教师帮助学生推敲和落实。

3. 词语的变性与活用。

文言文的有些词语不止表示一种意义，词性也可变化。比如"印"作名词用，是印模，也可用作动词，当"印刷"讲。掌握词语的变性与活用，有助于提高阅读文言文的能力。

画出文中有"印"与"火"的语句，按词性与词义的不同迅速归类。学生归纳后讨论，判断正误，促进理解。

三、分析文章的层次

文章说明毕昇创制活字印刷的情况，不仅语言洁净平实，明白生动，而且层次清楚，条理明晰。思考回答：

1. 三段文字各说明什么内容？请用一句话概括。

第1段：简述我国古代雕版印刷发展的情况。（点明活版印刷前所未有）

第2段：详细介绍活版印刷的制作、使用、功效等情况。

第3段：简述活字的下落。

2. 第2段详述活版印刷情况时说明了哪几个方面的问题？请你把说明的层次正确地划分出来。

(1)"庆历中……又为活板。"说明活版印刷创制的年代，创制人的姓名与身份。

(2)"其法……则字平如砥。"说明活版制作的方法。"刻""烧""布""炀""按"，准确地说明了制作的步骤。

(3)"若止印三二本……则极为神速。"说明活版印刷功效神速。

(4)"常作二铁板……殊不沾污。"说明活版使用、备用、保存以及不用木头而用胶泥刻字的原因。（实践的经验之谈）

说明事物必须有条理，切不可想到什么说什么。怎样才能有条理呢？要注意认识和研究事物本身的条理。先交代创制年代和创制人的姓名、身份，然后按照活版制作的程序安排说明的层次，介绍它的特性、功能、作用，最后说明几点有关事项，这样安排，清楚明白。

3. 第1段和第3段在文中起何作用？

第1段略述印刷的源流，引入本文所要介绍的对象——活版。这样的略述十分必要，既说明毕昇以前无活版印刷，又说明活版印刷的发明建筑在雕版技术广泛发展的基础之上。雕版印刷始于隋，唐大盛，五代后典籍皆为版本。毕昇生活在雕版印刷的全盛时代，通过长期的亲身实践，在世界上首先创造了活字印刷。由此可知，任何发明创造离不开一定的历史条件，离不开人民群众的智慧。

第3段简述毕昇创制的活字下落，一表明对这重大发明的珍视，二使读者明确文中所介绍的全是有据之言。如此结尾，增强真实感和说服力。

文章详略得当，详而不蔓不枝，略而简明扼要，使读者如亲身参加活版的实际操作一样。

四、分层次朗读第2段

要求：按说明层次，一个学生读，一个学生口译，一个学生概括有关内容,加深对文章的理解。

五、作业

1. 找出课文中有"为"的句子,分为作动词、介词两类用法,并解释它们不同的含义。

2. 写一篇短文,说明豆浆或汽水的制作过程,要求层次清楚,语言平实。

3. 译《梦溪笔谈》中《凹凸镜》,并简述该文说明的层次。

凹 凸 镜

古人铸鉴,鉴大则平,鉴小则凸。凡鉴洼则照人面大,凸则照人面小。小鉴不能全观人面,故令微凸,收人面令小,则鉴虽小而能全纳人面。仍复量鉴之小大增损高下,常令人面与鉴大小相若。此工之巧智,后人不能造。比得古鉴皆刮磨令平,此师旷所以伤知音也。

〔注〕师旷:春秋时晋国的著名音乐家,师是乐师,旷是人名。

【板　　书】

活　板

创始人	布衣毕昇
制　法	刻、烧、布、炀、按
功　效	神速
使用等	更互,备,贮,自落
层次清晰	语言平实

【教　　后】

1. 讲到四大发明,学生七嘴八舌,颇有自豪感。

2. 学生分层次有困难,少数分不清,较多的失之于琐碎。第四层次中有的学生一事一分,有的学生说"不以木为之"的原因也可放在第二层次中说。就势作了比较。为了使制作过程说得清楚明白,字的原料问题放在后面说比较好。说明利弊,突出胶泥刻字的优点。

3. "为"作动词用,有"做""是""成为"等几种含义,除课堂上指导外,增加课后作业,巩固所学知识。

4. 学生问《梦溪笔谈》一书除科技知识介绍外,还有些什么。简略地回答:还有人事、官政、艺文、书画、杂志等。全书共十七目,约六百条左右。

5. 为"钱唇"试作一解。

课文注以及一些教学参考书将"钱唇"解释为"钱的边缘"是正确的。但多未具体说明钱的边缘何所指。《梦溪笔谈选读》将"薄如钱唇"译为"像钱的边那样薄"则与一般释作边缘似有出入。一枚胶泥刻字薄如钱边是不可思议的。或有解为指刻字迹之深度,亦费解。"钱唇"应是指钱边的一圈"周郭"。汉时钱本无周郭,为防止磨钱盗取铅(铜屑),钱变为有周郭。以后历朝鼓铸的钱,边缘上一般都有周郭。"钱唇"即周郭,周郭有一定的宽度,因此说"薄如钱唇"是可通的。

《中国石拱桥》

【教学目的】

1. 了解我国石拱桥在设计和施工上的独特创造和高度的技术水平,为我国劳动人民的勤劳与智慧而感到自豪。

2. 学习抓住事物的特点,选择有代表性的事例,列数字,打比方,清楚而生动地说明事物的方法。

【教学时数】

两课时。

【教学步骤】

一、从学生掌握桥的常识引入课文

毛主席《水调歌头·游泳》的词中有一名句:"一桥飞架南北,天堑变通途。"这说的虽是在长江上架起大桥,沟通祖国南北,使长江天堑变为通途,但由此可想到桥在交通方面的作用是多么重要。

请学生讲讲看:你们亲眼看到过哪些桥?图画上,电影上,杂志上又见过怎样的桥?它们各用什么材料建筑的?具有哪些形状?请有条理地简明扼要地说清楚。

(请四五个学生口头叙述)

今天我们要学习的文章不是介绍木桥、砖桥、石板桥、混凝土桥,而是石拱桥。中国石拱桥。

"拱"呈何形状?请大家做个手势。作者说明中国石拱桥是从哪儿下笔的呢?

二、读第1、2段,请说明

1. 为什么叫石拱桥?石拱桥具有怎样的特点?作者主要运用什么方法来说明的?运用这种方法说明可以收到什么效果?请紧扣文中关键词句回答,还可运用自己掌握的知识加以发挥。

石拱桥因桥洞是拱形而得名;拱形,就是书中说的成"弧形"。

"弧"从"弓","孤"从"子"。

石拱桥的特点是形式优美,结构坚固。"几十年""几百年""甚至上千年",这些数字有力地具体地说明坚固的程度。"雄跨"一词绘出桥的气势。

作者说明石拱桥特点时运用了比喻的方法。抓住形似的特点用了一连串的"虹",进行比喻,有明喻,有暗喻,桥像虹,虹像桥,虹与桥混为一体。状色彩(彩虹),状姿态(卧虹),状气势(飞虹),状跨度(长虹),既有神话色彩,又有诗情画意,把拱桥写活了,给人以美感,吸引读者往下看。

写特点又各有侧重。第1段着重写"形式优美",第2段着重写"结构坚固",用"不仅……而且"表递进的关联词连接,结构严谨。

2. 介绍中国石拱桥,为何要从石拱桥写起呢?

概括说明石拱桥的特点,使读者有初步认识,为中国石拱桥的介绍打下良好的基础。

中国石拱桥又具有怎样的特点呢?

三、阅读第3~9段,思考回答

1. 中国石拱桥具有哪些特点?

有悠久的历史(以"旅人桥"为例说明);几乎到处都有;大小不一,形式多样,有许多是惊人的杰作。

杰作:杰出的作品。

在许多惊人的杰作中哪些是最著名的呢?作者精选了有代表性的事例加以说明。

2. 放三张赵州桥的幻灯片：一张是赵州桥的外貌，一张是赵州桥示意图，还有一张表明桥的宽度与二十八道拱圈拼成大拱的图像。要求同学：

(1) 看图说话，说明赵州桥是怎样的桥。

(2) 看文说话，理清说明的层次。

地理位置——横跨在洨河上。

地位——世界上"最伟大""最古"的。

修建时间——公元605年左右。

解放后维修——古桥恢复了青春。

规模——长、宽(具体数字)。

设计与施工(总述)——合乎科学原理；巧妙绝伦(巧妙得没有超过它的，非常巧妙。伦，辈，类别的类)，引用唐人张嘉贞的赞语吸引读者。

四个特点(分述)——只有一个大拱[数字，比喻。陡(dǒu)]；大拱两肩上各有两个小拱；大拱由二十八道拱圈拼成；结构匀称，配合和谐，雕刻古朴。再引赞语——初月出云，长虹饮涧。饮(yìn)，给牲畜水喝。这儿描绘桥如长虹饮山涧溪水一般，一个"饮"字，写出了桥与溪水的关系，把桥写活。

设计者——杰出的工匠李春。

(3) 从看图说话与看文说话的比较中你受到哪些启发？

看图说赵州桥的形态与特点，笼统、概括；看文说赵州桥的情况具体详细，这就清楚地告诉我们要说明有关事物，必须具备对那个事物的有关知识。单懂得说明事物的方法，对事物本身却缺乏足够的认识，是写不好说明文的。因此，广泛阅读各方面的读物，丰富自己的知识，提高认识事物的能力颇为重要。

文章介绍赵州桥，层次清晰，重点突出，着重介绍了这座著名石拱桥的高度技术水平与建筑特点。条分缕析，详略得当，也是写好说明文必须具备的条件。

3. 卢沟桥与河北赵县的赵州桥一样,颇负盛名。赵州桥有赵州桥的特点,卢沟桥有卢沟桥的特点,请朗读第6～8段,比较对两座桥说明方法上的异同。

(1) 比较异同:

同:介绍地理位置,修建时间;用数字说明桥的规模,用赞语说明桥的价值与奇观。("是世界上独一无二的""共同构成美丽的奇观")

异:说明结构时,前者着重讲大拱小拱组成情况,后者讲各拱相联的特征,并以"从没出过事"为例证说明桥的坚固性。说明桥的美观时,前者着重讲与四周景色配合得和谐,后者讲石柱上刻的狮子的"千态万状","有的……有的……有的……"排比句生动而形象地描绘出桥上雕饰的精美。"惟妙惟肖",惟,语助词,无实在意义;肖(xiào),相似。说明桥的价值时,前者着重歌颂我国劳动人民的智慧与力量,赞扬能工巧匠李春,后者着重指出值得纪念的反侵略的历史意义。

作者对两座桥分别作了详尽的说明与生动的记述,使石拱桥的建筑特点鲜明突出,给读者以具体、深刻的印象。

(2) 放三张卢沟桥幻灯片。看桥的外观;"卢沟晓月"的胜景;桥旁石柱柱头上的石刻狮子。要求学生看图说特点,可用课文中现成的语句,也可另外组织语句。

4. 作者分析石拱桥光辉成就的原因时从哪几个方面来说明的?为什么会给人以条理清晰之感?

从制作石料工艺的精巧,石桥建筑技术和起重吊装石料方面的创造,设计施工的优良传统和石料来源丰富等方面加以说明。用了"首先""其次""再其次"逐条加以分析,给读者有条不紊之感。在讲述这些原因时主次分明,着力歌颂了我国劳动人民的勤劳和智慧。

5. 再读第二部分,思考回答:

（1）说明介绍中国石拱桥的大层次。

先概述中国石拱桥的特点；再以中国最著名的两座石拱桥为例子，作详细说明；最后具体分析中国石拱桥取得光辉成就的原因。层次清楚，条理分明。

（2）以浏览的速度迅速画出赞美石拱桥的词语，增强对桥的美感。

如：杰作　　雄姿　　巧妙绝伦　　制作奇特　　美观
　　匀称　　和谐　　古朴　　不朽　　千态万状　　惟妙惟肖
　　奇观　　雄伟　　独一无二　　优美　　美丽　　精巧

6. 齐读最后一段，要求学生概括这部分内容。

（1）由古及今，简介石拱桥建筑技术的飞跃发展和广泛应用。

（2）说明这部分内容时，先后举云南"长虹大桥"、大量的"钢筋混凝土拱桥"与新创造的"双曲拱桥"为例，赞扬我国劳动人民的智慧与创造力，歌颂社会主义制度的优越。

（3）双曲拱桥是怎样的结构呢？放幻灯片，略作说明，丰富学生这方面的知识。

"双曲拱桥"是我国劳动人民的新创造，是桥身的主拱圈在纵横两个方向都是拱形的拱桥，即沿车行方向呈拱曲面的，在桥宽方向也是由几个小的连续拱曲面组成的拱桥。其形状犹如自行车的泥板，"双曲"是从这种拱桥的构造、受力关系的角度命名的。我国第一座双曲拱桥于1964年在江苏省无锡县建成。这种桥的优点是钢材用得少，用较小形的块件就能建成跨度大、外形美的桥梁。

四、小结全文，当堂练习

这篇说明文紧扣被说明事物的特点，层次清晰地进行介绍，知识具体丰富，语言准确、生动，要认真学习体会。

这篇说明文在说明事物时用了多种方法，请按以下分类各举一个例子说明：

1. 举例法；

2. 比喻法；

3. 引用法；

4. 举数法。

五、布置作业

1. 练习三。

2. 写一段说明文字,简介自己熟悉的一两种桥。

【板　　书】

中国石拱桥

```
            石拱桥      虹    卧虹    飞虹    长虹卧波
            中国石拱桥  惊人的杰作
         ┌ 赵州桥     合乎科学原理  巧妙绝伦
      例 │
         └ 卢沟桥     坚固  奇观    纪念意义
            双曲拱桥   新创造  世界上仅有
    ────────────────────────────────
                    智慧和创造力
```

【教　　后】

1. 学生对幻灯片很感兴趣,用幻灯片与文字对照,可使学生清楚地看到自己知识上的差距,颇能提高学习的积极性。

2. 学生最喜欢两段文字,开头的比喻写法,与卢沟桥石柱上的石刻狮子的描绘。

3. 学生比较赵州桥与卢沟桥建造的异同时,容易找出"异","同"考虑得不够。培养学生思维能力时要注意引导他们学会较全面地思考问题,不能只考虑一方面或某几方面。

《大自然的语言》

【教学目的】

1. 了解物候知识和物候学的研究在农业上的重要意义,激发观察大自然的兴趣。

2. 了解科学小品的特点,学习抓住事物特征、运用实例、有条不紊地说明事物的方法。

【教学时数】

两课时。

【教学步骤】

一、剖析题意,激发兴趣

同学们课前已作了预习,你们说说看,这篇文章究竟介绍了些什么知识?为什么要用"大自然的语言"作题目?语言是什么?大自然又怎么会有语言呢?看课文的注释①,与改写前原文的题目——"一门丰产的科学——物候学"相比,哪个更吸引人,为什么?

学生发表意见,明确:

文章介绍了物候知识和说明研究物候的重要性。"大自然的语言"指的是物候现象。语言是人类最重要的交际工具,大自然怎么会有语言呢?作者用了拟人化的手法把大自然中种种物候现象比作大自然的语言,借以说明认识它、研究它的重要性。以"大自然的语言"为标题,新颖别致,形象生动,比直述"物候学"更吸引读者。

这篇普及科学知识的科学小品,一和我们见面,就以新颖别致的标题吸引住我们。那么,哪些算是大自然的语言呢?哪些因素对它有影响呢?文章当中作了具体生动的说明。

二、划分段落,概括段落大意,掌握文章结构

请学生围绕物候现象的介绍,划分段落,简述各段大意。

第一部分(第1~3段):从春、夏、秋、冬四季中自然现象的变化说明什么是物候,以及物候和农事活动的关系——说明物候学研究的对象。

第二部分(第4~5段):说明物候观测对于农业的重要性。

第三部分(第6~10段):逐项说明影响物候现象的因素。

第四部分(第11~12段):说明研究物候学的意义与价值。

文章中心明确,对物候学的研究对象、重要性、影响物候现象的因素等作了具体的说明,从大自然的现象入笔,到要懂得大自然的语言结束,结构完整,首尾呼应。

三、理解各部分写法上的主要特点

1. 第一部分:

(1) 朗读第1~3段。注意正音、解词。

次第:按顺序一个接一个。

孕(yùn):分析字形。上下结构,上"乃"下"子"。

销声匿迹:辨别"销"与"消"。

载途:满路、遍地。载,充满。

谚(yàn):谚语,在群众中间流传的固定语句,用简单通俗的话反映出深刻的道理。农谚,是有关农业生产的谚语。

(2) 第1段内容用一句话可以概括,用怎样的话来概括呢?把这句概括的语言与文中的第1段文字进行比较,说明哪种写法好,为什么?

第1段内容写春夏秋冬变化的规律。

两相比较,文章的写法形象生动。作者运用充满诗情画意的散文语言,先后描绘了大地春回,夏孕果实,衰草连天,风雪载途的迥然不同的自然特色。词语丰富,句式多变,详略有致,使四季景色如在眼前。

朗读、背诵。

(3) 总括第一部分的写法,同学们认为有哪些主要的特点?

学生议论后,明确:

抓住自然景物的特征,用优美的语言描绘,使四季变化的规律表现得鲜明生动,增添文章的色彩。——反映了科学小品的形象性。

"在地球上温带和亚热带区域里,年年如是,周而复始"这一句不可忽视,点明这种四季变化的规律不是在地球上别的地带,而是"温带和亚热带区域"。——反映了科学小品的科学性。

介绍物候学的常识,由大自然的现象进入大自然变化的规律,由花香鸟语,草长莺飞的大自然的语言进入到物候学理论上的说明,由浅入深,由现象到本质。

2. 第二部分:

(1) 思考回答:

作者怎样说明物候对于农业的重要性的?这样说明有什么效果?

(2) 学生阅读后回答,明确:

先从理论上概括说明,再举实际例子说明。

从理论上说明时运用了比喻,把大自然语言的发出者比作"活的仪器",写出物候观测的特点,形象、生动。举北京 1960、1961、1962 年物候记录的数据与花生作物生长的关系为例,印证上述道理的正确性,加强文章的说服力。

3. 第三部分:

(1) 朗读第 6~10 段。思考回答:

决定物候现象来临的有哪些因素?

每一因素说明时有什么显著的特点?

综合起来看又有什么特点?

(2)学生议论,明确:

决定物候现象的因素是经度和纬度的差异,地势高下的差异和古今气候变化的差异。

第6段的设问句引起下文。说明决定物候现象来临的因素时,每说一个因素,先在段落开头用一句话概括,如"首先是纬度"、"经度的差异是影响物候的第二个因素"、"影响物候的第三个因素是高下的差异"等,然后紧扣第一句话分析说明。这样写来眉目清楚。

分析说明时,又有两个明显特点:一是举实例加以说明。事实最有说服力。既阐述道理,又摆出事实,令人信服。二是介绍时详细周密,不仅分析了物候现象"来临"的一般规律,而且揭示了它的特殊规律,使读者获得比较全面的可靠的知识。

这一部分在全文中是写得最详的一部分,叙述具体,条理清楚,实例充分。虽分条逐项说明,但同中有异,毫不呆板(如同是用第一句话概括全段内容,但语句组织得不一样);有详有略,主次分明。

4.第四部分:

(1)阅读第四部分,分析作者怎样说明物候学研究的意义的。

(2)在学生发表意见的基础上,指导学生体会"首先""此外""有""还可以""也可以"在说明物候学研究意义时的作用。

"首先",指明主要意义,回应上文说明的内容;"此外",表明还有其他意义,反映说明问题的周密;"有""还可以""也可以"是分别述说"多方面的意义",清楚明白。

四、检查学习效果

1.什么叫大自然的语言?举一个例子说明大自然的语言与农业生产的关系。

2.学了这篇说明文你有哪些收获?学到了哪些科学知识?学到了

哪些写说明文的方法?

3. 用课文中形象化的语言回答下列问题:

(1) 立春过后,大地怎样了?冰雪、草木、各种花又怎样了?

(2) 夏天是植物怎样的时期?

(3) 秋天植物的叶子怎样?北雁、田间草际的昆虫又怎样?到处是怎样的景象?

(4) 寒冬季节又是一番什么风光?

4. 用图解法示意本文的内容与结构,包括说明的对象、内容、层次、方法等项目。

五、布置作业

1. 完成"思考和练习"①。

2. 收集五条农谚,加深对物候的理解。

3. 写一篇短文,说明文具的性质、特点与用途。要求抓住特征,举例说明,注意语言的生动形象。

【板　　书】

大自然的语言

物候　　大自然的语言(生动、形象)

重要性　灵敏、简便(举例)

因素　　纬度、经度、高下、古今(举例)

　　　　　　　　　(一般、特殊)

意义　　预报农时,其他(主次分明)

【教　　后】

1. 学生对大自然的语言有所理解,对第1段的写法十分喜欢,很快就能背诵。

2. 在划分段落时对第 3 段有歧义，有的认为放在第二部分好，经过讨论，紧扣物候的研究，统一了认识，认为还是放在第一部分合适。

3. 概括段意时，二、三两部分容易，一、四两部分较难，后者多花一点时间指导。要重视概括能力的培养。

4. 学生对农谚感兴趣，当堂就讲了好些条，要他们课后收集，他们乐意接受。

议论文

《事事关心》《谈读书》《关于写文章》《散文重要》

【教学目的】

1. 懂得读书、作文的基本态度与方法,提高读与写的能力。

2. 学习围绕中心逐层深入地叙述道理、运用比喻与举例论述事理、提出问题侧重论述以及用事实作论据说明道理等写作方法。

【教学时数】

五课时。

【教学安排】

1. 总—分—总。

2. 课文讲读与知识短文《读书笔记》结合进行。

【教学步骤】

一、综合介绍,引起学生学习兴趣

《事事关心》《谈读书》《关于写文章》《散文重要》一组短文议论的是读书、作文的基本态度与方法,对我们读写能力的提高、对我们怎样做学问、做人都有指导意义。这些短文多出于名家之手,写的是经验之谈。邓拓是长期从事党的宣传工作的,写了大量杂文,《燕山夜话》是其杂文集,深受读者欢迎。吴晗是著名的明史专家,学问渊博;老舍是著名作家、语言大师。他们读书、撰文功底极深,有极丰富极宝贵的经验。

在"四人帮"横行时期,这些文章被打入冷宫,有的还在"狠批"之列。今天,我们能读到这些文章,从中吸取养料,应加倍认真,细细咀嚼。

二、学习《事事关心》与《谈读书》

两篇都谈读书的问题,但角度不一样。

1. 阅读两篇文章,找出各自的中心论点。

(1) 既要努力读书,又要关心政治。

(2) 重要的在善于读书。

2. 怎样逐层深入地论述"既要努力读书,又要关心政治"这个中心论点的?

(1) 先划分段落层次,概括段落大意:

第1~6段:所引对联的由来与意义,提出致力读书与关心政治的问题;

第7~8段:分析东林党人读书和讲学所抱政治目的之进步意义与历史局限;

第9~10段:反复论述努力读书与关心政治紧密结合的必要性。

第11段:结论。中心论点进一步深化。

(2) 再理清论述层次:先解释对联的含义,引出讨论的中心议题;再紧扣中心议题,分析评论东林之风;然后反复论述当今努力读书与关心政治紧密结合的必要性,最后下结论。论述时,中心论点如一根红线贯串其中,每个层次的说理都紧紧围绕它。论述时,由古而今;提出问题后,以今论古,再以古激今,最后谈今要胜古。

3.《事事关心》的思想意义与论说特点是什么?

(1) 每个学生都应懂得"事事关心"的重要。读书为了什么?读书与做人的关系怎样?我们都可以从文中受到启发和教益。

(2) 由诗入文,形象生动,既吸引读者,又揭示论题,是写杂文常用的手法。评说东林讲学之风,有肯定有否定,有借鉴有扬弃,内容具体,观点鲜明。就文章说，有说服力；就学问说，根底深。要写出有说服力的文章，必须在马克思主义基本原理和历史学等方面打好坚实的基础。

结论深化论题，反问句、感叹句的运用，都是熟练驾驭文字的表现。逐层深入地论说事理，前已分析，从略。

4.《谈读书》一文怎样紧扣"善于读书"来展开论述的？找出论述如何善于读书的五个关键语句。

文章先从方法，再从先后，然后从工具问题等三个方面分别论述，紧紧围绕"善于"，介绍读书方法，进行分析说理。（1）正确的方法是把寻章摘句式与观其大意、不求甚解式统一起来。（2）在学习理论的时候，还必须联系实际。（3）要读好书，必须先打好基础，读好了基础书，才能在这基础上作个别问题的钻研。（4）多读多抄，这个"二多"是必须保证的。（5）要善于利用工具书。以上道理，请学生举自己读书中的实例，分别说明，深入体会。

5. 本文在提出问题、分析问题、解决问题方面与《事事关心》比较，有何异同？

同：有针对性；中心突出；说理具体。

异：（1）提出问题的方法不同。一引对联，一从释题入手，用设问引起读者兴趣，以"能"与"善"一字之差突出所要论述的中心题旨，再联系当时读书实际，指出谈该问题的重要性。（2）分析问题时，前者多讲道理，逐层深入地论述；后者多用比喻与举例进行论述，把抽象的道理说得比较具体。三个方面，五个小点，清楚、严密。（3）结论：前者稍详，后者稍略；前者深化，后者强调。

6. 作业：

（1）阅读知识短文《读书笔记》，为《事事关心》写提要，为《谈读书》做摘录。

（2）练习三。

三、学习《关于写文章》与《散文重要》

读是理解,吸收;写是表达。读与写皆重要,读与写的能力都要努力提高。英国科学家培根说:"阅读使人充实,会谈使人敏捷,写作与笔记使人精确。"为什么说写作能使人思想精确呢?

1. 先学《关于写文章》一文。(读全文后,思考回答)

(1) 文章一开始就提出问题,摆出主要论点。主要论点是什么?为什么说它是主要论点?

开宗明义,提出写文章的作用。两个"方法",前一个未具体论述,后者作了详尽的阐发。故"写文章是整理我们的思想和经验,使之明确化、条理化的一种方法",是主要论点。为突出这一主要论点,从写文章的基本要求、构思过程来阐明其含义。

(2) 文章从哪些方面来阐明写文章使思想明确化、条理化的?用了几段文字?抓住关键词句理解。

一层:讲究章法和斟酌字句,使思想明确化、条理化。"头脑里"——"说出来"——"写成文章"。二层:从"写不下去"到"写好改好"使思想明确化、条理化。三层:反复推敲、修改,甚至重写,使思想明确化、条理化。经过三方面论证,有力地说明:写文章是整理思想,锻炼思维的方法。

(3) 由锻炼思想的方法讲而深入到什么问题的论述?

要有严肃的写作态度。反对马虎随便,提倡学习写,努力写,用写文章的方法训练自己的思想。

混沌(hùn dùn),亦作"浑沌",指思想模糊,不清楚。

(4) 最后一部分阐述什么问题?

讲清写文章的重要作用,激励大家树立写好文章的信心。

(5) 这篇文章在论述中的最大特点是什么?我们从这篇文章中可吸取哪些养料?

全面提出问题,重点论述。就全文说,提出两个"方法",侧重论述后者。就部分说,分析写不下去的原因有两条。对掌握语言工具一条不作论述,侧重讲思想。这样处理,不但使读者了解问题的全貌,又突出重点,鲜明地表现作者的写作意图。

可从中得到许多有益的启示:懂得写文章的作用;写文章要多锤炼;要学写、多写、努力写,酝酿、思索、研究,使思想精确,文字熟练。

(6)练习:写《关于写文章》的提要,要求重点突出,层次清楚;练习三。

2.再学《散文重要》一文。

写文章能整理自己的思想,使思想明确化、条理化。写怎样的文章呢?对初学者来说,学写怎样的文章最为重要?著名作家老舍同志以明白晓畅的语言、生动的事实论述了这个问题。

(1)自由朗读课文,思考回答:本文论述了哪几个问题?文中"散文"的含义是什么?为什么说散文实在重要?为什么说散文比较容易写?写散文时要注意反对哪几种倾向?在论述这些问题时,说理上、语言上有何特点?

(2)讨论后明确:

本文先后论述了"散文重要""散文比较容易写""不要怕散文,也别轻视散文"等问题。本文所说的散文,是从广义的角度说,凡不押韵,不重排偶的散体文章都称散文。狭义的散文则与诗歌、小说、戏剧并称。

从散文用处之多之大,说明散文的重要性。

散文是加工的口语,与口语接近。容易写,不等于能写好;要写好,得注意两点:锻炼说话、出口成章;在"话"上加工。

"既会……再会……就会……"表达准确。口头造句。

写散文要端正态度,既"不要怕",也"别轻视"。论述前者时,强调写散文的"条件",指出话说得清清楚楚,明明白白,就有写散文的基础,论述后者时,强调打底子,只有散文写得通顺,底子打得扎实,才可能写出情文并茂的诗歌、小说、剧本等。

论述上述问题时,层次井然,举了人所熟知的事实而又易忽略的道理来论述,做到了通俗易懂。而语言生动,口语化,正体现着老舍同志的文风。

(3)强调两点:一是练口与练笔的关系。锻炼说的能力,说得铿锵悦耳,为写打基础;提高写的能力,写好散文,又可使思想条理化,促进说的能力的提高。故平时要注意"双练",打下坚实的基础。二是用事实作论据,注意挑选有典型意义的事实,增强说服力。

(4)练习:用"出口成章""铿锵悦耳""字斟句酌""情文并茂"说一段话,表明说话与写文章的关系;做一张读本文后的卡片,写出全文提要或做重点、要点摘录。

四、总结

这组议论短文就读书的要求,读书的基本经验,写文章与思维训练的关系,写文章与说话的关系等进行了论述。我们读了以后,有些什么收获呢?请回答下列问题:

1. 在读书方面你增添了哪些经验?在写作方面懂得了哪些道理?把学过的内容梳理一下,整理出实实在在的几条,储入自己的"仓库"。

2. 四篇短文在提出问题、分析问题、解决问题方面各具特色,列表进行比较,加深理解。

五、作业:

以"读写经验谈"为范围写一篇短文。

1. 可写"读",可谈"写",可"读写"兼谈。

2. 谈自己体会最深的一二点。

3. 学习四篇文章论述问题的方法,可侧重学某一点,也可糅合起来运用。

【板　　书】

事事关心

既要努力读书，又要关心政治

以今论古　　以今论今　　以古激今

引 ←———— 评 ————→ 论 ————→ 结论

逐层深入（形象）（实事求是）（反复论述）（强调、深入）

历史地辩证地分析

谈读书

要善于读书

释题　　　论说（分别）　　　　结论

（引出论点）　（方法、先后、工具）　（强调）

比喻、举例

关于写文章

写文章使思想明确化、条理化。

全面提出问题 ┃ ……方法
┃　　　｛讲究章法，斟酌字句（头脑里——说出来——写成文章）
┃　　　　"写不下去"（酝酿、思索、研究）——
┃ ……方法　"写好改好"（杂乱、暧昧、粗疏——充分明确、完备、清楚）
　　　　　反复推敲、修改、重写
　　　　　重点论述

散 文 重 要

　　　　　　散文(广义,与韵文相对而言)
　　重要　　　比较容易写　　　不要怕,别轻视
　(多、广)　(与口语接近)(加工)　(条件、底子)
　　　(练口与练笔的关系)

【教　后】

1. 在划分《事事关心》段落时,少数学生把第一部分分在第 1 段末尾。思路虽不乱,但欠准确。加以指导。

2. 第二部分以今论古,评论东林之风如此之具体,对这一问题,有的学生理解得好,说评论实事求是,既熟悉史料,又能用马克思主义理论作指导。

3. 讲读《关于写文章》第 8 段时,学生只知承上启下的过渡段,可向他们指出:不仅如此,还照应了第 1 段提出的问题,重点论述"交流思想、传播经验的方法";既然全面提出问题,文章就应呼应,显示思维和说理的严密。

4.《谈读书》中的三个方面、五个小点,学生虽能迅速找出有关语句,但对立即举例阐述还有困难,说不周全。以后要注意此项训练。

《"友邦惊诧"论》

【教学目的】

1. 学习本文抓住论敌要害层层驳斥，置敌于死命的批驳方法，培养学生从错综复杂的现象中看清事物实质与深入分析问题的能力。

2. 进行朗读训练，用把"笔伐"变成"口诛"的方法，使学生深入体会反语、摹拟、排比、反复等艺术手法在文中发挥的战斗作用。

【教学重点与难点】

重点：针对谬论，层层驳斥；论战性与艺术性的和谐统一。

难点：时代背景——错综复杂的政治形势和社会现象。

【教学时数】

两课时。

【教学步骤】

一、检查预习情况，导入课文学习

板书：惊诧(jīng chà)。惊讶，诧异。要求学生读音释义。

板书：莫名。要求学生释义。名，此处指用语言表达出来的意思；莫名，说不出的，难以用语言表达的。莫名惊诧，说不出的惊讶诧异，可见"惊诧"到何种程度。谁"莫名惊诧"呢？在学生回答的基础上，板书：友邦人士。邦，是国家，友邦指哪些国家？指英、法、美等帝国主义国家。

射箭要看准靶子，讲究一箭中鹄，箭发出去，命中箭靶的中心。批驳敌人谬论的文章,要一语破的,击中要害,当然,也要看准靶子。《"友邦惊诧"论》是一篇十分精彩的驳论文章,这篇文章在第1段中就把敌人的反动论点揪出来示众。"友邦人士,莫名惊诧,长此以往,国将不国"这16个字是国民党政府12月18日反动电文中的要害。鲁迅先生是怎样把这黑靶子揪出来的呢?这个反动论点的实质又是什么呢?先看当时的事实吧。

二、指导学生学习第一部分(第1段)

运用提问与板书帮助学生了解当时错综复杂的形势,理解该部分内容,使学生明确作者引出反动谬论的方法。

(1)指名朗读第1段。

要求字音读准,句读分明。注意"攒击""私逮""悉"的辨形、正音、释义。"攒"(cuán),"逮"(dài),"悉"(xī)。

(2)提问回答。

学生为何请愿?请愿是什么行动?

"九一八"事变后,不到三个月,日本占据辽、吉,南京政府束手无策,哀求国联判决,而国联和日本是一伙。面对日本帝国主义的侵略、屠杀,眼看"大人老爷们"的"葬送土地",爱国学生义愤填膺,怒火中烧,放下书包请愿示威。这个行动是反侵略反卖国的正义行动,是无可非议的爱国行动。

为什么说"只要略有知觉的人都知道"?"略有知觉"起何作用?

稍微有点知觉的人全都知道,说明无须慧眼,无须深入思考,以此强调学生请愿的爱国行动是不容歪曲的事实,清清楚楚,明明白白。

然而,国民党反动政府采取什么态度对待的呢?看注释①与文末引录的电文,与这部分的有关内容结合起来思考回答。——十二月十七日血腥镇压,三十多名学生惨遭杀害,一百多名学生受伤,逮捕不计其数,爱国学生血洒南京珍珠桥畔。这,是血写的事实。反动政府为了掩盖罪行,极其卑劣地制造墨写的谎言,于十八日通电各地军政当局,诬陷学生"捣毁机关,阻断交通(见课文)……"加上种种莫须有的罪名,命令严加镇压。

作者摆出以上事实是为了揭露反动政府刽子手的面目和卖国的丑恶本质。为什么在摆事实的同时要夹入谈读书的议论呢?是不是有点扯开?不。貌似扯开,实质是更深刻的揭露,战斗锋芒直指欺骗学生要安心读书的蒋介石卖国政府。学生在国土沦丧、生命无保障的情况下,放下书包请愿是不得已,这种赤手空拳请求抗日,已是"可怜之至",而反动政府竟疯狂镇压,横加罪名,其险恶用心,可想而知。戳穿"安心读书"的骗术,伸张了学生请愿的正义性,反衬出国民党政府的反动性,使反动政府降敌卖国的本质更为昭然若揭。

小结:文章第一部分在列举事实和深刻分析的基础上,用"不道"二字引出诬陷学生的反动电文,以"指出结果"顺势揪出"友邦人士,莫名惊诧,长此以往,国将不国"的反动论点。这个反动论点是从以事实和说理的反驳中引出的,用这样的方法悬靶子,使论敌一开始就处在被动挨打的境地。

(3)在学生回答与教师讲述的过程中,写如下的板书:

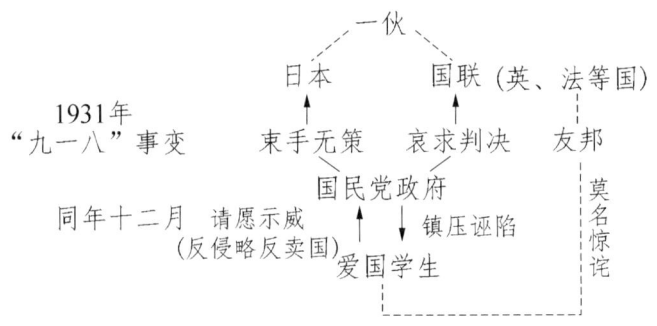

三、指导学生学习第二部分(第2～7段)

运用分层朗读、反复朗读与点拨的方法,引导学生具体理解文中针对谬论层层驳斥的写法,体会论战性、艺术性和谐统一的特点。

(1)检查学生预习中划分批驳层次的情况。

要求学生用简明的语言有条理地回答。

敌人的反动论点一经悬出,鲁迅先生就对准目标,分三个层次痛加鞭答。先批"友邦人士,莫名惊诧",再驳"长此以往,国将不国",进而鞭辟入里地揭穿"友邦"与"党国"的主奴关系。

(2)分层朗读,点拨。

① 文中是怎样驳斥"友邦人士,莫名惊诧"谬论的?撕掉"友邦"什么面具?揭露出怎样的本质?

指名朗读。

学生思考回答后,教师补充:先连用三个"不惊诧"和一个"惊诧"进行强烈对比,剥开"友邦人士"的画皮,使之显出与日本侵略者一伙,与国民党反动政府一丘之貉的原形。接着用以退为进的方法揭穿"友邦"镇压劳动人民的老底,撕破其"莫名惊诧"的虚伪面纱。

学生在理解的基础上自由朗读,朗读前点拨:三个"不惊诧"和11个四字短句形成排比,读时要有声讨的气势,发挥其战斗作用。"好个'友邦人士'!"是用反语对帝国主义分子进行愤怒的斥责,读时要掌握声调的抑扬和感情的表达。"好个国民党政府的'友邦人士'!是些什么东西!"是向所谓"友邦"提出强烈的抗议和严正的审判,读时要锋利明快,怒不可遏,挑明"友邦"的实质,直刺其心脏。"摆什么'惊诧'的臭脸孔呢?"这一反诘句明确指出"友邦"虚伪可憎的面目,读时要有鄙视、奚落的感情,收到使"友邦人士"无地自容的效果。

指名学生对准"友邦人士,莫名惊诧"的谬论,奋力口诛,要求义愤填膺,气势磅礴,语言流畅。

② "友邦人士,莫名惊诧"已被驳得体无完肤,那"长此以往,国将不国"的谬论又是怎样驳斥的呢?

学生自由朗读第 5 段,思考回答:驳斥这个谬论用了几句话?这句话具有哪些特点?犀利地解剖了党国的什么实质?

只用了一句话,但是如匕首、投枪,击中了敌人的要害。"党国"压得人民噤若寒蝉,好肆无忌惮地卖国。明明不像一个"国",倒装出一副道貌岸然的样子来慨叹"国将不国"。为了揭露其卖国罪行和反动本质,作者运用党国倒愈像一个"国"的反语,进行辛辣的讽刺。用反复、排比的手法句进逼,如三发连珠炮,形成所向披靡的气势。句首的"友邦一惊诧",国府就"怕",句末的永远"国"下去"可以博得'友邦人士'的夸奖",用得绝妙,使奴才的嘴脸跃然纸上。原来国府是"友邦"的奴才,难怪电文中用"友邦人士,莫名惊诧"来进行恫吓。驳斥的话虽一句,但一语破的,力重千钧,作者没有直接就学生请愿是否会"国将不国"进行辩论,而是高屋建瓴解剖党国的实质,深刻地揭示"国将不国"的罪责完全应由国民党反动政府承担,恫吓的谬论不攻自破。

指名学生朗读,教师点拨:句首用奚落、挖苦的语调,"怕"读音延长。句末的"永远'国'下去"的"国"是名词当动词用,意思是永远像一个国家存在下去,读时不能短促,要运用音调和节奏恰当地表现出来。"好像……一样"不能读破,要一气呵成,势如破竹。

齐读,对准"长此以往,国将不国"开炮。

③ 批驳至此,"友邦"的面目,党国的本质,已经十分清楚,但为了给敌人以致命的重伤,还须穷追猛打,于是文章就势用一句话小结后,又进入更深一层的揭露。

指名学生读第 6、7 段。

提问朗读:"友邦"要什么?"党国"要什么?"友邦人士"知道什么?"友邦人士"怎样训斥"军政当局"的?

读后点拨：这一层驳斥，把主奴相互勾结，狼狈为奸镇压人民的罪恶本质，揭露得入木三分。读时既要充满义愤，又要给人以透彻之感。第 7 段作者摹拟"友邦人士"的心理与口气训斥奴才，把主奴的丑态描绘得淋漓尽致，读时要有层次，读出厉声；前稍轻，后稍重。

指名学生朗读第 7 段，要求摹声摹色，活画出主奴的丑态。

小结：这部分驳斥是全文的重点。反动电文中谬论很多，为何单抓住"友邦惊诧"猛批狠揭呢？经过层层驳斥，其中奥妙就一清二楚了。原来抓住这个谬论反驳，可收一箭双雕之效，既揭穿"友邦"的虚伪面目、帮凶实质，又剥露国民党政府对外投降、投靠，对内残酷镇压的罪恶本质。射这个黑靶子，反动政府借帝国主义主子以自重，投降卖国的嘴脸就大白于光天化日之下。故"友邦惊诧"是敌人的要害之处。鲁迅先生不仅善用辩证法的思想分析各种矛盾，从错综复杂的现象中抓住问题的实质有力地揭露，而且善用反语、排比、反复、摹拟等种种文学手段，嬉笑怒骂，讽刺挖苦，把脸谱不一、唱腔各异的"友邦""蒋府"嘲弄得丑态毕露。文章容量厚实，战斗锋芒犀利，爱憎感情浓烈，这种论战性与艺术性的和谐统一，这种高超的论战艺术，令人惊叹。

学生再朗读，把三层驳斥连缀起来，咀嚼体会。

四、指导学习第二部分（最后一段）

运用提问指导学生阅读，加深理解增写的这段文字的作用。

1. 启发学生思考：文章已经结束，这一段文字算什么呢？是不是赘笔？起何作用？为什么？

2. 要求学生阅读，理解这部分内容，弄清"盛传""兹""旋"的含义。（盛传——广泛流传，兹——现今，旋——不久）

3. 学生回答，教师补充：这不是赘笔，而是再加上一颗重磅炮弹。摘引了《申报》南京专电与《教育消息》栏内的事实进行鲜明的对比。官员无恙，学生死伤是铁的事实，以事实与反动电文对照，事实胜于雄辩，更为有力地驳斥了诬陷学生的无耻谰言。结尾再紧扣论题,用反语讽刺,使这段文字既在内容上与全文紧密联系,又在结构上成为文章的有机部分。"惊诧莫名"词序的更动,"只请放心"的运用,饱含无比愤怒之情。鲁迅先生这种向敌人冲锋陷阵锐不可当的大无畏精神,值得我们认真学习。

4. 指名学生朗读全文,要求言辞锋利,读出层层驳斥的特点。

五、布置作业

1. 朗读全文,深入思考,在练习本上解答自己课前提出的疑难问题。

2. 搜集报章杂志及周围常见与常听到的影响建设社会主义精神文明的错误言论,为写驳论文章做好准备。

【板　　书】

"友邦惊诧"论

1. 撕"友邦"面具　↓　针对谬论,层层驳斥。论战性　⎫
2. 剖"党国"本质　↓　　　　　　　　　　　　　　　　⎬ 和谐统一
3. 揭主奴勾结　　↓　反语、摹拟、反复、排比。艺术性 ⎭

【教　　后】

1. 学生要理解该篇课文的精髓及战斗作用,就必须对时代背景有所了解。为了节约教学时间,可充分运用课文的第1段和注释①②,再佐之以醒目的板书,时代背景一目了然,收到预期的效果。另外讲时代背景就不必要了。

2. 反复指导朗读,齐读,小组读,个别读,能激发学生对国民党反动派和"友邦人士"的义愤,加深对课文深刻含义的理解。鲁迅先生笔伐得精辟、深邃,学生口诛也就十分有劲。实践证明,变笔伐为口诛是有效的。

3. 在教学进程中对原设计的作业作了一些修改。原要求学生在课后书面解答预习时提出的疑难问题,后改为当堂请学生解答,检查教学效果。李、章、许三同学对文章中为何要阐述"读书呀、读书呀"的问题,对"长此以往,国将不国"谬论的批驳,对"写此文后刚一天"为何要缩进去四格等问题回答得都比较好;周、徐稍差,但基本上也能理解。

4. 推敲"越轨"的含义时,小徐大声说"超出铁轨",引得哄堂大笑。肯定他对词本义的理解,再指导他懂得引申意义。

《批评和自我批评》

【教学目的】

1. 理解开展批评和自我批评的重要性,培养为革命勇于批评和自我批评的好作风。

2. 理解比喻、格言和成语在说理中的作用。

【教学时数】

两课时。

【教学步骤】

一、复习旧知,导入新课

上学期我们学一篇古文,曾谈到"讳疾忌医"这个成语,(板书:讳疾忌医)请同学们讲讲这个成语的含义。(有病不肯说,又怕见医生。比喻有了错误、缺点,生怕别人批评指出。)蔡桓公讳疾忌医的结果是送了命,病从腠理入肌肤,入肠胃,入骨髓,终无救。这个故事生动地告诉我们拒绝批评有何等的危害性。

今天我们学习毛主席1945年《论联合政府》报告中的一段话,从党风原则高度,从革命原则高度来论述批评和自我批评的重要性。文章是怎么论述的呢?

二、讲读分析,细细咀嚼

1. 指定一名学生读第一句。

要求学生分别讲述"我们""显著""标志之一"的含义,思考句中为何用"也"字。明确：

文章开门见山指出有无认真的自我批评是作风问题，也是党风问题，是个重要的原则问题。这就从党风的原则高度突出批评和自我批评的重要性。（由党的性质所决定放到下文去讲）

"也"清楚地告诉我们除了"有无认真的自我批评"，还有其他标志区别于其他政党。在《论联合政府》第五节《全党团结起来，为实现党的任务而斗争》中，深刻论述了党的三大作风（理论和实践相结合的作风，和人民群众紧密地联系在一起的作风，批评和自我批评的作风）。"也"说明用词的周密。

2. 提出问题后要具体论述。文章是怎么具体论述的呢？

（1）先打比方，以什么比什么？

"沾染灰尘"形象地说明在阶级社会中"各种思想无不打上阶级的烙印"。以打扫房子、洗脸的日常生活现象，形象具体而深入浅出地论述开展批评的重要性。论述时从正反两方面说。（是……不……）

（2）再引成语、格言说明经常开展批评与自我批评是抵制资产阶级思想腐蚀的"唯一有效的方法"。"不腐""不蠹"具体形象。蠹 dù，此处作动词用，蛀蚀的意思。经常开展批评与自我批评，可防微杜渐，保证党的生命力。（格言：含有教育意义的话。）"闻者足戒"，听话的人足以引为鉴戒。"无则加勉"，没有缺点错误，就用以勉励自己。

（3）最后以整风运动的事实说明开展批评与自我批评的重要性，"正确""歪曲""认真""敷衍"等词表意鲜明、精确。

（4）看板书、读、背。

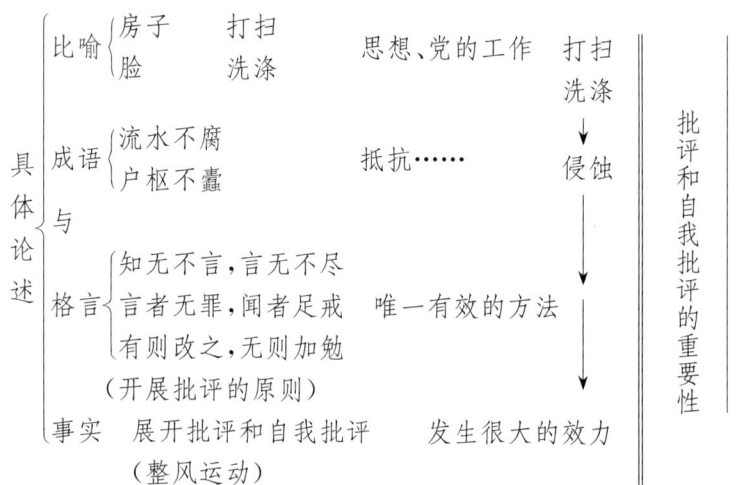

运用通俗浅显的比喻,形象深刻的成语、格言,从多方面层层深入地论述经常开展批评与自我批评的重要性,把抽象的道理剖析得具体明白,听的人易懂易接受。

3. 论述其重要性以后,用一连串的反问句发出庄严的号召,要求我们拿起批评和自我批评这个马克思主义的武器,为革命抛弃一切不适合人民需要的东西。从哪些角度说的?

请学生朗读、思考、回答,明确:

(1) 从党的性质、共产党人的使命的角度来说;

(2) 从政治微生物的危害来说;

(3) 从革命先烈的榜样来说。

在发号召时运用排比、反问的手法,语重心长,感人至深。(引导学生变换句式,与陈述句比较表达效果)

三、朗读全文,要求读时层次分明,语言清晰

四、口述开展批评与自我批评的重要意义,紧扣课文内容,并注意联系当前实际

学生充分发表意见,要求做到:

1. 从党性高度、革命利益高度、为人民利益高度认识开展批评与自我批评的重要性；

2. 从林彪、"四人帮"破坏党的优良作风实行封建法西斯专政，认识对人民造成的灾难和危害；

3. 从粉碎"四人帮"后，恢复党的优良作风，纠正不正之风，增强革命团结来认识开展批评与自我批评的重要性；

4. 从我们年轻人要成为革命事业接班人，将来为建设社会主义祖国做贡献来说，一定要继承这个优良作风，决不能讳疾忌医，平时要自觉地锄草、捉虫，洗涤思想上的灰尘，从而健康成长。

五、练习

1. 整理课堂笔记，列简明的内容提纲。

2. 做"思考和练习"二。

3. 做"思考和练习"四。补充：写"抛弃"的同义词；写"正确""认真""健全""有益"的反义词。

4. 背诵全文。

【教　　后】

1. 教学过程中提醒学生注意：在前一个词的反义词上加上"否定"的词，又与前一个词同时运用，一正一反，这样表达，起强调的作用。如，"正确的而不是歪曲的"，"认真的而不是敷衍的"。

2. "讳疾忌医"的"讳"，一部分学生没掌握，重新正音析形。

3. 讲析后应小结，强调开展批评与自我批评的重要性，并把号召与强调重要性密切联系起来。我注意得不够，仅以读代替，以致有的学生对层次之间的联系缺乏理解。今后要仔细。

4. 把反问句与陈述句作比较，学生能体会表达效果的不同，小陈说前者言已尽，意无穷，引人深思。有位学生把陈述句改为否定的否定，如"我们有错误不能不抛弃"。

5. 学生认为同学间不可能开展批评,并认为教师不能开展批评。针对这种思想,剖析"四人帮"破坏党的优良作风的罪行,教育学生要培养开展批评与自我批评的好作风。

文学作品

《周总理,你在哪里》

【教学目的】

1. 加深对周总理的崇敬和爱戴,学习周总理对革命赤胆忠心,为人民鞠躬尽瘁的崇高品质。

2. 理解本文巧妙的构思,体会拟人、反复手法的运用在表现中心思想中的作用。

【教学时数】

两课时。

【教学步骤】

一、激发感情,导入新课

今天,我们学习第15课《周总理,你在哪里?》,作者柯岩,诗发表于1977年1月8日。

请同学们回忆一下,1976年1月8日是怎样的一个日子啊!那一天,哀乐低回,江河垂泪,大地哭泣。伟大的马克思主义者,杰出的共产主义战士,我们敬爱的周总理与世长辞了。一颗伟大的心脏停止了跳动。人们失去了自己的总理,心如刀绞,泪如雨下,千家万户,万户千家,涌向周总理生前战斗过的地方,涌向天安门广场,涌向十里长街,呼唤人民的好总理,渴望最后见一见与人民心连心的好总理。当时的悲壮情景正如《金缕曲》中所描绘的:"念年前伤心情景谁能忘记?缓缓灵车经过路,万众号呼总理,泪尽也赎公无计。"十里长街送总理,冒着凛冽的寒风,爷爷抱着孙子,老泪纵横;母亲搀着孩子,失声痛哭,男女老幼,无不沉浸在巨大的悲痛之中。这是人民的悼念,是古今中外从未有过的人民的悼念。

人民失去总理,人民需要总理,想念总理,要把自己的总理找回来,诗人就是在这样广阔的历史背景下,代表人民的强烈意愿,写下了这首感人肺腑的优美的诗篇。

二、讲读第1段

先看诗的第1段,起笔就不寻常。

1. 朗读思考:

请一个学生朗读,思考回答:诗怎样起笔的?用什么句式?为何这样起笔?

2. 教师小结:

用深情的呼唤起笔,一下子就反映出人民的心声,表达无限怀念的深情。为何要这样写呢?联系当时的时代背景思考就一目了然了。总理生前,万恶的"四人帮"丧心病狂地进行诬陷和攻击;逝世以后,这伙凶恶的敌人不准人民佩白花,戴黑纱,不准人民悼念。强烈的悲愤压抑在人们的心头。粉碎"四人帮",在总理逝世周年之际,人们对总理的爱,对"四人帮"的恨犹如火山爆发,喷射而出。由衷的爱戴,无限的思念,胜利的喜悦,都要向总理倾诉,千言万语并一句,并作深情的激荡人心的呼唤——"周总理,我们的好总理,你在哪里啊,你在哪里?"这样,用询问的句式起笔,就能把压抑胸头已久迸发出来的真情强有力地表现出来,如大海波涛,汹涌澎湃,冲击读者心灵,引起强烈共鸣。

"好",读重音,带着强烈的感情。

"你的人民"与"我们"比较,前者强调总理与人民血肉相连,心心相印。

破折号不仅起说明作用,而且表示意思递进,加强表达效果。

这一段是诗的总起。"你的人民想念你",这抽象的看不见的"想念"深情,诗歌怎样把它具体、形象地表现出来的呢？诗人在热情奔放地呼唤总理之后,立即用传神的笔触描绘了一幅幅感人的画面。请一个学生朗读全诗。

三、朗读全诗,对画面有总的印象

1. 学生朗读全诗。

2. 思考回答:

(1) 诗人先后描绘了几幅画面？

(2) 哪几幅？

3. 在学生回答的基础上教师小结:

诗人用传神之笔一气呵成地描绘了失去总理的"我们"急切地到高山、到大地、到森林、到大海以及到天安门寻找总理的感人图景。山再高,路再远,林再深,海再广,千呼万唤也要把总理找回来。其景、其情、其意真挚感人,均须理解琢磨。

四、学习理解前四幅画面,先看画中的那个"画"

1. 提问思考:

每幅画面绘的什么景？表的什么情？寓的什么意？

2. 教师小结:

第一幅是万里征途雄伟的长卷画。它概括了总理为革命日夜操劳,对革命赤胆忠心的光辉一生。从青年时代投身革命"愿中华腾飞"到"八一"南昌起义,从江西到陕北,从延安到北京,从推翻三座大山到建设社会主义新中国,真是"革命征途千万里"。征途上有数不尽的艰难险阻,总理始终高举马列主义毛泽东思想的旗帜,无私地贡献自己毕生的精力。诗人借山谷回音颂扬总理的丰功伟绩,颂扬总理为祖国为共产主义事业战斗一生的崇高品质。

第二、三、四幅是一个个特写的镜头。"闪"着的是汗滴,是总理为人民的不朽精神,"闪"显示了阳光的灿烂,从沉甸甸的谷穗上"闪"着的汗滴,我们仿佛看到了这位伟大人物与农民一起耕耘,播种幸福。篝火熊熊,火光映照着伐木工人挂着幸福微笑的脸,工人们兴奋地谈论着,回忆着,从这幅画面中,我们犹如听到总理爽朗的笑声,亲切的话语。战士面对碧波荡漾的大海,守卫祖国的海疆,总理亲手给战士"披"上大衣;从这个画面上,我们还依稀看到总理爱抚战士的动作,亲自感受到总理对群众体贴入微的感情。总理和工人、和农民、和战士在一起,亲如骨肉,同甘共苦。他是总理,也是普通一兵。诗人选取了生活中几个典型性的细节,创作了有声有色、有情有景、情景交融的画面。情寓其中,意蓄其内,展现了总理的音容笑貌、高大形象,赞颂了总理与人民的血肉相连的品质,令人深思,引人遐想,读这些诗句,使人怀念总理之情如滔滔黄河水奔腾不息。

3. 请学生思考,每幅画面都有相同之处,说说哪些地方相同。

(1) 每幅画面均由一呼一应,一喊一答构成。喊,发自肺腑,"——"表示延长,把声音送得很远很远,震天撼地,强烈地,急切地,一定要把总理找回来。答,形象鲜明,感情真挚,不仅展现一幅幅生活气息浓郁的图画,而且重复着一句共同的语言,那就是"他刚离去,他刚离去"。

(2) "刚"指时间的短暂,离去的前提是"在",这就极其深刻地表明总理和人民在一起,和人民心连心,巍峨的高山,辽阔的大地,茂密的森林,浩瀚的大海,都留下总理的光辉业绩,都是总理爱人民为人民的见证,总理和祖国雄伟壮丽的山河永世长存。

(3) 诗人选用山谷、大地等应答的词是用过一番心思的,山谷怎样答?"回音",深沉。大地呢?"轰鸣",雄浑。海浪"声声",松涛"阵阵",各具特色,与发自肺腑的呼唤交织成强烈的音响,回旋于山河之中,荡漾于天地之间,绵绵不断,经久不息。

（4）这四幅画面不是各自孤立的,有一条线索贯串其中,使画面十分自然地变换更替。请学生思考回答:是条什么线索?或讲出其关键性的动词。

线索是"我们寻找总理"。诗人紧紧扣住"找",把画面有机地连缀起来,我们似乎看到诗人在奔跑,工人、农民、战士、学生在奔跑,我们自己也在奔跑,找寻总理;我们也仿佛听到山山水水都在颂总理。这样就把抽象的"想念"感情,具体、形象地表现出来,使人摸得着,感受得到。

4. 请四个学生分别朗读,要求声音响亮,尽量读出诗中表达的情意。(包括关键词语,破折号)

四幅画面每一幅都不是"找"的终结。"他刚离去,他刚离去",总理究竟在哪儿呢?要找,找,要快快找到。从这个急切的心情、强烈的愿望出发,诗人猛然把意境向广处推开,把人们的思绪引向更辽阔的远方。

五、朗读第6段,思考回答问题

1. 在我们眼前展现的是怎样一个壮阔的境界?

"整个世界"。七大洲,四大洋,壮阔无边,从祖国山河扩展到整个世界,所有的地方都找遍。

2. 找到的是什么呢?

"足迹","深深的足迹"。为什么说"深深"?表明不可磨灭,功德长留天地间。

"在革命需要的每一个地方",从亚洲的万隆到欧洲的日内瓦,从非洲到美洲,总理无处不在,为革命辛勤奔波,仆仆风尘。这就从更深更广的角度来颂扬总理为人民的幸福,为全人类的解放而不辞辛劳奋斗终生的革命精神。这"足迹",是总理的脚印,总理的光辉业绩,总理的崇高的革命精神。

总理究竟在哪呢?还要找,还要找,诗人转换意境,向纵深推进。

六、学习理解第 7、8 段内容和表达特点

1. 朗读,思考:

(1) 第 7 段描绘的是天安门前的画面,与前四幅画面有何不同之处?

(2) 为什么要连说几个"在这里""在一起"?

2. 教师小结:

(1) 前四幅是从山谷、大地等不同角度反复歌颂,这儿是在前面的基础上向纵深发展推进,关键在于"深"。呼唤是"深情",竭尽全力,倾诉心声。破折号在这儿有相当的表现力,字字满腔情。从应答说,两个"轻些",两个"正在",既饱含深情,又唤起人们多少难忘的回忆。他在这儿,还跟往常一样"接见外宾","出席会议",还跟往常一样日理万机,昼夜操劳,为了人民,为了革命,耗尽了毕生精力。回忆那些难忘的日日夜夜,诗人情不自禁地放声呼唤,"总理啊,我们的好总理!"

这"好"包含着无限丰富的内容,凝聚着无限赞颂的感情。从这普通的字眼里我们看到了总理光彩夺目的伟大形象,我们向总理奉献的是世界上最纯真最深厚的感情。

(2) 连用几个"在这里""在一起",反复咏叹。天涯海角都找遍,原来总理就在我们身边,思念、崇敬、爱戴的感情如开了闸的水流奔腾向前,一泻千里,不运用这种反复的手法就难以表达此种强烈的感情。而且这种表达有起伏有波澜,由激昂而舒缓、远扬,正舒缓之时又激昂起来,不断叩击人们的心扉。这是诗的高潮所在。总理的伟大革命精神不仅"在革命需要的每一个地方"激励人民,还继续在"祖国的心脏"鼓舞我们前进。所以诗人在诗的末尾万分激动地说——

七、结尾

齐读第 9 段。既与篇首呼应,又余音回荡,缭绕不绝,感人肺腑。

八、巧妙的构思

这首诗篇幅不长,但容量极大。诗人未用一个悲伤的字眼,但我们读来哀思如潮;诗人未用浓笔渲染刻画,但总理的音容与形象历历如在眼前;诗中没有一个歌颂的词,但字字句句颂总理,字字句句洋溢着由衷的敬意和爱戴。作品为何能如此感人呢?除了作者火一般燃烧的激情外,在构思上十分巧妙。

作者抓住了"寻找"这条线索进行艺术构思,把到高山找,到大海找,到森林找,到大地找,到祖国的心脏,到整个世界找等丰富的材料有机地连缀起来,形成浑然一体的诗歌。从时间讲,涉及过去、现在、将来;从空间讲,自祖国心脏到整个世界。思想长上翅膀,遨游七大洲四大洋,放开去了。然后又紧扣"找"的线索收回来,回到天安门中南海,放收自如,容量极其丰满。构思不是诗人的凭空想象,而是以生活的现实为基础的,因为周总理生活在人民之中,与人民呼吸与共,甘苦共尝。然而,总理毕竟离开了我们,与世长辞了,总理爱人民,人民需要周总理,人民怀着巨大的悲痛要把亲人、把伟人找回来,因此,五洲四海,天上人间,上下求索。总理离开我们,这已是无可挽回的事实,找啊,找啊,找到的是他留在整个世界的足迹,找到的是留在我们心中的丰碑。他永远活在人民心里,和我们世世代代在一起。这样以生活的真实为基础,展开丰富的想象,进行巧妙的构思,言简意深,主题鲜明,联想回味的余地很大。诗人用笔,用激情,用生命歌唱好总理,集中表达了亿万人民的意愿,因此,艺术效果、艺术感染力极强。

九、朗读全诗,加深对主题与艺术构思的理解

十、作业

1. 表情朗读,熟读成诵。

2. 做口头练习。读了这首优美的诗以后,你对"周总理,我们的好总理"这一句是怎样理解的?请就你所理解的用精彩的两三句话或两

三个词来说明,要饱含对总理无限热爱与崇敬的情意。

【板　　书】

周总理,你在哪里

对革命赤胆忠心　　　　为人民鞠躬尽瘁

找──→高山──→大地──→森林──→大海──→整个世界(广)

　　──→祖国心脏──→天安门前──→人民心里(深)

【教　　后】

1. 诗人用心灵歌唱总理,我要花心血教好。总理对人民恩重如山,我刻骨铭心终生不忘。这不是教一首普通的诗歌,我是怀着上下求索的心情为总理唱颂歌,情动于中而言溢于外,要在感染学生心灵上下功夫。

2. 学生被周总理的高尚品质和革命精神所感动,注意力十分集中,当堂能背诵。课后小张同学对我说:这首诗是诗人真正从心里写出来的。

3. 课的末尾学生讲述对"周总理,我们的好总理"一句理解时,小陈引用了杜诗中的"万古云霄一羽毛"歌颂总理,小冯引用了鲁迅的"横眉冷对千夫指,俯首甘为孺子牛"进行歌颂。许多学生列举了总理在政治、军事、外交、关心人民疾苦、关心边疆建设等各方面的丰功伟绩。最后发言的是小许同学,她激动地说:"周总理是伟人,文能治国,武能安邦,功盖天地,万古流芳。"受到同学们的称赞。事实证明,安排这样的口头练习,不仅引导学生运用学过的精彩语句,而且培养学生热爱总理的深情,有教育意义。

《白杨礼赞》

【教学目的】

1. 理解白杨树的象征意义,学习中华民族质朴、坚强、紧密团结,力求上进和不屈不挠的斗争精神。

2. 理解象征、反诘、间隔反复的手法在文中的巧妙运用。

【教学时数】

两课时,练习一课时。

【教学步骤】

一、预习要求

《白杨礼赞》是一篇清新隽永的著名抒情散文,预习时请思考:

1. 为什么作者要赞美白杨树?又为什么要"礼赞"?请运用文中关键性的词句有条理地说明。

2. 文中怎么描绘高原景色的?为何要描绘高原景色?妙处何在?

3. 从"不平凡"的反复运用说明作者的思想进程、感情脉络与段落结构。

二、回忆作者原名、籍贯与代表作

学生回答时须掌握以下要点:

作者茅盾,现代著名作家,杰出的语言大师。原名沈德鸿,字雁冰,浙江桐乡人。"茅盾"是1928年发表第一部小说《幻灭》时用的笔名。

茅盾同志的代表作是长篇小说《子夜》,它是现代文学史上用马列主义观点观察、分析社会各种阶级矛盾,以革命现实主义方法进行创作的文学巨著,作品成功地塑造了众多的各阶级的典型人物形象。它的出现,震动了30年代的文坛。著名的短篇小说有《春蚕》《秋收》《残冬》《林家铺子》等。

三、请同学试解题意

礼赞:礼,敬礼,致敬。赞,赞美。礼赞,崇敬与赞美。"白杨礼赞",对白杨树的崇敬与赞美,也可理解为以崇敬的心情赞美白杨树。

四、思考分析

1. 为什么作者要赞美白杨树?

因为白杨树是"不平凡"的树。

不平凡的形象:力争上游、紧密团结、不折不挠。作者把它放在"北方风雪"压迫下的环境里写,而且剖开来写(干、枝、叶、皮;高、宽、色;姿态、气质等)。树木本无思想无意识,用拟人化的手法给予思想,给予意志,给予品格,为的是表露赞美之情。(正面描绘)

不平凡的形象:没有婆娑的姿态,没有屈曲盘旋的虬枝(与杨柳、松柏、金达莱花相比较)。但伟岸(形态),正直(品质),朴质(作风),严肃(态度),不缺乏温和、坚强不屈与挺拔。非好女子,是伟丈夫。作者精选准确的词语,运用变化的句式,竭尽赞美之情。

2. 又为什么要"礼赞"它呢?

不是就树写树,而是由树及人,由此及彼,写其象征意义。

当读者沉浸在对白杨树的赞美深情之中的时候,作者用了一组排比反诘句叩击读者的心灵。四个"难道"的句子,层层深入,步步进逼,由树及人,由人及精神,感情倾泻,激起读者强烈的共鸣。(说得比较婉转)

两个"相似",两个"象征",直接明写白杨树的象征意义,抒发热烈歌颂之情。(直抒胸臆)

文中由树的"不平凡"写到人的"不平凡",进而突出中华民族精神意志的"不平凡",这种高尚的品质,优美的情操,进取的精神怎不叫人由衷地赞美?怎不叫人无比地崇敬呢?

白杨树特征描绘得越具体,越鲜明,作者所寄托的感情越有基础,越能表达得淋漓尽致。

本文写作于1941年,作者在西北高原走了一趟后在重庆写的。白杨树非取材于一地或一时。

3. 朗读第5～8段,仔细体会选词的精当,句式的变化,感情的深化。

4. 文中如何描写高原景色?为何要描写高原景色?妙处何在?

抓特征写:

黄绿错综(色)　　无边无垠(广)　　坦荡如砥(平)

(1) 写动态。"扑",形象地刻画出汽车的速度,表明了作者的观察点。

(2) 写色彩。黄绿错综,以远山衬托,突出作者为眼前的壮丽景色所陶醉。

"黄与绿主宰着,无边无垠,坦荡如砥"三个短句写自然界,写客观。假设复句写主观感觉。静变动,动变静,极妙。

作者为何宕开一笔写高原?

(1) 展现"雄壮""伟大"的壮阔背景,引出要赞美的白杨树。以背景托主体。

(2) 不仅以物托物,而且以情托情。以"涌起来"的感情托心头的"潜滋暗长",不说观壮丽景色的遐想,而点出"单调"。以"恹恹欲睡"的情绪托"惊奇"。

(3) 物、情糅合,唤起共鸣。

"刹那"(梵语,印度古语),"猛抬眼",眼前景物迅速转换。转换之中,犹如闪光的东西,使眼前豁亮,横扫倦意,情不自禁地发出叫声。"叫",千呼万唤,铺垫渲染。

描绘的对象白杨树数量递减,从群像到个别,形象逐步清晰高大,给人以奇峰突起之感。

5. 朗读第1~4段,体会描绘高原景色的作用。

6. 朗读第9段,回答:

这一段运用什么方法写的?表达了怎样的感情?

抓住"赞美"与"鄙视"对比着写。

用激昂的情调、幽默的口吻抨击走分裂、消极抗战道路的国民党反动派,坚持团结、抗战、进步的路线。

7. 思想进程、段落结构、艺术特色:

(1) 立意高远,感情炽热。

作者在文中用了四个"不平凡"赞美白杨树,既有反复,又有变化,语意层层递进,印象步步加深。"实在"语气肯定,毫不含糊;用"极普遍"反衬"不平凡",转折强调;"决不是平凡",语气加强,揭示象征意义。作者运用反复出现、层层递进的笔调表达对党领导下坚持抗战的北方农民及其所代表的我们民族的质朴、坚强、团结向上的精神的热情歌颂。以赞美白杨树开篇,以高声赞美白杨树卒章,"礼赞"贯串全文,感情炽热。

下笔直抒感情。(第一部分:第1段)

描写壮阔背景,引出白杨树。(第二部分:第2~4段)

描绘白杨树形象、赞美白杨树精神。(第三部分:第5~6段)

揭示白杨树象征意义。(第四部分:第7~8段)

斥责贵族化的楠木,高声赞美白杨树。(第五部分:第9段)

由于国民党反动派统治下言论、出版不自由,白色恐怖浓重,作者不得不讲究斗争艺术,采用比较含蓄的借物抒情的象征手法。第一部分点出象征物;第二部分宕开,感情含蓄;第三部分露出锋芒;第四、五部分如地下的熔岩腾起万丈烈焰,气势磅礴,慷慨激昂,歌颂党、歌颂人民的思想感情脱颖而出,产生特殊的感染力。

(2)圆熟精湛,炉火纯青。

作者谈创作经验时说到"未尝敢粗制滥造",他这样说,也是这样做的。他在文中塑造的形象,刻画的品格,文章的结构布局,语言的运用均经过深思熟虑,精雕细刻,有独特的艺术风格。

作者纯熟地运用相反相成的辩证结构艺术,使形象鲜明,意境深远,感情深沉。如:

远(那)	近(这)
表(外)	里(内)
正(树)	侧(背景)
缓	急
抑	扬
褒	贬
平静	炽热

不仅如此,词语丰富有变化,句式错落有致,长句短句协调使用,排比、拟人、比喻多种修辞手法结合运用,达到极高的艺术水平。

文章清新隽永,经得起岁月的磨炼,始终具有很强的艺术魅力,要细细品味咀嚼。

8. 请两三位学生表情朗读全文。

9. 听写、背诵。

1943年,茅盾同志在白杨图上题诗:

北方有佳树,挺立如长矛。

叶叶皆团结,枝枝争上游。

羞与楠枋伍，甘居榆枣俦。

丹青标风骨，愿与子同仇。

五、布置作业

1. 积累词语。

2. 熟读全文，背诵第三、四两部分。

3. 做"思考和练习"第五、六题。

4. 造排比反诘句。

难道……只……；难道……就……

难道……竟……；难道……又……

【板　　书】

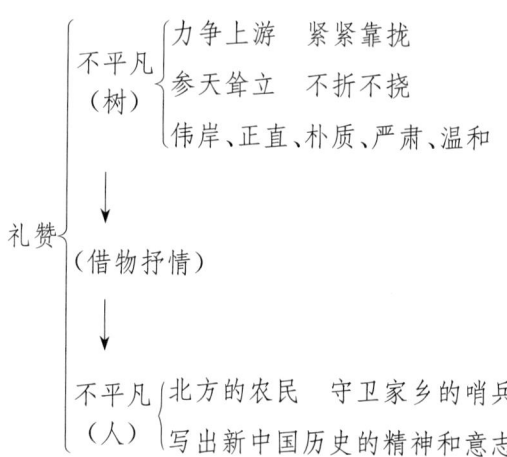

【教　　后】

1. 学生兴趣甚浓，在分析文章的思想过程、艺术特色时，学生能说出道理。

2. 有位学生认为:作者把白杨写得这么美,实际上并不美。她把屠格涅夫的《猎人日记》翻给大家看,说书中写得很清楚,白杨树叶硬如金属,枝条不美观,只有夕阳西下时才给人以光感。肯定了该学生敢于发表不同的意见,同时指出应认真读课文,加强对象征手法的理解,并说明在文学家笔下"物"常随"情"移的道理。

3. 另有位学生认为文章是好的。但有些词连用在一个句子中难以理解。"但是它伟岸,正直,朴质,严肃,也不缺乏温和"。既然"严肃",怎么又"温和",有矛盾。进行探讨后,告诉他二者有时也可用在一起。古人说的"孔子温而厉,威而不猛,恭而安",就是一例。

《雪》

【教学目的】

1. 认识作者借助雪的形象表现对黑暗、丑恶的憎恨和对美好生活的求索与向往。
2. 理解象征寓意的手法在表情达意中的作用。

【教学时数】

两课时。

【教学步骤】

一、复习旧课，引入新课

背诵《沁园春·雪》。

作者用写景、抒情、议论相结合的方法直抒对祖国山河的热爱和对新时代、对劳动人民的赞颂。然而，诗歌不都是直抒胸臆的。鲁迅的散文诗《雪》就是采用比较隐晦的、象征寓意的手法表达"难以直说"的感情的。

《雪》，1925年1月鲁迅写于北京，发表于《语丝》周刊第11期，后收入散文诗集《野草》。

当时北京处于北洋军阀统治之下，鲁迅先生"总想对于根深蒂固的旧文明，施行袭击，令其动摇"（《两地书》），然而"因为那时难于直说，所以有时措辞就很含糊了"。（《野草》英文译本序）

"难于直说的"是什么思想感情呢？我们读后就可得到解答。

二、朗读全文,正音正字,质疑

磬(qìng)　塑(sù)　旋(xuàn)风　旋(xuán)转　凛冽(lǐn liè)

三、提问思考

1. 作者在诗中写了几种雪?几种冬天?江南的雪,江南的冬天;朔方的雪,朔方的冬天。

2. 寻找这首散文诗行文的脉络。从哪儿下笔?写到什么收笔?中间怎么转换?请扣紧描写的主体来找寻。

一条线索:暖国的雨(引出)江南的雪—朔方的雪—死掉的雨,雨的精魂。

　　雨—雪—雨

两个部分:

远 ⎰ 第一部分(第1～3段):江南的雪和雪野。
↓
近 ⎱ 第二部分(第4～6段):朔方的雪。

四、讲读第一部分

1. 江南的雪特征是什么?

滋润美艳:润泽、明艳、生机　⎫
反义是:干枯、丑陋、衰老　　⎭ 正反比较　加深理解

这样写精确传神。引导学生推敲"江南的雪……皮肤"这个句子,理解江南雪这个形象的特点,体会比喻的运用、含义的丰富,懂得该句是诗中的主轴。

2. 既写江南的雪,为何一开头又写暖国的雨?

以"暖国的雨"引出江南的雪,并衬托江南雪花的灿烂。

"可是"的作用,非转折,而是表示赞美的语气。

3. 由"江南的雪"引出雪野美景。这幅美景用一句话来表示该怎么说呢?这是怎样的一幅美景?透露了什么情意?

"冬花开在雪野中。"

这幅美景色彩斑斓,不单调。画中景物错落有致。描写时调动了视觉与听觉,"看见""听得"。画中蕴藏着茁壮的生命力。(放"冬花开在雪野中"的幻灯片,加深对"血红""白中隐青""深黄""冷绿"等色彩的理解。)(自由朗读,体会描写的精湛)

在这幅江南雪野的美景中饱含着甜美的怀念,透露了向往春天的情意。

4. 雪野中的景色够动人的了,然而更动人的当然不是"物",而是"人"。这是怎样一个活泼、热闹、有趣的场景呢?作品从哪个角度描绘塑雪罗汉这件事的?

塑:小孩—大人,不成功—成功,不像—像。

雪罗汉:不成形—成形—变形。

突出雪的滋润明艳,表现对美好事物的向往、憧憬,表达美好事物迅即消逝的惋惜。

小结:

这一部分诗人未用华丽的辞藻、夸张的描写,几乎只是淡淡几笔就把形态、动作、声音表现得栩栩如生,构成了生意盎然的雪中塑罗汉的美景。

五、讲读第二部分

江南的雪滋润美艳,雪野美景令人憧憬。朔方的雪呢?

1. 朔方的雪有何特征?

如粉如沙,决不粘连。与江南的雪不同,冰冷坚硬,给人的气氛阴冷沉闷。

2. 它有怎样的壮美雄姿?哪些词用得恰当、形象,表现作者怎样的思想感情?

"在晴天之下,旋风忽来,便蓬勃地奋飞,在日光中灿灿地生光,如包藏火焰的大雾,旋转而且升腾,弥漫太空,使太空旋转而且升腾地闪烁",十分壮观。

晴天,日光,旋风,奋飞,旋转,升腾,弥漫,闪烁,这些词恰当形象,绘出了朔方雪的美与力。

写朔方雪花姿态时,融雪略写,飞雪详写,情景交融,气势磅礴。

这幅画表现了现实虽冷酷,然而冷中有热,意气昂扬,歌颂了顽强的生命力。这里描绘的雪的形象也是战士面对冷酷现实奋起战斗的形象。开阔的景象是雪景造成,也是诗人思想驰骋的展现。

3. 雪与雨的关系是什么？推敲难句,加深理解。

"在无边的旷野上,……是雨的精魂",回应了开头关于雨的设问,又深化了对雨的称颂。

为什么是"孤独"的雪？

对于现实,作者感到凛冽、孤独,只有他自己在"奋飞""闪烁",流露了淡淡的惆怅与忧伤。这是作者当时思想的局限性。但基调是对黑暗现实的不满,与黑暗的现实斗争,进行反抗。对"朔方的冬天"持否定态度。

为什么是"死掉的雨"？因为雨变成了雪,雨也就死掉了,雪由雨变成,所以是"死掉的雨"。为什么说是"雨的精魂"？因为雪的"蓬勃地奋飞"中保存着雨的活泼流动的自由精神,不甘被凝结、压抑。

这样写回应第 1 段的雨的"有幸"与"不幸"。

六、朗读全诗,理解思想意义

生活在严寒的"冬天",心中升起了和煦的"春天",以此唤起人们对美好的事物的向往与追求。自己尽管有孤独之感,但要"奋飞",要积极战斗。虽"难于直说",但毕竟用诗的语言说了出来,塑造出了战士的形象。

七、明确主要的艺术特色

1. 紧扣自然环境的特征极力渲染,用准确、形象、生动的语言鲜明地写出了两个雪的世界。"江南"与"朔方"各具特色,截然不同。

2. 运用象征的艺术手法表达"难以直说"的思想感情。

象征是托义于物,按照作者意图赋予某一具体的事物(象征物)以特定的意义。当本体较难叙述与描写,或不便于直接叙述和描写时,往往就采取"象征"的手法。

当然,使用"象征"时,要从本质特征上来考虑。《白杨礼赞》《雷雨前》《松树的风格》等之所以写得成功,与托义于物之精当颇有关系。

象征的作用在于使文章形象、鲜明,在于能以简驭繁,以较简单的"象征体"表示比较复杂的本体。

"象征体"的描绘是文章的主要题材,与修辞手法中的比喻要加以区别,是艺术手法,不是修辞手法。象征的艺术手法多用于抒情散文或散文诗。

这首散文诗象征手法用得十分精妙,成功地表达了复杂的丰富的"难于直说"的思想感情。

八、朗读全诗,掌握诗的起伏节奏,读出怀念、向往、欢乐、奋飞、升腾的思想感情

【板　　书】

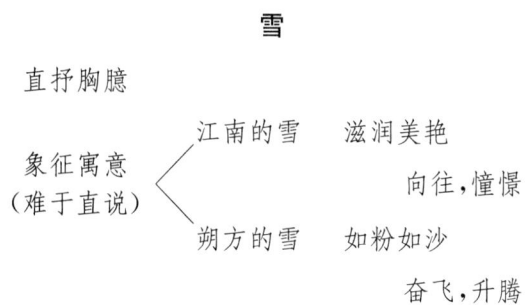

《雪》

【教　　后】

1. 一位学生问：对"暖国的雨"是褒还是贬？最后一句不理解。又有学生问：雪人有何象征意义？开展了讨论。

2. 对咏江南的雪的重点语句进行了分析，帮助学生理解象征与比喻的运用。课结束时检查，这部分理解得较好。

3. 景物描写深入一步，非单色，而是色彩斑驳，雪上雪下，错落有致。忆中展开想象。

4. 雪不是由雨变成。请一位学生讲述雪是怎样形成的。

5. "有幸"与"不幸"放在课文结束处解答。有位学生认为"有幸"是未变成坚硬冰冷的雪，不幸是未变成灿烂的雪花。肯动脑筋。

6. 前半部分教时很顺利，后半部分难度大。句子难，寓意深，反复朗读、剖析，学生才理解。要求学生对这部分熟读，背诵，加深理解。

《驿路梨花》

【教学目的】

1. 理解梨花的深刻含义,学习助人为乐的雷锋精神。

2. 理解本文围绕具体事物层层深入地展开故事情节,最后点明文章中心的写法。

3. 培养概括段意和缩写全文的能力。

【教学时数】

两课时。

【教学步骤】

一、复习旧课,引入新课

学习《一件珍贵的衬衫》时,我们曾被文中表现的周总理热爱人民的崇高革命品质和人民热爱周总理的真挚感情所感动,特别是开头、结尾充满感情的语言更是给人以深刻印象。现在我们一起背诵这两段文字。(师生背诵)

这篇文章围绕着一个物——衬衫,记叙了一件事——衬衫的由来,歌颂总理平易近人的高贵品质,记叙的是一物一事一人,中心突出。今天我们学习的《驿路梨花》也是记物,叙事,写人,是一物多事多人,同样中心突出。记的什么物,哪些事,哪些人呢?

二、听课文录音,思考下列问题

1. 画出生字难词,圈出准备积累的词语。

2. 本文围绕何物开展故事情节的?

3. 贯串全文的线索是一句话,试着找出来。

4. 文中描绘的主人公是谁?作者写他们的目的何在?

5. 这篇故事的最大特点是什么?请用四个字概括。

正音正字:

驿(yì) 陡(dǒu) 峭(qiào) 寨(zhài) 同行(xíng)(多音字)

篾(miè) 陋(lòu) 撵(niǎn) 猎(liè)(与上海方言区别)

麂(jǐ) 葺(qì)

本文围绕小屋开展故事情节;贯串全文的一句话是"这是什么人的房子呢";作品中的主人公是小屋的建造者和照管者,尤其是小梨花和梨花的妹妹;赞扬了助人为乐的雷锋精神;故事的最大特点是引人入胜——学生解答不周全,不急于统一答案,在讲读过程中逐步寻求答案。

三、解释题意,初步体会"引人入胜"的特点

1. 请学生试解"引人入胜",着重领会一个"胜"字。胜:优美的,胜境,美妙的境地。

2. 看题思画。看到"驿路梨花"这个标题,你们脑中会展现怎样的画面?

驿路到处有梨花,标明了地点、景色。

标题截取了爱国诗人陆游诗句"驿路梨花处处开"的前半截,既有诗情,又有画意。

驿路在哪儿?梨花开时是怎样的景象?在这样的环境里发生了怎样的事?题目引人入胜,使人遐想。

四、讲读课文,扣住"引人入胜",理清故事情节

1. 文章开头引人入胜。

(1)朗读第1、2段,思考回答:文章是怎样开头的?这样下笔有何作用?

"山,好大的山呵!"以惊叹语气开头,犹如异峰突起,气氛浓厚。群

山起伏延伸,暮色迷茫。一起笔就展现了故事发生的广阔背景,渲染了环境气氛。渲染气氛的同时交代了故事发生的时间、地点、缘由,把读者带入了哀牢山南段的群山密林之中。

(2) 就在"我们"找不到住处,心里"着急",一筹莫展的时候,希望来到了眼前。这里哪个词用得好?"突然"用得好,点出了希望就在眼前。

(3) 阅读第3～7段,思考回答:这个希望是怎样有层次地表现的? 描绘了边疆怎样的景色?

两个"看",一看梨花,二看人家,由花而人,故事逐渐展开。"一弯新月升起了……飘落在我们身上"描绘了边疆美丽的夜色:月光,晚风,梨树林,花瓣,人在花中走,花伴人夜行,好一派边疆优美的风光!

(4) 犹如经过一组镜头的摇动,记叙的物——小屋终于推到了读者的面前。文章为什么不下笔就写屋,而到此时才写呢? 第3～7段去掉行不行呢? 不写,缺少优美的意境;不写,缺少诗意的点题;不写,小屋展现显得生硬。总之,这样写味道浓,引人入胜。

(5) 表情朗读第1～7段,读出诗情画意来。

2. 小屋情况非比寻常。

(1) 有屋就有人,可是这座小屋非同一般,它有些什么特点呢? 作者是怎样描绘的? 为什么要描绘得如此清楚明白?

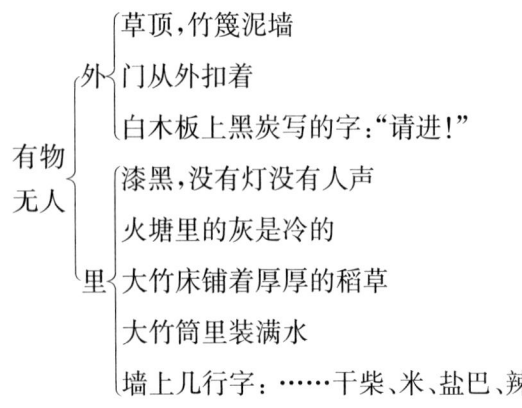

山间小屋里里外外被描绘得清楚明白。为何要如此描绘呢？其一，文章是围绕这座小屋展开故事情节的，应叙述清楚；其二，表现小屋的主人热情、周到，使读者和借宿者一样，想见见这位主人。

（2）行路人攥走了疲劳与饥饿，心里有说不尽的感激。"这是什么人的房子呢？""我"叫老余"猜"，老余说："可能是一位守山护林的老人。""可能"表明了猜测的意思。主人究竟是谁呢？情节向前推进。

（3）归纳段意或加小标题。

第1~12段是第一部分。"我"和老余夜宿山间小屋。或"夜宿"。

3. 寻觅"主人"，初次解谜。

（1）正在投宿者怀着感激的心情猜测之际，"守山护林"的老人突然出现在眼前。

作者怎样勾勒这个人物形象的？先"推"后"站"，手"提"肩"扛"，加上"须眉花白"一笔，老人形象活灵活现，俨然是守山护林的样子。

（2）"主人"是这老人吗？不是。作者怎样描写这场误会的呢？

既写了"我"和老余，又写了瑶族老人，从两方面写，十分逼真。一方面是感激万分，"抓住""抢着"，迫不及待地对老人倾诉感谢的话；一方面是来不及解释说明，只得"眼睛瞪得大大的"。为什么会发生这场误会的呢？猜测中的形象与出现的形象如此吻合，情节安排得巧妙而自然。

（3）于是，出现了一场风趣而感人的对话。风趣在哪里？感人在何处？

请学生分角色朗读，抓表现风趣的关键词。一个"挂"字用得绝妙。

感人之处在：小梨花用为人民服务的精神帮助过路人，瑶族老人以及其他过路人也尽力让后来人方便，老老小小把助人为乐作为自己的责任，自己应尽的义务。

初次解谜,情节不平板,由瑶族老人的"说",引出赶马人,再从赶马人那儿引出梨花。侧面描写梨花。

(4) 瑶族老人哪些话说的是当天发生的事?哪些话不是说当天的事?二者是怎样结合的?

前两个问题学生回答,然后补充。

用"白羽毛""红布"把二者连缀起来,连缀得天衣无缝。而且,这样的细节描写有浓厚的地方色彩。

(5) 听了这番话,"我"有怎样的感想呢?齐读第27段,思考回答:作者是怎样描绘的?有何效果?

不写"想",而写"梦",用梦境表达自己深受感动,用梦境展现梨花姑娘的形象,意境美妙,引人入胜。"恍惚"一词准确地点出梦境,模模糊糊,不清楚,就如蒙上一层轻纱。"香气四溢"用得好,一语双关,是梨花香,是小姑娘助人为乐的思想香,芳香扑鼻,芳香四溢。用梦幻的场景歌颂心灵美的姑娘,有强烈的感染作用。

(6) 归纳段意或加小标题。

第13~27段遇到瑶族老人,初步知道小屋主人是"梨花",或"寻觅"。

4. 遇见"主人",再次解谜。

(1) 引路人受"香气四溢"的感染,第二天未立即登程,而是干什么呢?

修葺小屋,排水沟"挖深",向小姑娘学习。时间推移,情节继续发展。

(2) 正在学习的时候,小姑娘出现了,怎样出现的?"闪"起什么作用?模样怎样?与老人的出现有何异同?

朗读后回答:从梨树丛中闪出,"闪"写出了一群小姑娘走出来的速度,出现时的亮度,使人眼前豁然一亮;既写了树,又写了人,树密人稀,风光美丽。人从花中出,花白脸儿红。老人在"猜测"中出现,小姑娘在劳动时巧遇,都注意展现人物的形象。小姑娘生气勃勃,活泼可爱。

(3)"主人"是这群小姑娘吗?也不是,又误会了。作者怎样二写误会的呢?

先用"一定",表示确信不疑;再写老人动作,"深深弯下腰去"行大礼;然后用"吓""蹦开""哈哈大笑""赶紧摇手"等写小姑娘的毫无思想准备和天真稚气,场景动人,人物栩栩如生。

(4)谜底终于揭开。

情节经一连串的波澜起伏,终于通过小姑娘的讲述,解了"房子的主人"是谁的谜。房子是解放军盖的,动力是雷锋同志为人民服务的精神;照料者是梨花,学习雷锋、学习解放军的好榜样。

(5)谜底揭开后再生波澜。

"为头的那个哈尼小姑娘"不是梨花,梨花前几年已出嫁到山那边,梨花的妹妹,就是为头的那个,接过了照管小茅屋的任务。

小梨花自始至终是侧面描写,使人似见而又未见,从梦幻中,从她妹妹身上可以找到影子,这样处理,引人入胜。

(6)结尾同样引人入胜。

"我"知道了小屋的来历后,由"望"眼前的人与景,想到陆游的诗句。人花辉映,以物喻人,点明中心。

梨花洁白美丽,"处处开",以此来赞美小屋的建造者,照料者以及为小屋做好事的种种过路行人。真是"忽如一夜春风来,千树万树梨花开"。

(7)归纳段意或加小标题。

第28~37段,弄清楚小屋的建造者和照料者。或"解谜"。

五、快速把全文浏览一遍,思考回答

1. 文章围绕山间小屋写了好些人物,以哪个人物为主?为什么要以这个人物为主呢?

写了小屋的建造者和照料者,以及过路人,在这些人物中以小梨花为主,这个未出场的人是主人公。"小",代表未来,代表希望。文章以"驿路梨花"为题,一语双关。既赞美自然界的梨花,又赞美未来的小主人梨花,赞美人们助人为乐的美丽的心灵。这样写,收到景美、人美、心灵美的效果。

2. 文章表现了怎样的主题?意义何在?

文章以一座深山茅屋为背景,展示了各民族、各地区、各职业人们之间互相关心、互相帮助、互相爱护的动人情景,歌颂了高尚的雷锋精神,赞美了为人民服务的优美心灵。

主题有鲜明的社会意义,是社会的缩影,时代的画图。

3. 故事情节有何特点?

围绕小屋层层深入地展开故事情节,曲折起伏,引人入胜。

明写:"我"、老余──→感激──→猜测──→寻觅──→相遇

暗颂:过路人──→瑶族老人──→梨花──→解放军

(梨花妹妹)

以明带暗,以实映虚。

六、布置作业

1. 以时间先后为顺序,缩写成一个小故事。

要求:复习时先在脑中把一件件事理清楚,哪些是先发生的,哪些是后发生的,然后排列出来再动笔写。

2. 练笔参考题:

(1) 瑶族一老人;

(2) 哈尼小姑娘。

要求:进行外貌描写,可根据自己看过的电影、书画开展想象,进行补充。

【板　　书】

驿 路 梨 花

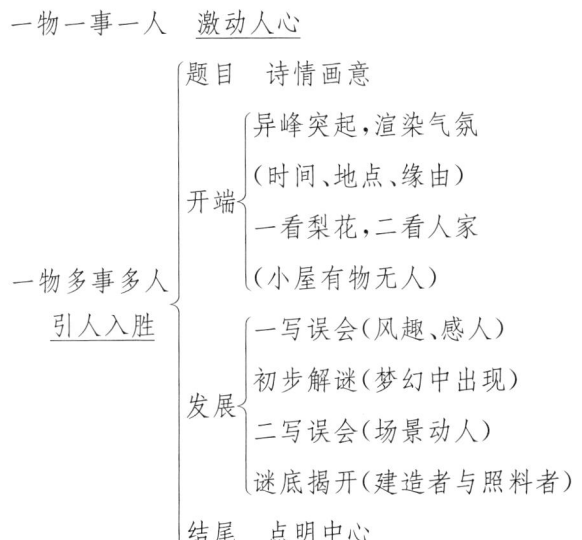

【教　　后】

1. 学生十分喜欢这篇课文,增加了朗读,延长一课时。

2. 与《一件珍贵的衬衫》这篇课文就物、事、人进行比较,引入课文很顺妥。

3. 对全文围绕什么具体事物开展故事情节,有学生抓不住,认为是"梨花"。

4. 初步解谜时的"感人事迹"不讲,放到"香气四溢"解词中推敲,解词内容既具体,又节约教学时间。

5. 一位学生提出"菌""蕈"是两个字,注释看得较仔细,及时表扬。

6. 学生问作者的情况,稍加介绍。彭荆风,江西萍乡人,1949年参加中国人民解放军,由于工作与战斗的需要,长期生活在云贵高原,对边疆生活比较熟悉,写过《当芦笙吹响的时候》等优秀小说。

7. 个别学生问《闻武均州报已复西京》的诗,抄录给他。

　　　　白发将军亦壮哉,西京昨夜捷书来。
　　　　胡儿敢作千年计,天意宁知一日回。
　　　　列圣仁恩深雨露,中兴赦令疾风雷。
　　　　悬知寒食朝陵使,驿路梨花处处开。

《变色龙》

【教学目的】

1. 了解沙皇统治下人不如狗的黑暗现实,教育学生鄙视趋炎附势、媚上欺下的丑恶行为。

2. 理解从日常平凡事件中发掘主题,揭示社会本质的写作特点,学习运用细节和人物对话表现思想性格的写作方法。

【教学时数】

两课时。

【教学步骤】

一、由作者生平的介绍引入课文

安东·巴甫洛维奇·契诃夫,俄国作家(1860—1904),是具有世界声誉的短篇小说大师。他二十岁开始创作,一生写了七百多篇短篇小说。《万卡》《小公务员之死》《套中人》《变色龙》均脍炙人口。这些作品多取材于俄国中等阶层的"小人物"。

他创作的小说主题挖掘得很深,而这深刻的主题思想是通过人物形象的塑造来表现的;主人公的典型性格特征作为整篇作品的焦点,以此为核心安排场景、情节、细节和配置必不可少的其他人物,形成了生动的形象体系。用他自己的话来说,"人在写小说的时候总是不由自主地先忙着搭好它的架子:从一群人物和半人物里只取出一个人物——妻子或者丈夫,把这人物放在背景上,专门描写他,使他突出,把其余人物随便撒在那背景上,像小铜币一样,结果就成了一种像是天空的东西:中间是一个大月亮,四周是一群很小的星星"。这就概括了他短篇小说创作的一大特色。

他的创作技巧十分高超,高尔基赞扬他:"只需一个词就创造一个形象,只需一句话就可以创作一个短篇故事,而且是绝妙的短篇故事,它像螺钻般钻入地下一样地深入到生活的深处和实质中去。"

本文是他的早期作品,发表于1884年。1881年,亚历山大二世被谋杀,亚历山大三世继位。为了保证统治者的安全,沙皇大大加强了警察的权力,建立了恐怖的警察统治。这就是故事创作的背景。现在看"大月亮"在这个故事中,是何等样的人?

二、提问、阅读、思考、回答

1. 小说描述了怎样一个平凡的故事?

2. 奥楚蔑洛夫在处理这个案件时变了几次?请你设计简明的图把他的多变标出来,并说明他的"变"是以什么为转移的?揭示了他怎样的思想性格?

3. 主人公的思想性格主要通过什么描写方法来刻画的?

4. 注意下列字词的读音与含义:

盛(chéng)满,坎(kǎn)肩,戳(chuō)。

三、讲读分析

1. 故事情节并不复杂,但回旋跌宕,曲折有致,波浪式前进。学生讨论后明确:

这篇短篇小说记叙了警官奥楚蔑洛夫处理狗咬人的不了了之的案件。

写的是人玩狗,狗咬人,被咬的要求赔钱,警官处理这案子时,调查出是将军家的狗,也就不了了之。

作者进行艺术加工时,丢开了前一半,专写后一半,构成了完整的情节。

第1~5段:警官发现了狗咬人的事件,故事开端。

第6~27段:警官处理狗咬人事件的经过,故事发展与高潮。

第28~29段:矛盾解决,以狗的胜利而结束。故事收场。

2. 人物塑造。

学生讨论后明确:

(1) 主人公处理此案件反复无常,变了五次。

表现在对狗的称呼上,一会儿"疯狗",一会儿"名贵的狗",一会儿"下贱胚子",一会儿"娇贵的动物"……真是翻手为云,覆手为雨。对狗的称呼与态度是以狗的主人为转移的。狗的主人主宰着他的一系列表演。听说是将军或将军哥哥的狗,表演就呈现波峰,反之,就成波谷。

(看清"变"的现象,认识"变"的背后)

在学生交流自己所列图表的基础上,统一认识。

【板　　书】

变　色　龙

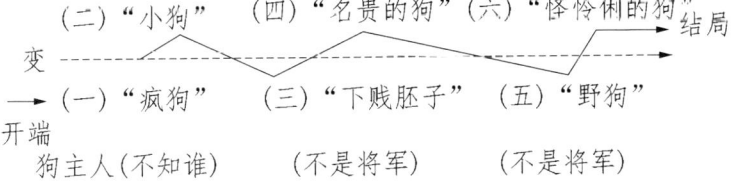

(2) 从主人公的善变中揭示了警官奥楚蔑洛夫怎样的思想性格?

学生回答后强调:

奥楚蔑洛夫两副面孔,两种腔调,瞬息之间,变化自如,描绘他的善变,深刻地刻画出这个反动统治阶级走狗趋炎附势、媚上欺下、看风使舵的卑鄙灵魂。请朗读第一部分,看作者为他安排的精彩出场。

(3) 他的出场:耀武扬威,巧取豪夺。一上场就用含蓄的笔墨暗示此人不是好东西。"沉静""无精打采""连……也……"等寥寥数笔的白描,就暴露出俄国社会腐朽黑暗的真实面貌——恐怖萧索,空气沉闷得令人窒息,老百姓无精打采、小心翼翼生活着。唯有沙皇的鹰犬威风凛凛地招摇过市。这样安排,不仅显示了警察在政治上压制群众,而且表现了经济上的榨取。警官手里"提"的和巡警手里"端"的,就是他们掠夺百姓财物的明证。作者主要运用了哪些方法来精心塑造这个令人厌恶、憎恨的鹰犬的呢?

(4) 塑造方法:

① 对话。这个卑鄙无耻的奴才的性格通过个性化的语言表露得淋漓尽致。对狗,对狗的主人,对赫留金的态度一变再变,变化无常,奉上的奴性,压下的官气,统一在这个当时社会产物的身上。他公开撒谎,不以为耻,习惯成自然,品质恶劣。他就是一条名贵的良种的看家狗——变色龙。

② 细节。警官的一件新的大衣一会儿脱下,一会儿穿上,生动地反映了对权势显赫的将军的恐惧,也为语言的变化无常找解嘲的阶梯。小说一开始就把这件"新的军大衣"推到读者面前,在第二次、第四次、第六次判案时多次提到,并作了出色的描写,流露了作者对这个趋炎附势、媚上压下的狗类人物极端憎恶的感情,细节描写十分精彩,令人折服。

作者曾对人说过:"如果第一幕里你在墙上挂了一管枪,那么在最后一幕里就得开枪。要不然就不必把它挂在那儿。"作者在艺术实践中正是贯彻了这个意图,运用细节描写大大增添了文章的色彩。

③ 配角"小星星"的烘托。

请学生讲述作品中勾画了哪些配角"小星星",各具何态?讨论后明确：

大文学家的笔下功夫不仅表现在对作品中主要人物的刻画，而且能使作品中的配角"小星星"各具其态，各得其所，起众星捧月之妙用。

作品中的赫留金的张扬声势，见风转舵，忍气受辱的鄙俗表演；叶尔德林的"拿得准""沉着稳重"的奴性（是把情节推向高潮的"半人物"）；将军家厨师粗鄙庸俗的典型特征，不仅使变色龙的性格更为鲜明，而且使读者看到俄国外省城镇市民社会的种种迹象。

3. 文章的思想意义：

请学生谈谈文章的思想意义，懂得："变色龙"俄语也可译为"反复无常的小人"或"见风使舵的小人"。以此为题，醒目，深刻，揭示了文章要鞭挞的对象。

作者在司空见惯的日常生活中选取素材，经过提炼概括，创作了这篇反映时代面貌的名作。他用极其幽默的笔调描绘了沙皇鹰犬谄媚权贵、欺压百姓的劣迹，深刻揭露沙皇俄国统治下的人不如狗的黑暗现实和沙皇政权的腐朽反动。——作品寓隽永深刻的思想内容于平淡无奇的题材之中，是"小题大做"的典范。

一篇有价值的文学作品，它的作用常超越时间与国度的界限。"变色龙"这个典型的形象虽然"诞生"在19世纪的俄国，然而在中国我们同样"似曾相识"，尤其在"十年动乱"期间。对这类鄙俗的小人要慧眼识破，嗤之以鼻。

四、表情朗读全文

五、课外自学契诃夫的《万卡》

要求做读书摘记，进一步体会契诃夫的创作风格。

【教　　后】

1. 教学中抓住一个"变"字，脉络清楚，课堂里笑声不绝，教师没有多讲解,只略作引导,学生就能理解了。作者契诃夫的笔下功夫能极大地调动读者阅读的兴趣,在笑声中认识丑恶,真了不起。

2. 注意运用朗读手段可促使学生领会人物个性化语言的奥妙。有些学生读的语气、语调符合作品中人物身份,效果甚好。一个学生读第25段时,拉长了语调读"整个脸上洋溢着含笑的温情",引得哄堂大笑。

3. 讲人物出场时的情景,有的学生情不自禁地做"端"的姿势,可见注意力集中到何种程度,学生可爱。

文言文

《木兰诗》

【教学目的】

1. 了解诗中塑造的木兰的艺术形象,理解这一形象在当时的积极意义。

2. 学习本诗叙事有头有尾,详略得当和鲜明生动的描写方法。

3. 了解诗中对偶、排比、互文、复叠等句式的运用,体会音节和谐、节奏优美的语言特色。

【教学重点与难点】

重点:叙事诗的特点。

难点:有歧义的几个句子。

【教学时数】

两课时。

【教学步骤】

第 一 课 时

一、由祖国古文明引出名篇《木兰诗》

我们伟大祖国曾以古文明著称于世。古代文化灿烂,文学艺术上的财富数不胜数,妙诗佳词多如天上璀璨的明星。美丽的神话,动人的传说,优美的民间故事给人以丰富的想象,有益的启发。木兰替父从军的故事就在人民中广为流传,深受大家的欢迎。

这个故事形成了《木兰诗》,又名《木兰辞》。《木兰诗》是南北朝时北方的一首民歌。写作年代,大约为北朝后魏时期,是古代劳动人民集体创作的民间文学作品,后虽经封建文人改动,但仍保留民歌特色。

二、由对《木兰诗》的评价,引入课文学习

著名历史学家范文澜在《中国通史》一书中说:"北朝有《木兰诗》一篇,足够压倒南北朝全部士族诗人。""《木兰诗》为历代人民传诵,和《孔雀东南飞》合称为我国民间文学史上的'双璧'。"

《木兰诗》如此佳妙,让我们诵读欣赏,享受享受这首叙事诗的艺术美吧。

三、**逐段讲读,掌握故事情节,积累文言词语**

《木兰诗》是一首完整的叙事诗。凡叙事诗都有比较完整的故事和比较完整的人物形象。这首诗,故事性很强,情节是按照事件发展的顺序展开的,随着情节的起伏跌宕,表现了主人公木兰的喜怒哀乐,塑造了木兰这个我国古代女子英勇矫健的形象。

1. 讲读第1、2段。

(1) 朗读,正音。

机杼(zhù) 可汗(kè hán)

(2) 讲解疏通。

唧唧复唧唧:"唧唧",历来有三种解释:一是叹息声,二是机杼声,三是虫鸣声。从上下文连贯看,作机杼声。先写木兰"当户织"(对着门织布。当,对,在;户,门或屋)机杼声声;接着写听不到织布的声音,只听到木兰女叹息哭泣,与往常不一样了,这就很自然地引出下文。亦可作叹息声讲。《全唐诗》张祜《捉搦歌》中有:"门上关,墙上棘,窗中女子声唧唧。"白居易《琵琶行》中有:"我闻琵琶已叹息,又闻此语重唧唧。"第三种作蟋蟋叫声解释,欧阳修的《秋声赋》中有:"但闻四壁虫声唧唧,如助予之叹息。"仍用来形容其声音如人之叹息。第二种解释较确切,落笔先让人听到不停的机杼声响,再出现"当户织"的人物形象,这就交代了故事发生的时间、地点,主人公的身份,揭示了木兰勤劳的性格,自然地引出下面四句问答。主人公正在机上织布,何以无心织绩而停机叹息呢?

问女何所思,问女何所忆。女亦无所思,女亦无所忆:运用设问手法表白木兰停机叹息原因,并造成悬念,吸引读者往下看。"无所思"实为"有所思",停机叹息,主要是因为产生了代父从军的愿望。

军帖:征兵的文告。"帖"作文告讲。

愿为市鞍马:为(wèi),介词,替(为此)。市,买(名词作动词用)。

(3)积累词语:

惟:只　何:什么　市:买

可汗:古代我国某些少数民族的君主称号。

(4)请学生诵读,并概括故事情节。

停织叹息,代父从军。(或代父应征)

2. 讲读第3、4段。

(1)朗读,正音。

鞯(jiān)　　辔(pèi)

溅溅(jiān)　　啾(jiū)

胡骑(qí):骑,此处是名词。

戎(róng)机　　柝(tuò)

(2)讲解疏通。

东市买骏马,西市买鞍鞯,南市买辔头,北市买长鞭:用排比句渲染从军准备工作的忙碌气氛。"东""西""南""北",是位置的虚指,在多方铺排的同时造成错综变化,读起来有气势。与开头的"叹息"相对照,刻画出木兰出征前的雄健形象。这种句式是复叠错综的句式,几个句子在形式和词语上基本相同,但同中又有变化。

旦辞爷娘去,暮宿黄河边,不闻爷娘唤女声,但闻黄河流水鸣溅溅。旦辞黄河去,暮至黑山头,不闻爷娘唤女声,但闻燕山胡骑鸣啾啾:燕(yān)山,指蓟北的燕山;黑山,燕山附近的山。用重叠排比的手法刻画远征异地的木兰眷恋家中亲人的儿女之情,充满缠绵悲凉的情调。短句中夹以长句,波澜起伏,富有音乐美。

万里赴戎机,关山度若飞。朔气传金柝,寒光照铁衣。将军百战死,壮士十年归:对疆场生活作了高度的概括,运用了对偶短句,豪爽悲壮。先写长途急行军,再写守备森严,然后写浴血奋战,表现战争的艰苦激烈。"百""十"表多数,非确指。关,城关。度,跨越。壮士,指木兰。从疆场生活的描绘可想象木兰驰骋疆场,意气风发的英姿。

(3)积累词语。

旦:早晨。暮:晚上。但:只。

戎机:军机,军事。骑:战马或马。

金柝:古时军中打更用的器具。

(4)学生诵读,概括故事情节。

征途跋涉,战斗十载。(或出征参战)

3. 作业:

(1)朗读背诵第1~4自然段。

(2)哪些是对偶、排比、复叠的句式?分别抄录在笔记上。

(3)仔细看注释,口译四段文字为现代汉语。

第 二 课 时

一、复习检查

1. 齐背第1~4段。

2. 听写、解释：

(1) 机杼 (2) 惟 (3) 可汗 (4) 市鞍马 (5) 鞍鞯
(6) 辔头 (7) 流水鸣溅溅 (8) 胡骑 (9) 戎机 (10) 金柝

二、继续逐段讲读，掌握故事情节，积累文言词语

1. 讲读第5、6段。

(1) 朗读，正音。

策勋(cè xūn)　著(zhuó)　鬓(bìn)

(2) 讲解疏通。

爷娘闻女来，出郭相扶将；阿姊闻妹来，当户理红妆；小弟闻姊来，磨刀霍霍向猪羊：用排比句生动地描写了全家老少高兴地迎接木兰的情景，各人身份不一样，表现也不同，但欢乐之情相同，团聚的热烈气氛跃然纸上。语句仍采用了复叠错综的形式，又有变化。读起来，音节和谐，又有活泼跳荡之感。

开我东阁门，坐我西阁床，脱我战时袍，著我旧时裳，当窗理云鬓，对镜帖花黄："阁"，闺阁，古代称女子的卧室为阁。"帖"，同"贴"。"花黄"，当时妇女脸上的一种装饰。用排比重叠的方法描写木兰回家后一系列平凡的生活细节，渲染了欢乐的气氛。

(3) 积累词语。

策勋：登记功劳。策，原是记事的册子，此处作动词用。

转：当时制度把勋位分成若干等，每升一等叫一转。

强：有余。（与"弱"对照）

不用：用不到。

郭：外城。

扶将：扶持，搀扶。

鬓：耳边的发，此处泛指头发。

火伴：伙伴，同伍者。

（4）学生诵读，概括故事情节。

辞官还乡，合家欢聚。

2. 讲读第7段。

（1）讲析：

雄兔脚扑朔，雌兔眼迷离："扑朔"，爬搔；"迷离"，眯着眼。前指行动，后指神态，是互文的句式。比喻木兰的行动、打扮与男子一样，分不出是男是女。沙场上打仗与男子一样冲锋陷阵，刚毅英勇；胜利还乡后重换女装，天真烂漫。这一比喻奇妙新颖，充满赞扬的感情。

傍地走：着地走，贴地走。"走"，跑。

安能：怎么能。

（2）这一段是作者的颂扬语，也是木兰的自豪语。

3. 小结：

这首诗以木兰从军为中心。布局严谨，情节环环相扣，从代父从军到胜利归来，叙述得完整自然，详略得当。请学生把每个部分情节的概括语连贯起来思考，理解故事的开端、发展、结局。

三、开展对人物形象的讨论

请学生就练习一提出的问题发表意见，明确：

木兰是我国古典诗歌中出现的第一个健康、明朗的女性形象。围绕从军展开故事，刻画她的勤劳、纯朴、坚强、勇敢、轻视功名利禄和热爱家乡劳动生活的品格。在男尊女卑的封建社会中，这一艺术形象具有积极的意义，它反映了古代劳动人民向往过安定欢乐生活的愿望。以木兰为题，就有歌颂此形象的意义。

全诗集中笔力塑造这个形象，写得生动逼真。

1. 从声音的变化引出主人公。

2. 着重心理描写。"无所思"，什么都不想，只想父亲被征之事。经深思，决心代父从军，"从此替父征"。

3. 忙碌准备后，跋山涉水，表现了不畏艰险、勇往直前的精神；思念亲人，但仍勇敢前进，表现了坚强的意志。

4. 写战场生活的艰苦，边塞风光的苍凉，烘托木兰的坚强与英勇。

5. "木兰不用尚书郎"——辞官的描写，反映她不贪富贵。返家后的团聚，着重刻画了她的纯朴可爱。

作者把木兰放在特定的历史条件下，放在尖锐的矛盾中来刻画，写其所思，所为，以不同的场景表现其内心世界，使这个女英雄的形象栩栩如生。结尾赞美之辞，更是在形象上增添一笔，说明战争来临，女子可与男子一样作出成绩。

四、表情朗读

注意各种句式的穿插运用；出征前的沉吟；买鞍马等时的忙碌；思亲的缠绵；疆场上的苍凉；辞官时的从容；还家时的欢乐；赞扬的诙谐。读时要把握诗的抑扬起伏，体会其摇曳多姿的特色。

五、布置作业

1. 整理要积累的文言虚词和实词。
2. 做练习第三题。
3. 背诵这首诗。

【板　　书】

木　兰　诗

故事情节

1. 停织叹息　　　　　叹息
2. 代父从军（详叙）　愿
3. 征途跋涉　　　　　闻
4. 战斗十载　　　　　赴、度、传、照
5. 辞官还乡　　　　　还

6. 合家欢聚(详叙)   开、坐、脱、著、理、帖

7. 比喻,赞美   辨

【附　记】

《颜氏家训》"治家篇"云:"邺下风俗,专以妇持门户,争讼曲直,造请逢迎,车乘填街衢,绮罗盈府寺,代子求官,为夫诉屈。此乃恒、代之遗风乎?""恒代遗风",指北魏的遗风,这是因为北魏初年以恒州代郡为首都的缘故。从这个风尚看来,北魏社会不一定是男尊女卑,以此略论《木兰诗》的背景,乃一个方面。后世《木兰诗》之流传,能给予社会上男尊女卑以冲击,有它的积极意义,则又是一个方面。

【教　后】

学生学《木兰诗》的兴趣颇高,两节课既能讲解,又能背诵。女学生小张学习之前特意找了一张花木兰女扮男装代父从军的彩色"商标"给同学看,并天真而又认真地问我:"木兰是不是这个样子?"学生很是可爱。

抓住叙事诗的特点,边解决诗句上的难点,边梳理故事情节。在梳理时要求学生逐节用四个字概括,学生思维活跃,抢着发言。课堂上出现学生抢着发言的局面,是教师的幸福,教师的享受,教师的乐事,可惜我还不能做到堂堂课如此,看来有些鼓点敲得不准,没有把学生的感情激发起来。这个课题有极大的难度,但定要下决心有毅力细细琢磨。

对"唧唧复唧唧"的句子展开了争论。小赵坚持自己的意见,认为"唧唧"是织机声,木机织布的声音即如此,故而"唧唧"是象声词。小张不同意,认为"唧唧"是叹息声,因为诗中明明写着"不闻机杼声"。其他学生又不同意,认为先织后停,停了"叹息"。在争议的基础上指导学生仔细看注释,要求他们既注意了解别人的研究所得,又可不受此限制,

有自己的见解,但是不管怎样解释,都要注意上下文的连贯,都要言之成理。

课讲结束时,突然出现了一个意想不到的情况。我说这首诗是千古传诵的名篇,两节课能初步背诵靠的是强记,课后要熟读牢记。小忻扑哧笑了一下,问其原因,他说这首诗是"吹牛",没有这回事。他说"同行十二年,不知木兰是女郎"是不可能的。许多学生附和他的意见,说:"跋山涉水总要洗脚,虽不是实数十二年,总是时间很长,鞋子一脱,小脚就出来了,怎会不知是女的?"我指出北朝时候女子还没有裹小脚,谁知学生异口同声地问:那么,什么时候包小脚的呢?我被问住了,答不上来。

知之为知之,不知为不知,绝不可强不知以为知。我如实地告诉学生自己答不上来。课后想办法去查。

备《木兰诗》竟然要备中国古代女子什么时候开始裹小脚,这是我怎么也想不到的。教然后知困。做一个中学语文教师该具备多少相关的知识啊!问题还不在于教某一篇具体课文前的准备,而在于平时的广泛涉猎,细心采摘,日积月累,只有源头有活水,课堂上才会不出现或少出现捉襟见肘的尴尬状况。教学相长。学生促使我学得多一点,学得广一点,学得深一点。感谢学生对我的促进。

又记:查阅赵翼的《陔余丛考》,其中《弓足》一篇记载——南唐后主令宫嫔窅娘,以帛绕脚,作新月状,由是人皆效之。课余将查阅所得告知学生。

《出师表》

【教学目的】

1. 理解文中所阐述的亲贤远佞、公正执法在治国中的重要作用。
2. 理解本文说理精辟透彻、感情真挚深厚、语言质朴恳切的特点。
3. 掌握"以""于"等虚词的常见用法。

【教学时数】

两课时。

【教学步骤】

一、讲授杜诗《蜀相》,引入课文学习

约在760年的春天,诗人杜甫曾瞻仰成都城西北的诸葛亮祠堂,写下了著名的《蜀相》一诗。

> 丞相祠堂何处寻?锦官城外柏森森。
> 映阶碧草自春色,隔叶黄鹂空好音。
> 三顾频烦天下计,两朝开济老臣心。
> 出师未捷身先死,长使英雄泪满襟。

"三顾频烦天下计,两朝开济老臣心",前一句我们可从学过的《隆中对》一文中了解。后一句表明诸葛亮经历先主刘备,后主刘禅两朝,开创大业,匡济危时。诸葛亮兢兢业业,一片忠贞。234年,诸葛亮伐魏,病死在五丈原(今陕西眉县西南)军中。

诸葛亮是三国时杰出的政治家和军事家。刘备死后,他辅佐后主刘禅治理国家,承担了蜀汉政权的全部实际责任。227年,他率军北驻汉中,以图中原,鉴于刘禅暗弱无能,不无内顾之忧,故临行前上此奏章,请求刘禅亲贤远佞,励精图治,以巩固和扩大蜀汉的事业。

"表"属于奏章一类的文体,古时臣子对君主有所陈请,就使用这种上行的公文。最古时就把这一类文体称为"上书",约到汉朝,才有"章""奏""表""议"等名目。讲到诸葛亮的"出师表",人们总常讲"前后出师表",《前出师表》即此文。在《三国志》中没有篇名,篇名是梁朝萧统(昭明太子)编《文选》时加的。"出师",指出兵攻魏。《后出师表》有人怀疑是伪作,但诸葛亮兄诸葛瑾之子诸葛恪曾说看见过他叔父的这篇表章。"鞠躬尽瘁,死而后已"的名句就是出自《后出师表》,也是对诸葛亮一生兢兢业业为国效劳的高度概括。

《前出师表》是千古传颂的名篇。由于诸葛亮是"两朝开济"的老臣,上的"表"不同于一般。臣下给皇上上表,往往诚惶诚恐,言多自卑;而该文却是谆谆规劝,诚挚恳切,无虚饰之词,无自卑之言,亦无傲慢之气。这样写十分切合他的身份:他既是先帝托孤的老臣,又是后主的丞相。一句句话从肺腑中流出,感人至深。《文心雕龙·章表篇》称赞说:"孔明之《辞后主》,志尽文畅……表之英也。"苏轼也说《出师表》写得"简而且尽"。

学这篇文章须掌握两点:一是理解体会"两朝开济老臣心",二是体会学习"志尽文畅""简而且尽"的写作特点。

二、讲读第一部分(第1~2段)

这一部分讲的是什么呢?对照注释自己阅读,理解后自己概括。

明确:

这一部分内容是:要后主听取忠言,赏善罚恶,执法公正。

1. 识字，解词，释义。（课本注释中有的，从略）

创业：创立统一天下的大业。

崩殂(cú)：古时天子死叫"崩"；"殂"，死亡。"崩"是"山坏"，"殂"是"往"，即所谓魂归于天。用这类字是为了尊敬死者，避免说"死"字。

疲弊：困乏。蜀虽土地肥沃，但地狭人少，生产落后，与吴、魏比，相形困乏。

秋：紧要关头。因"秋"是一年中的收获季节，至为重要。通常作"时"解。

盖：连接上句，作"原因"讲。

追：追念。

陛(bì)下：古时臣下对君主的称呼。

诚：实在、的确。

开张圣听：把耳朵敞开，广泛地听取大家的意见。圣，古时臣下对帝王的尊称。

宫中府中：宫指皇宫，府指朝廷。宫中指宫禁内廷皇帝身边的侍从，府中指丞相府所属官员。汉时通常有内朝（也称中朝）、外朝之分。宫中指内朝，府中则指外朝。

异同：意思相反的两个词组成合成词，而只取一个"异"的意思。——偏义词。

科：法律条文。

以昭陛下平明之理：昭，显示；平明，公平，严明；理、治理。

2. 提问朗读：

(1) 诸葛亮在文章开头怎样分析形势的？

(2) 侍卫之臣，忠志之士如何表现？原因何在？

(3) 为什么要规劝后主"开张圣听"？什么叫"开张圣听"？

（4）宫中府中哪些方面"不宜异同"？怎样才不"使内外异法"？

3. 熟悉第一部分，理解"宜"与"不宜"的内容，体会诚挚、恳切的口气。

三、讲读第二部分（第3～5段）

学生阅读后概括内容，明确：

这一部分内容是：规劝后主亲贤远佞，并举出了几个贤臣，请后主亲近和信任他们。

1. 识字、解词、释义。（课本注释中有的略）

费祎（yī）：祎，偏旁"衤"；偏旁"衤"的读 huī。

良实：善良诚实。遗（wèi）：给予。

愚：自称谦词。

裨（bì）补阙漏：裨，补益；阙，同"缺"。补救缺点和疏漏之处。

有所广益：获得更多的好处。

晓畅：通晓熟悉。

行（háng）阵和睦：军队内部齐心和谐。

先汉：前汉，即西汉。都长安。

后汉：即东汉，都洛阳。

倾颓（tuí）：倾覆衰败。

2. 提问朗读：

（1）先帝刘备为何简拔郭攸之等人？什么叫"简拔"？诸葛亮认为后主应怎样对待这些人？这样会取得怎样的效果？

（2）先帝刘备为何称将军向宠"能"？诸葛亮认为后主应怎样对待向宠？这样会取得怎样的效果？

（3）先汉兴隆，后汉倾颓各是何原因？诸葛亮在这方面是怎样规劝后主的？先说什么？再说什么？最后又说什么？

3. 熟读第二部分，体会说理的清晰、感情的诚挚。

四、讲读第三部分(第6～9段)

这一段是诸葛亮叙述自己的生平与抱负,请后主咨诹善道,察纳雅言。

1. 提问朗读,并译成白话。

(1) 诸葛亮本是怎样的人?为何"遂许先帝以驱驰?""后值倾覆"之时又如何?

苟(gǒu)全:苟且保全,得过且过地度日。

枉屈:委屈。

尔来:到现在。

(2) 诸葛亮"受命以来"如何"报先帝,而忠陛下之职分"的?

临崩寄臣以大事:刘备在永安宫(重庆奉节县)病危时,把诸葛亮从成都召来,对他说:"君才十倍曹丕,必能安国,终定大事。若嗣子可辅,辅之;如其不才,君可自取。"诸葛亮说:"臣敢竭股肱之力,效忠贞之节,继之以死。"刘备又对刘禅说:"汝与丞相从事,事之如父。"

奖率三军:奖,劝勉,勉励;率,率领。

庶:庶几,差不多,勉强。

钝(dùn):不锋利。

攘(rǎng)除:排除,铲除。

(3) 第8段从哪三个方面来阐述各自的职责的?体会说话的语气和心情。

兴德之言:发扬皇帝圣德的言论。

诹:商议,询问,此文中作询问讲。

察纳雅言:明察与采纳忠言。雅,正。

2. 熟读第三部分。理解诸葛亮怎样追述往事与阐明抱负,怎样表露对蜀汉的忠诚的。

五、朗读全文,思考回答

1. 诸葛亮出师前上此表目的何在?

规劝刘禅亲贤臣,远小人,咨诹善道,察纳雅言,毋妄自菲薄,以巩固和扩大蜀汉的事业。

2. 表中为何反反复复提到刘备的"遗德""遗诏"?

以先帝创业之艰,先帝用人之明,先帝为君之道激励后主亲贤纳谏,继承父志,振兴汉业。如此反复提及,为了更好地达到说服后主的目的,体现了两朝开济老臣的忠诚。

3. 说明本文"志尽文畅""简而且尽"的特点,并举例说明哪些语句循循善诱,苦口婆心,表达感情尤为畅达。(略)(既遵守君臣之礼,又直言不讳)

4. 文章的最后一段起何作用?

总收全文,表达自己出师前激动不已的心情,增强文章的感染力。《三国志》作者陈寿称颂该文为"公诚之心,形于文墨"。

六、布置作业

1. 背诵全文。

2. 复习《常见的文言虚词》。

3. 整理本文中"以""于"的几种用法,并各举一例句说明。

【板　　书】

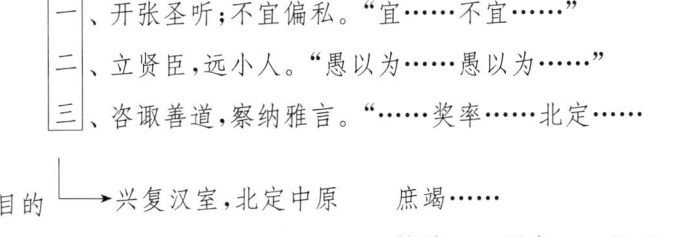

【教　　后】

1. 提问朗读能帮助理解课文，学生注意力集中。

2. 讲"陟罚臧否"时引申到用反义词合成的词，学生能举出"荣辱""得失""奖惩""善恶"等词，有兴趣。

3. 第二部分提问改为两组问题更明确。先问第二部分论述的层次，再问第五节论述的层次。学生先总后分、先粗后细，可理解得具体些。有同学回答得很清楚。文章的第二部分先向后主推荐贤能的文臣武将，然后以历史为借鉴，论述"亲贤臣，远小人"对国家兴隆的重要意义。

4. "志尽"，学生一下子就能说出其内容，尤其突出了两朝老臣的忠诚。由此引申到对诸葛亮的评价与爱国主义精神的发扬。

5. 讲本课前曾注意到要使学生掌握几个虚词的常见用法。但教完本课后则发现在某个意义上讲实词更重要。此文中提到的人物、地名、典章制度等较多，学生若对此不有所了解，则无从学懂课文。因此如何在讲解中处理这方面的知识就成为一个重要问题。讲解这方面的知识不宜过于翔实，造成喧宾夺主，但亦不能含糊了之，学生不得要领。要言简意赅，一语中的，讲得恰如其分。言简意赅，深入浅出很不容易；唯其平时学习得深入，讲课时才能浅出，其中大有学问。古人平素学的是文言文，所处生活环境相差不远，名物典章容易了解；而虚词未经研究得出规律，往往以为难。自乾嘉以来虚词研究很有成就，故有限之虚词不能难住古人。而今天的学生与古隔世，不具备往日视作常识之知识。故今日文言文教学中，虚词虽应注意，而实词或恐更应重视。

《公输》

【教学目的】

1. 了解墨子止楚攻宋的故事及其"非攻"的思想。

2. 理解本文运用类比推理进行论辩的方法,学习记事的详略得当,重点突出。

3. 积累通假字,掌握动宾倒置的句式,注意确切地补出句子的省略成分。

【教学时数】

两课时。

【教学步骤】

一、简介墨子学说,引入课文学习

春秋战国时期,社会动荡,战乱不息。为了适应政治需要,学术思想的流派日益增多。当时,除了孔、墨显学之外,还有道、法、阴阳、名辩等家。

墨家学说是当时的重要学说之一。墨家学说创始人墨子,名翟(dí)(作为姓时读 zhái)。生卒年代不详,约生在孔子死后,死于韩、赵、魏三家分晋以前。鲁国人,一说宋国人,曾做过宋国大夫。

墨子主张"兼相爱,交相利",认为兼并战争不义,反对大国攻打小国,强国攻打弱国;认为兼并战争会给弱小国家、给交战双方的人民带来不利和损失。他主张"非攻",反对不义战争。他的学说代表"庶民"即小生产者的利益。

《墨子》一书是墨家弟子和后辈学生根据墨子遗教所编纂,据《汉书·艺文志》著录为 71 篇,现存 53 篇。墨子的散文比较质朴,而且长于推理。

"非攻"是墨子学说中的重要内容,《墨子》一书中有"非攻"上、中、下三篇,具体表现了墨子的非攻主张。而《公输》这一篇是墨子非攻主张的亲身实践。

标题"公输"是何意?指名学生回答。姓,复姓。

二、朗读全文,粗知大意

1. 朗读时正音正字。

械(xiè)　郢(yǐng)　轩(xuān)　舆(yú)　褐(hè)

犀兕(xī sì)　麋(mí)　雉(zhì)　梓(zǐ)　牒(dié)

禽滑(gǔ)厘

2. 把通假字画出来。

距—拒　圉—御　诎—屈　说—悦

3. 本文记叙了怎样一个故事?

墨子止楚攻宋的故事。怎么"止"的呢?

4. 先论辩,后亮实力。论辩的技巧十分高明,是我们学习本文的重点。

三、讲读第 1 段

公输盘为楚造云梯之械……"诺。"

这一段写墨子从道义上说服公输盘。

1. 学生对照注释译第 1 段为白话文。要求注意:为(wèi):介词。替。

夫子何命焉为:谓语省略,在"何命焉为"前补上"有"。何,什么;命,教导;"焉"和"为"合用,表疑问语气。"何……焉为",疑问语气的一种格式。

子墨子：后一个"子"表尊称；前一个"子"是夫子,老师的意思,是墨子弟子的口气。

闻子为(wéi)梯：为,动词,制造。

何罪之有：有何罪。(辨句式。宾语提前,表示强调。)

见(xiàn)：引见。动词的使动用法。"胡不见我于王",为什么不引见我去见楚王呢？

2. 分析：

(1) 文章第1段怎样交代侵略与被侵略的双方情势？又怎样引出两个主要人物？

鲁班是能工巧匠,以善于造机械出名。文章不写如何造"云梯",而是写墨子止楚攻宋的急切,"行十日十夜""足重茧而不休息,裂裳裹足,至于郢",可见为制止侵略战争,墨子怎样不辞辛劳。

(2) 怎样"止"的呢?

一方(公输)故意发问,一方(墨子)迂回战术。

① 首先,只字不提攻宋,只郑重其事地请求："愿借子杀之。"公输被吸引,"不说"。

接着,进逼一步,激怒公输。"请献十金"。

果真,公输不堪受辱进行辩白——"吾义固不杀人"。用请君入瓮之法引出了对方这句十分漂亮的话,于是进一步针锋相对地辩论。

② 怎么"辩"的呢?

首先,转到正题——攻宋之事。

接着,进行反诘,义正词严地提出："宋何罪之有?"

然后,从四方面剖析攻宋是不智、不仁、不忠、不强的行为。

最后,用"义不杀少而杀众,不可谓知类"的结语,揭公输的自相矛盾。公输说的是"吾义固不杀人"的漂亮话,要行的是"杀众"的不义行为,抓住论敌的自相矛盾,驳得论敌无话可说,公输不得不服。

③ 然而,公输攻宋之心不死,把责任推给楚王。墨子继续进攻,文章进入第2段。

四、小结

这一段墨子止公输盘攻宋,用的是激怒对方,请君入瓮的办法,使公输陷入矛盾之中,在道理上完全输掉。这一段论辩语气急切,层层进逼,好像发射连珠箭,使公输无法招架。

五、讲读第2段

子墨子见王……必取宋。

这一段写墨子折服楚王。

1. 学生试译,注意字的读音,确切地补上句子的省略部分。

例:

(1) 补主语。

公输盘为我为云梯,(我)必取宋。

(2) 补宾语。

胡不已(攻宋)乎?——动宾结构作宾语。

2. 怎么折服楚王的呢?先说什么?后论什么?

先用三个鲜明的对比活画出"此人"的可笑与贪婪,引出楚王"必为有窃疾矣"的论断。墨子发问经过深思熟虑,楚王回答毫不迟疑。

楚王的话正中墨子的心意,是墨子预期到的。于是顺手抓来,转到正题,把富人偷窃邻居的三项行为,与楚之攻宋联系起来,逐一加以类比。宋、楚情况有目共睹。这样类比推理,巧妙而尖锐地把楚王企图攻宋比喻为楚王自己所说的"必为有窃疾矣",可耻可笑,不言而喻。

楚王无从反驳,只得承认墨子所说的话合理。

3. 朗读第1段与第2段中墨子的话,在语气上比较辨别。

前者直接讲道理,着重指责,语气急切而严峻;后者运用比喻来阐明事理,着重婉讽,语气舒缓而肯定。同样为了止楚攻宋,对象不同,语气不同,充分显示了墨子论辩挫败敌手的才能。

4. 过渡。

楚王虽道理上输了,但攻宋野心不变,仍然要恃强以凌弱。这就很自然地推进到下文。

六、讲读第 3 段

于是见公输盘……吾请无攻宋矣。

这一段不停留在论辩上,而是进入到攻宋摹拟战和实力较量的深度。同学对照注释译为白话,注意:"所以",在古今汉语中的区别;"吾请无攻宋"矣句中的"请",与"请献十金""请说之"的"请"同义,皆表示谦逊语气,作"愿意"讲。

1. 双方怎样进行攻宋摹拟战的?用哪两个词准确地表现了双方的胜负?

一方九设攻城之机变,一方九距(拒)之。

一方"尽",一方"有余"。

2. 公输在攻守摹拟战中失败后耍怎样的花招?墨子怎样在楚王面前加以揭露的?揭露时又怎样阐述宋国的实力的?

"吾不言"的实质是"欲杀臣","杀臣"的目的是攻取宋。——揭露与剖析公输的阴谋。

宋严阵以待,"虽杀臣,不能绝也"。

至此,楚王取宋的幻想破灭,墨子止楚攻宋,完全胜利。

七、朗读全文,思考回答

1. 文章自什么开始,至什么结束?其中怎样一波三折的?反映了墨子怎样的才能?

文章自"将以攻宋"始,至"吾请无攻宋矣"结束,首尾呼应,结构严密。指板书回答:先论辩后演习。论辩时先折服公输,再折服楚王。而在折服公输时,公输虽口服,但心不死,把责任推在楚王身上;在折服楚王时,楚王虽口服,但心不死,把责任推在公输身上。攻守演习时,公输虽败,但又起一波折,引出"吾不言"的阴谋,再戳穿阴谋。文章叙止楚攻宋的故事,一波三折,毫无平板之感。从事实和对话中反映墨子论辩的才能,反对侵略战争的坚强决心和从容取胜的谋略。

2. 墨子与公输、与楚王论辩时内容、方法、语言有何异同?

内容皆是止楚攻宋。同是迫使论敌陷入自相矛盾中,从而揭露侵略战争的不义。对公输采取直接讲道理的方法,着重指责,语气急切而严峻;对楚王采取以比喻阐述道理,着重婉讽,语气舒缓而肯定。论辩对象不同,说话的方法与语气也不同,显示了墨子说话的才能。用类比推理的方法进行论辩,具体、生动、有说服力。

3. 论辩时,模拟战时,揭露阴谋时皆写了双方,作者怎样运用笔墨的?

写墨子的言行详,写公输与楚王略,详略得当,重点突出,鲜明地表达了文章的中心思想。

八、布置作业

1. 归纳文中"为""然""于"的含义与用法,举例说明。
2. 口头回答练习四中的七个句子。
3. 把全文译成白话。

【板　　书】

公　输

止 楚 攻 宋

一、墨子折服公输盘。"吾义固不杀人""义不杀少而杀众,不可谓
　　知类"。(省略主语"你")

二、墨子折服楚王。"必为有窃疾矣"(省略主语"此人")"……为与

此同类"。

三、墨子败公输。"尽";"有余";"虽杀臣,不能绝也"。(省略主语"你",谓语"杀",宾语"宋的守御者")

【教　后】

1. 第2段生字多,加强朗读。

2. 解题时,由"公输"这个复姓引出其他的复姓,学生一口气讲了诸葛、司马、欧阳、上官、慕容、尉迟等,颇有兴趣。

3. "宋何罪之有"一句,有位学生未译好,再强调了一下动宾倒装的问题。

4. 为了让学生多练习,增加了一课时。

5. 原设计请一个学生全文朗读。为使学生体会论辩双方的语调、思想、心情,改请三个学生分别朗读,要求叙述清晰,对话紧凑。实施效果较好。

《岳阳楼记》

【教学目的】

1. 理解"先天下之忧而忧,后天下之乐而乐"思想的积极意义,培养为人民利益吃苦在前,享乐在后的思想情操。

2. 学习本文记叙、议论、抒情相结合以及运用对比突出主题思想的方法。

【教学时数】

两课时。

【教学步骤】

一、拎出名句,导入作者介绍

《岳阳楼记》是千古传诵的名篇,不仅文辞优美,结构严谨,而且立意积极,抒写了作者伟大的抱负。其中有一句话已成为不朽的名言。每当人们谈生活理想,谈伟大志向时常常加以引用。哪位同学能准确地说出这句话?

一生答:"先天下之忧而忧,后天下之乐而乐。"

请学生解释这个句子的含义。

天下的人还没忧,自己先忧,天下的人已经乐了,自己才乐。一个封建士大夫怎么会具有这样的抱负?又为什么要在这篇散文中表明这样的抱负呢?让我们先了解一下作者是怎样一个人。

范仲淹,字希文,北宋初年苏州吴县人,著名的政治家、军事家和文学家。幼年时家境贫寒,刻苦求学。生活的穷困使他有可能了解和同情人民的疾苦。27岁中进士。入朝做官以后,一再上书朝廷,议论国事,主张革除积弊,改良政治。宋仁宗庆历三年(1043年)他做了参知政事(副宰相)后,提出了"明黜陟""择长官""均公田""修武备""减徭役"等十条改革当时政治弊病的意见。受到守旧派的排挤,被罢去参知政事之职以后出任地方官。

范仲淹很重视边防事务,他坚守西部边疆抵御西夏的业绩当时广为流传。他能诗、能词、能文。死后谥号文正,有《范文正公集》。

《岳阳楼记》是他贬到邓州后应好友滕子京的邀请而写的。滕与范仲淹是同年进士,曾在防御西夏方面做过贡献,后被人诬陷,一贬再贬,于庆历四年春谪守巴陵。文章就是从"谪"字下笔的。

二、领读全文,熟悉生字难词

谪(zhé):封建社会官吏降职或远调。

巴陵郡:宋岳州,治所在巴陵(今岳阳)。宋派朝臣为州一级地方长官曰知州。滕子京当时官知岳州;沿用古称为守巴陵郡。

衔:用嘴含着,指包含。

浩浩汤汤(shāng):水势浩大的样子。

淫(yín)雨霏霏(fēi):阴雨连绵。

怒号(háo):吼叫。

冥冥(míng):昏暗。

谗(chán):诽谤。

岸芷(zhǐ)汀(tīng)兰:岸上的香草,小洲上的兰花。

璧(bì):平而圆的玉。

嗟(jiē)夫:叹词。

噫(yī):叹词。

领读以后,检查上述字词的读音。

三、提问朗读,讲解分析

1. 学习第一部分。

(1) 岳阳楼在什么地方?

现在湖南省岳阳县城西门城楼,高三层,面临洞庭湖,唐代开元初年建筑。这里正当湖水入江的口子,朝晖暮霭,万顷烟波,气象非常雄壮。

(2) 滕子京怎么会重修岳阳楼呢?哪一年修的?重修有何特点?先用文中语句回答,再译成白话。

谪守巴陵郡后一年,政通人和,百废具兴。百废:一切荒废的事业。越:到。

重修的特点是:增其旧制,刻唐贤今人诗赋于其上。扩充它原来的规模,在它上面刻了唐代名人和当代人的诗与赋。

(3) "属"什么意思?这一段讲述了什么内容?哪个词对全文起重要作用?

属:同"嘱"。

这一段简叙写作本文的缘由。"谪"起引发全文的作用。

(4) 读、背第1段。

2. 学习第二部分:

(1) 巴陵是怎样的"胜状"?用了哪些语言描绘出洞庭湖的气势与景象?"夫"在此作什么解释?

夫:语气助词,用在此处含有代词"那"的意思。

洞庭湖:"衔远山,吞长江,浩浩汤汤,横无际涯,朝晖夕阴,气象万千。"22个字,洋洋洒洒,一气呵成,使洞庭湖的雄伟气势与万千景象活生生地展现在读者的眼前。"衔""吞"写出了湖与山(山:君山,洞庭湖中)与江的关系,湖衔着远处的山,吞纳长江的水,湖面广阔,无边无际,水势盛大,浩浩荡荡。"晖""阴"写朝夕的变化,景色毕具。而这洞庭胜景是在岳阳楼上看到的,居高临下,极目远眺,尽收眼底,真是美不胜收。

(2)"胜状""大观"两词怎样解释?

状,景象;观,指看到的东西,此处指看到的景象。前者着重"胜",美好、优美;后者着重"大",雄伟。

(3)"前人之述备矣"一句作何解释,起何作用?

前人的记述已经很详尽了。李白、杜甫、刘禹锡、张碧、黄庭坚等都有登楼赋诗的佳作。(杜甫的《登岳阳楼》、刘禹锡的《望洞庭》均为名作;该句与"刻唐贤今人诗赋于其上"呼应)

这里是虚写一笔,暗示本文不多作这方面的描绘,而是轻转妙笔,点出其地理位置,由景引出人。

(4)用哪个连词转的?洞庭湖是怎样的交通要道?怎样由景而人,由人而情的?

用"然则"转折。既然这样。

北面通向巫峡,南面一直到潇湘二水。正因为是交通要道,故迁客骚人,多会于此。会,是会集。由此联想到他们观赏这里景物而产生的感情。

(5)作者写这一段的意图何在?

概写洞庭佳景,意在引出"迁客骚人""览物之情"的"异"。用反诘句提出,既扣动读者的心弦,又为下文写景抒情开拓广阔的天地。"异"通贯全文。

怎么"异"呢?

3. 学习第三部分。(第3~4段)

(1)请同学读、译第3段。译后落实下列词语:

若夫:近似"像那"。

排空:冲向天空。

旅：分析字形。商旅：商人旅客。

樯(qiáng)倾楫(jí)摧：樯，桅杆；楫，桨。

去国：离开国都。

(2) 请同学读、译第4段。落实下列字词：

景明：阳光明媚。

郁郁：形容香气很浓。

长烟一空：烟雾散尽。一，全。

皓月：皎洁的月亮。

宠辱偕(xié)忘：荣耀、屈辱一起忘记。

(3) 作者描绘了两幅怎样的画卷？是怎样描绘的？情与景的关系如何？这一部分究竟写"同"还是写"异"？还是同异皆有？为什么？

先绘一幅阴雨天气的凄凉画图,抓住淫雨、阴风、浊浪绘恐怖,抓住天地暗淡绘阴森,抓住交通阻绝绘悲凉,抓住虎啸猿啼绘凄厉。作者描绘时使听觉、视觉、声响、色彩交互为用,把"满目萧然"景象写得淋漓尽致。

再描绘了一幅风和日暖的欢乐画卷,与前一幅构成了鲜明的对照。阳光明媚,水天一色,飞的、潜的,动物、植物,生机勃发,香色兼备,皓月渔歌,情趣盎然。

由于"物"异,故"览物之情"迥然不同,一悲一喜,情随景移。

作者绘景时灵活地运用了四字句,对偶句,韵律和谐,平仄相间,读起来铿锵有力,朗朗上口。

(4) 反复朗读第3段,注意字音、气势与感情。

这一段形似写"异",实则写"同"。阴与晴是景"异",悲与喜是情"异",然而悲也好,喜也好,未摆脱个人宠辱得失的羁绊。这一点是相同的。

作者对此持什么态度呢？文章进入到揭示主题的部分。

4. 学习第四部分。(第5段)

(1) 齐读。要求句读分明。

(2) 作者对上述情随景移的人持什么态度呢？怎么加以否定的呢？"嗟乎"起何作用？

明确地否定上述的"悲喜观","嗟乎"一叹表明了惋惜否定以及要发表议论的心情。然后用委婉的笔法、借"古仁人之心"申述自己的抱负。

尝求：曾经探求。

或：或许、也许。

为：此处指心理活动、心情。

不以物喜，不以己悲：互释。不因外物(好坏)和自己(得失)而或喜或悲。

微斯人：微，无，没有。

吾谁与归：介宾倒置，即"吾与谁归"。归，归依。

议论时从感叹下笔，然后运用两个设问句发人思考。古仁人之心"异"在哪里呢？"不以物喜，不以己悲"。先总提，然后分述"仁人"之忧，"仁人"之乐，最后明确表达自己的志向与抱负。

进亦忧，退亦忧，是忧国忧民的"忧"，是一种"以天下为己任"的高度责任感，因而第二句引出"仁人"之乐时，作者斩钉截铁，豪情横溢地说"其必曰'先天下之忧而忧，后天下之乐而乐'欤"。最后，仅结一句，突出精神境界的高尚。行文至此，主题毕现，压住全文。既自抒抱负，又规劝好友、晓喻世人。

最后写明作记时间。

这一段二叹三问，摇曳跌宕，感慨至深。

四、开展讨论，总结全文

1. 对文章的主题该有怎样的认识？

一个封建文人能提出"先天下之忧而忧,后天下之乐而乐"的抱负是难能可贵的,在当时具有积极的意义,在今天仍有借鉴的作用。

今天时代不同了,时代要求我们具有吃苦在前,享乐在后的高尚情操。我们应自觉地担负起振兴中华,繁荣祖国的重任,反对和鄙弃那种一事当前先为自己打算的卑琐思想。

2. 你觉得这篇名文好在哪里?请具体说明,或立意,或语言,或结构,或写法。

立意方面(略)。

该文具有记叙和议论、散文和韵文的特点,叙述、描写、抒情、议论浑然一体。

文章从作记写起,进而写景,由景及人,由写人到写志,逐步深化,环环紧扣。写景勾画渲染,形象鲜明,境界逼真;写情汹涌酣畅,语出肺腑;而写情写景都是为了写志,谈理想、言抱负。

语言铿锵,句法匀称整齐,给人以艺术美的享受。(对偶)

王国维在《人间词话》中说:"大家之作,其言情也必沁人心脾,其写景也必豁人耳目。其辞脱口而出,无矫揉妆束之态。"这篇名文就是如此,要反复吟诵体会。

五、布置作业

1. 背诵全文。
2. 学习《语文阅读教材》第三册中范仲淹的《渔家傲》。

塞下秋来风景异,衡阳雁去无留意。四面边声连角起。千嶂里,长烟落日孤城闭。

浊酒一杯家万里,燕然未勒归无计。羌管悠悠霜满地。人不寐,将军白发征夫泪!

3. 作文参考题：

(1) 从"先天下之忧而忧,后天下之乐而乐"谈起；

(2) 谈"忧乐观"；

(3) 天下兴亡,匹夫有责；

(4) 肩担振兴中华的重任。

【板　　书】

岳 阳 楼 记

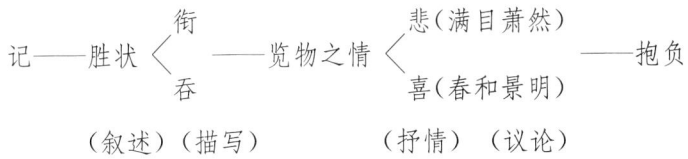

（叙述）（描写）　　　　（抒情）（议论）

【教　　后】

1. 学生十分喜欢,课起始时准备领读,学生一口气齐读到底,只有几个字读后正了一下音,几个词解释了一下。对学生学该文的积极性估计不足。

2. 第一部分概括大意不理想,比较啰唆,此能力要继续培养。学生主要对"谪""修""记"之间的关系不能抓准。

3. "郁郁青青"讲解时请学生回忆"郁"的"茂盛""忧愁"的含义,着重讲此处"郁郁"指香气甚浓,顺带讲"文采"的含义。

4. 可以先教杜甫《登岳阳楼》一诗：

昔闻洞庭水,今上岳阳楼。

吴楚东南坼,乾坤日夜浮。

亲朋无一字,老病有孤舟。

戎马关山北,凭轩涕泗流。

此诗气象开阔,忧国忧民,意境已是不凡。但范文的思想境界与之相比,竟是更上一层楼。先教此诗,再教本文,效果一定更好些。

5. 孟子的两句话"穷则独善其身,达则兼济天下"(《孟子·尽心上》),以往一向是人们行为的准则。显然,这两句话的出发点是消极的。而范仲淹"先忧后乐"则是积极的,躐"亚圣"孟子而过之,在当时是难能可贵的。

6. 范仲淹的《岳阳楼记》是千古传诵的名篇。作者登高望远,览物生情,进而发出"先天下之忧而忧,后天下之乐而乐"的伟大抱负。文章立意高远,文笔华赡精拔,读来感人至深。备课时翻阅过一些资料,评论者几无不众口一词崇扬。然而当我读到作者友人尹师鲁对此文的评语,竟久久迷惑不解。

《后山诗话》载:"范文正公为《岳阳楼记》,用对语说时景,世以为奇。尹师鲁读之曰:'《传奇》体耳。'《传奇》,唐裴铏所著小说也。"把《岳阳楼记》与《传奇》拉在一起,似乎是怪论,少不得有人辩解一番。南宋时,陈振孙在其《直斋书录解题》中说道:"尹师鲁初见范文正《岳阳楼记》,曰'《传奇》体耳'。文体随时,理胜为贵,文正岂可与《传奇》同日而语哉!盖一时戏笑之谈耳。"振孙的话虽为范仲淹"抱不平",但无意间流露那时对于《传奇》之类小说的鄙薄。但也有人认为尹师鲁并非"一时戏笑之谈",而是一本正经说的。清人刘熙载在《艺概》中说:"范文正贬饶州,师鲁上书言仲淹臣之师友,愿与俱贬,其为国重贤如此。而于文正所为《岳阳楼记》,则曰《传奇》体耳,其不阿所好又如此。固宜能以古学振起当时也。"今天我们更无法弄清楚尹师鲁的话是"戏笑"还是"真谈"——也不必去猜测,倒是"《传奇》体耳"一句话值得推敲一番。

鲁迅先生在《中国小说史略》中以"三篇"的篇幅写了唐代的传奇小

说,一开头就说:"小说亦如诗,至唐代而一变,虽尚不离于搜奇记逸,然叙述宛转,文辞华艳,与六朝之粗陈梗概者较,演进之迹甚明,而尤显者乃在是时则始有意为小说……故论者每訾其卑下,贬之曰'传奇',以别于韩柳辈之高文。顾世间则甚风行,文人往往有作,投谒时或用之为行卷……"鲁迅先生此处所指"行卷"的风气,在唐时颇为盛行,这与当时的考试制度有关。唐代科举考试试卷还不糊名,谁的卷子一看名字就知道。应礼部试举子为了使自己的名声早为社会所知,增加录取的可能性,常常把自己的文学创作编写成为卷轴,在考试前投送有社会地位的人,以便他们向礼部主试的官推荐,这就叫"行卷"。举子往往用传奇小说行卷,其原因何在呢?宋人赵彦卫在其《云麓漫钞》中有这样一段话:"唐之举人,先借当世显人,以姓名达诸主司。然后投献所业……如《幽怪录》《传奇》等皆是。盖此等文备众体,可见史才、诗笔、议论。"风气一开,创作者多,唐代传奇小说风行起来。作者既有意为之,就广搜奇闻轶事,叙事逞史才,刻意经纬文心,文笔具诗情画意,感慨系之,议论风生,鞭辟入里——这种富于创造性的新文体能不吸引人、打动人,在当时起敲门砖的作用?

尹师鲁所云"《传奇》体耳"是否即从此等文体着眼,我们不得而知,也不必妄加考证。但就"此等文备众体,可见史才、诗笔、议论"而言,则《岳阳楼记》叙事简而且赅,写景寄绵渺于藻绘,特别是议论之高标,确乎臻于最上乘的。为此,我在本文教学目的中加入"学习本文记叙、议论、抒情相结合以及运用对比突出主题思想的方法"这一条。

于漪教案选
——特级教师教案选

写在前面

　　上海教育出版社要把我的教案汇集成册，作为中学语文教学研究资料，当时我感到很为难，因为多年积累的语文教案，已经在"十年动乱"中洗劫一空了。对于已失去的东西，我常常怀着惋惜之情。这些教案虽十分幼稚、粗糙，但记载着自己教学实践的步履，倾注了要教好学生的良好愿望和点点心血。人们往往用"粒粒皆辛苦"来描写农民耐大劳流大汗而收得的劳动果实，其实，教师的一字一纸又何尝不是血汗浇灌的呢？近几年，每当我在报纸上读到一些退休老教师用颤抖的手把自己的教案交付青年教师的事迹，总是激动不已。"十年浩劫"过去，心情无比振奋，在教学中我又拿起笔重新写起教案来，细水长流，积少成多，这里跟大家见面的就是其中的一部分。

　　有人问起，有点经验的语文教师还要不要写教案？我想还是要写的。建设要蓝图，演奏要乐谱，教课怎能没有个教学设计呢？一个教师，即使经验很丰富，总得熟悉教材，在准确、深刻方面不断下功夫；总要研究教法，在扎实、灵活方面仔细去探求。教案就是熟悉教材、探求教法的简要记录，写一遍，印象加深，思想更有条理，这样，走进教室胸有成竹，教起来就能得心应手。反之，课前不做充分准备，课内随心所欲，胡乱发挥，教学效果肯定是不会好的。

　　重视教案，不等于死守教案。在实际教学中要根据学生的情况和课堂上的变化对教案作必要的修改。教案是教师课前认真绘制的课堂教学"蓝图",必须受到教学实践的检验,并在实践中不断修改、充实。学生积极性调动起来以后,课堂气氛生动活泼,教学活动丰富多彩,就这一点来说,教案又是远远不能反映的。

一篇课文的教案总是综合的、立体的,不是单一的、平面的,它往往要涉及好些方面的问题。这本教案选按五个方面分编,仅仅是为了探讨的方便,本不能截然分开。必须指出的是,自己的水平不高,又经常羁于冗务,这些教案多半是夜灯陪伴下的"急就章",繁简不同,粗细不一,都是些"毛坯"。俗话说:"家有敝帚,享之千金。"一叶障目,有不自见之患,把它们提供出来,只是想求教于广大同行,取得批评、指正。

在这本书的编选过程中,冯起德、陈刚两位同志校阅了每篇教案,在此,谨致以深切的谢意。

于　漪

熏陶感染　教文育人

《七根火柴》

【教学目的】

1. 了解红军过草地的艰难困苦,学习红军战士对党的事业无限忠诚的崇高品质,立志继承先烈遗志,投身伟大的无产阶级革命事业。

2. 理解本文结构情节的特点,学习截取人物性格历史的一段来刻画人物的写作方法。

3. 加强朗读,发挥文章巨大的感染力。

【教学重点与难点】

重点:截取人物性格历史的一段来刻画人物的方法。

难点:结构情节的特点。

【教学时数】

两课时。

第 一 课 时

一、提出问题,造成悬念

今天学习王愿坚同志的短篇小说《七根火柴》。火柴,我们生活中天天用到,看起来是那么微不足道。可是,你们可曾想过:在艰苦的革命年代里,在红军行经荒无人烟的草地时,就是这小小的火柴,发出多少热,放出多少光,它具有怎样的价值和意义?我们今天学习的这篇课文,作者就是紧紧扣住火柴,描述了一个动人心弦的故事,谱写了一曲感人肺腑的悲壮赞歌。

同学们已预习过,请说说看:

这篇文章的主人公是谁?(学生发表意见)

为什么主人公是无名战士?既然是无名战士,作者又为什么花费许多笔墨写卢进勇?认真学习课文之后就可明白其中道理。

二、讲读分析第一部分(第1~7段)

1. 提问思考:主人公无名战士是在怎样的环境里出现的?他怎样被引到读者面前?他的出现给人以怎样异乎寻常的感觉?

2. 指定一位学生朗读第一部分,并对下列字注意正音:

冰雹(báo)　　　撮(zuǒ)　　　寒颤(zhàn)　　　蓦(mò)地

3. 先看集中写环境的第2、3两段。请学生阅读,找出描绘草地的气候、草地的天、草地的地特点的关键词语。

学生回答,教师点明:作者先用"怪"点出草地气候的特征;又用"明明""忽然""刹时""接着",准确而具体地描绘草地气候的变化莫测,变幻无穷。草地气候真是瞬息万变,忽而月朗星稀,忽而雨雪交加。

接着又抓住天、地的特点,渲染环境。天,阴沉沉的,草地沉浸在一片迷蒙的雨雾里。地,是烂泥、污水、荒草,路看不清。

这样抓住草地气候、天、地的鲜明特征来写,告诉读者这儿的环境怎样?(艰苦、阴森、荒凉)红军在这样艰苦的环境里行军,正如毛主席说的,有"说不尽的艰难险阻",更何况是因伤口发炎而掉队的同志?

4. 略讲第4~6段,过渡到无名战士的出现。

卢进勇经过一夜暴风雨的浇淋,清晨凉风一吹,他强烈地感到身上怎样?(冷,连打了几个寒颤)肚里怎样?(饿得难以忍受)他渴望着什么?(要是有堆火烤烤该多好啊!)然而,早就没有引火的东西了。就在他渴望有火烤,正要把从裤袋里找出来的、已经捏成长条的青稞面送到嘴边时,主人公出现了。

5. 朗读第6、7段。请学生回答:主人公怎样被引出来的?他给人以怎样异乎寻常的感觉?

主人公的出现,别具特色。未见其人,先闻其声。一声低低的叫声"同志",使得在阴森荒凉环境里的卢进勇"蓦地听见",从而主人公被引到读者面前。卢进勇起了"引出"主人公的作用。主人公的声音异乎寻常,那样"微弱,低沉,就像从地底下发出来的"。

这像从地底下发出来的声音使卢进勇"愣了",也把我们读者的心给紧紧抓住了。这声音从哪儿发出来的?为什么那么微弱,低沉?他究竟是怎样一个人呢?让我们随着蹒跚而行的卢进勇的足迹去寻找吧。

三、讲读分析第二部分(第8~21段)

1. 指名学生朗读第8、9段。

启发思考:无名战士的形貌是怎样展现在读者眼前的?无名战士的形貌告诉我们,他已是怎样的一个人了?

学生思考后回答,教师补充:无名战士的形貌是由卢进勇的"看"展现在读者眼前的。他的形貌明白地告诉我们,他已是一个生命垂危的红军战士。就眼睛与身子来说,眼睛"努力地闭着""吃力地张开",说明他眼皮已不听指挥,身体衰弱到极点;身子"没有挪动""没有动得",表明他已完全丧失活动能力。只有"抖动"的喉结、低沉的呼唤"同志"的声音,说明他还活着。

从无名战士的形貌我们可以想象,在革命征途中他经受了多少艰难困苦,冷风、暴雨、冰雹的袭击,长期的饥饿疲劳,耗尽了他的精力。他已奄奄一息,但却以惊人的顽强的毅力支撑着、等待着,干裂的嘴唇一张一翕地呼唤着"同志——同志"。他为什么这样期待着同志的到来？此时此刻，他想的是什么呢？

2. 指名学生朗读第 10～13 段。

学生回答，教师点明：卢进勇怀着对同志深厚的阶级感情，把自己仅剩的一点青稞面"递"到无名战士的嘴边，无名战士怎么样呢？他吃力地"推开"，拒绝了。从齿缝里挤出几个字："不，没……没用了。"是啊，粮食极端紧缺，他要留给同志。卢进勇要扶他走，他怎样？"摇了摇头"，又拒绝了。

两次拒绝，清楚地表明他盼望同志到来不是为了自己的生命，不是为了自己活下去。那又是为了什么呢？是另有希望，另有嘱托。

提问启发：嘱托什么呢？请抓住描绘无名战士动作、语言的关键词语，揭示他的精神世界。

学生回答，教师补充：无名战士积攒（zǎn）着自己浑身的力量，指着自己的左腋窝，急急地说："这……这里！"他顽强地支撑着，原来有十分重要的任务。无名战士的一"推"、一"摇"、一"指"，使我们深深感受到忘我的崇高思想在闪光，坚强的革命意志在闪光。

3. 指名学生朗读第 14、15 段。

提问启发：这位战士要奉献给党的珍宝是什么呢？火柴。哪个句子具体形象地描述了无名战士把七根火柴当宝贝一样珍藏着？

学生回答，教师补充归纳：因为是珍藏，故而火柴"干燥"。这"干燥"的火柴与"湿漉漉"的衣服、冰冷的胸口、脸上的雨滴、"身子底下一汪浑浊的污水"形成鲜明的对照。它告诉我们：为了珍藏火柴，他经受了多少痛苦，具有多么顽强的革命意志。

这火柴与比自己生命还宝贵的党证放在一起，并"压"在"朱红的印章的中心"。一个"压"，一字千钧，意味深长。这哪里是几根火柴？分明是一个红军战士对党的事业无限忠诚的红心啊！红红的火柴头，朱红的印章在一只抖抖索索的手里，犹如跳动的一簇火焰，升起在无边的草地上,划破阴沉沉的天空,横扫荒凉肃杀之气,给人以光明、温暖和力量。

4. 指名学生朗读第16～21段。

提问思考:无名战士怎样极其郑重地嘱托战友的?作者怎样描绘他初次嘱托时的语言和动作?

学生回答后,教师补充:作者用细致感人的笔触绘声绘色地描写了无名战士对战友的嘱托,"招招手""伸开""拨弄""数""望",这一连串的动词显现了庄重严肃,无限深情。

就在卢进勇高兴地点点头之时,一瞬间,神奇的情况出现了。无名战士的脸色"舒展"了,他的眼睛"爆发着一种喜悦的光",他的抖抖索索的手,僵直的手指竟然能"捧"火柴,"放"到卢进勇手里,并且紧紧地把它连手"握"在一起。"捧""放""握"这一连串的动作,倾注了无名战士的整个生命,光彩照人。

再启发思考:无名战士再次嘱托时留给人间的最后的话是什么?最后的动作是什么?刻画他怎样的内心世界?

教师归纳:他留给人间的最后的话是"记住,这,这是,大家的!","好,好同志……你……你把它带给……"。他离开人世的最后动作是"用尽所有的力气举起手来,直指着正北方向"。怀着对党的无限忠诚,他没有用一根火柴为自己取暖;怀着对共产主义事业坚定不移的信念,他忍受着难以形容的痛苦,在死亡线上挣扎而硬不咽下最后一口气。他一心想着大家,一心想着党,想着长征途中的毛主席,无私忘我,生命爆发出耀眼的火花。

这不由得使我们联想到尼古拉·奥斯特洛夫斯基的名言(请学生背诵),"人最宝贵的东西是生命。生命属于我们只能一次。一个人的生命是应当这样度过的:当他回首往事的时候,他不因虚度年华而悔恨,也不因碌碌无为而羞耻——这样,在临死时候,他就能够说:我整个的生命和全部的精力,都已献给世界上最壮丽的事业——为人类的解放而斗争。"

5. 小结。

(1) 这一部分是文章的主体,七根火柴故事的核心内容。无名战士的形象,我们看到的虽然只是他临死前的一刻,但高大巍峨,不仅矗立在茫茫的草地,而且活在我们的心中。这是由于作者紧紧"抓着人物性格历史的一段,抓着人物性格闪出耀眼光辉的一刹那"来刻画表现的。从语言看,他一共没说几句话,前后就出现了五个"同志",言为心声,他心里念念不忘的是革命的同志,是党的事业。他的动作和一系列的细节描写,与语言一样,反映了他舍身忘己,一切为了战友、为了革命的内心世界的优美。作者选材精当,文字精练。

(2) 既然主人公是无名战士,为何用许多笔墨写卢进勇呢?这是因为要在2 000字的短小篇幅里突出主人公、在结构上作的巧妙安排。文章以卢进勇作为故事的线索,展开情节。主人公的出现是通过他的"听"引出来的;主人公的外貌是通过他的"看"展现在读者面前的;他的"想"、他的"说",托出主人公崇高的思想品质,托出了主人公牺牲的全部意义。

特别是第21段饱含感情的描写,更是感人之甚。指导学生朗读第21段,由缓慢而低沉而高昂。这是一个极其悲壮的场面。"模糊"与"清晰"同时运用,收到了独特的艺术效果,既表现卢进勇失去战友的无限悲痛,又给无名战士高擎的手再加上一个特写镜头。两者交织在一起,伴随着整个草地的哭泣,为顶天立地的英雄唱哀歌,唱赞歌。(要求学生运用学过的知识说明:英雄的品质像牡丹一样高贵,像荷花一样洁白,像菊花一样坚忍。)为了表示对献身革命的千百万烈士的永久的纪念,人们在天安门广场建立起巍峨、雄伟、庄严的人民英雄纪念碑。碑的正面刻着:人民英雄永垂不朽!

四、讲读分析第三部分(第22～24段)

提问思考:卢进勇从战友身上吸取了力量,带着战友的嘱托飞快赶路。他把火种送到部队,给战士带来了什么?他是怀着怎样的心情把珍贵的火柴交给指导员的?

1. 指名学生朗读,理解:

卢进勇按照无名英雄的遗愿把火种送到了部队,火给含辛茹苦的战士们带来了光,带来了热。围着熊熊燃烧的火,战士们谈笑着,洋瓷碗里的野菜"吱——吱"地响着。卢进勇像天亮时无名英雄把七根火柴嘱托给他时一样,极其庄重地一根一根数交给连指导员。

"悄悄走"、"颤抖的手指"、"异样的声调",寓含着复杂的情意,最后落在一个"数"字上。

2. 启发思考:他"数"什么呢?请同学们找出文中描写火的语句,并联系起来考虑,体会这几根火柴的意义与价值,重温无名战士的言行,想象卢进勇澎湃的心潮,说说"数"寓含的发人深省的丰富内容。

学生回答,教师补充:这"数",使我们认识了火柴的意义与价值。在无边的草地上,在冷风暴雨、冰雹无常的恶劣环境中,火柴是最需要的东西,可解除饥饿,驱除寒冷,救活同志。无名战士用自己的生命保存了这极其珍贵的东西。

这"数",使我们认识这几根火柴包含着无名战士的宝贵生命,反映了共产主义战士无限忠诚于党的事业的伟大的心灵,无名战士的高大形象在我们眼前升腾、闪现。

这"数",还饱含着卢进勇对战友牺牲的无限哀思,对战友伟大人格、高尚情操的无比敬仰,饱含着自己学习先烈,革命到底的坚强决心。

这"数",也在我们面前提出了一个严峻的问题:在新的征途中,我们该怎样牢记先烈为革命付出的代价,立志以先烈为光辉榜样,继承他们的遗志,忠诚党的事业,把革命进行到底。

3. 总结全文,突出主题。

作者以饱蘸革命深情的笔歌颂了无名英雄的高贵品质。这无私忘我,忠于党、忠于人民的高贵品质是无名战士的,也是卢进勇以及全体红军战士所共同具备的。这就是文章的主题,是作者奉献给读者的一曲红军战士对党的事业忠心耿耿的悲壮赞歌。

文章以"数"着"一、二、三、四……"来结尾,言未尽,意无穷。

五、指导学生表情朗读全文,加深理解与感受

六、布置作业

1. 熟读全文。

2. 复述第二部分。要求:

(1) 主次分明,突出无名英雄形象;

(2) 扣紧外貌、语言、动作及细节描写。

3. 课外阅读王愿坚同志的《草》,与本文比较异同。

【板书设计】

七 根 火 柴

```
         生命垂危        选材精当
       拒绝  推开  摇    结构巧妙
  草地        (指)                听
       珍藏  干燥  压              看
                                  想
       嘱托  数    带              说
```

【教　　后】

1. 采用挑起矛盾的方法有效果。课一开始,学生就围绕"作品的主人公究竟是谁"展开了争论。再采用制造悬念的方法引入课文的学习,

学生兴趣甚浓。

2. 在学习过程中,学生提出不少问题,如:火柴怎么会像一簇火焰在跳？无名战士浑身都是湿的,火柴怎么还会干？既然无名战士动不得,为什么他又有气力去推开卢进勇的手？第 21 段中写到眼睛"模糊",既然"模糊",又怎么会看得清晰？学生在阅读中能发现问题,提出问题,说明学习的深度有了进展。在这方面的能力要继续注意培养。

3. 加强了朗读训练。在表情朗读的时候,不少学生被感动了。有的学生在练笔中写道:"学了这篇课文,我难以抑制激动的心情,回到家里,我拿起小小的火柴端详着,端详着……"

4. 一位学生问:"既然有党证,为何不写上名字？"就这个问题开展了讨论。有的幼稚地说"忘了写",有的说"不写比写好",有的认为"这是小说,进行了艺术概括,看起来描写一个无名战士,其实写了许多为革命牺牲的同志。名字不写比写好得多。"肯定了第三种认识。

《茶花赋》

【教学目的】

1. 理解本文巧妙的构思,学习托物言志、借物抒情的写作方法。

2. 激发学生热爱祖国的感情,教育学生学习劳动人民建设祖国、美化生活的革命精神,立志为创建新生活而艰苦奋斗。

【教学重点与难点】

重点:托物言志,借物抒情。

难点:巧妙的构思。

【教学用具】

自绘"童子面茶花"一幅。

【教学时数】

两课时。

第 一 课 时

【教学要点】

激发学习兴趣;表达思国之情的委婉曲折的写法;对茶花的描绘与铺叙。

【教学内容和步骤】

一、**激发感情,引入课文**

这篇散文是一首歌颂伟大祖国的赞歌。祖国,一提起这神圣的字眼,崇敬、热爱、自豪的感情就会充盈胸际,奔腾欲出。我们伟大祖国有几千年的古老文明,有九百六十多万平方千米的辽阔土地,有无数令人神往的名山大川,还有以勤劳勇敢著称的各族人民。每当提起这些,心中就会激荡起热爱祖国的感情,可是,要我们加以表达时,往往又会感到难以下笔。在国庆之时,我们要同学写祖国颂,祝愿伟大祖国展翅腾飞,有的同学就问:祖国这么大,怎么写,怎么表达啊?对于这样一个重大的主题,怎样才能表达得具体形象,生动感人?杨朔同志的《茶花赋》在这方面可以给我们很大的启发。

同学们已经预习,请思考回答:在这篇散文里,作者借托什么来表达歌颂祖国之意、抒发热爱祖国之情的?

学生回答后,教师板书:茶花。

作者借茶花表意抒情,这就叫托物言志("志"是想法或者思想感情的意思),借物抒情。(板书:托物言志、借物抒情)

提问:这篇文章由美丽的茶花联想到祖国美好的未来,用什么作为过渡和主干的?

学生议论、回答后,明确:作者巧妙地突出了"童子面茶花"最美,接着写"一群小孩"的"鲜红的小脸",并把两者联系起来"象征着祖国的面貌"。这是这篇文章的一个主干。

二、鼓励学生提出预习时不能解决的疑难问题,并且有计划地放到讲读中解决

三、学习第一部分(第1段)

作者是怎样托物言志、借物抒情的呢?文章起笔只字不谈茶花,不谈这个"物",而是先从"情"入手。

1. 指名朗读第1段。

2. 请学生思考回答:在这一节里作者抒发了什么感情?怎样来表达这种感情的?把表现它的关键词语找出来。

3. 学生回答后,教师归纳、补充、小结。

文章一开始就抒发了强烈的思国之情。作者1956年以来,先后在印度、日本、埃及等许多亚非国家从事外事工作,旅居外国期间,对祖国的思念,情深意切。所以文章一起笔就饱蘸着这种真挚深厚的感情。

怎样表达的呢?顿挫起伏,细腻深沉。先用"有时难免"写时隐时现的思国之情(与"我时时刻刻都在怀念"作比较,比意味与表达效果)。"难免"是指抑制不住,感情的潮水犹如被一堵闸门拦住,起伏隐现,含蓄深沉,可是作者远在异国他乡,非常思念亲爱的祖国,因此把感情从时隐时现逐步引向高峰,一个"极"字写程度非常深。然而,思念至极,却不能抽身回来,怎么办?只能退一步以画寄托自己的情思。可这也是个无法解决的难题,感情的激流又受到阻拦,只好"搁"下这桩心思。这样,感情又由高到低。为什么说是由高到低呢?请听画家的一番话吧:"画点零山碎水,一人一物,都不行。"如果画了雄伟奇丽的黄山,那庐山呢?(要学生齐背苏轼的《题西林壁》),如果画了庐山瀑布水(学生齐背李白的《望庐山瀑布》),那杭州的西子湖呢?(齐背苏轼的《饮湖上初晴后雨》),还有那孕育古文明的黄河,一泻千里滔滔滚滚的长江,祖国风光绮丽多姿,无限美好,真是调尽五颜六色,也难以绘出祖国面貌的一二。画家这番话更使人对祖国心驰神往,思念非凡。所以,"搁"不是真的放在一边,而是暂时把奔腾的感情收藏起来,为下一个感情的高峰埋下伏笔。

低谷蕴含着另一个浪峰的掀起。另一个情感波涛的高峰在哪儿呢?

四、学习第二部分(第2~5段)

1. 指定学生朗读第2~5段。

2. 请学生思考回答:找出点明感情高峰的关键词语,说说它的含义、分量和作用。

3. 教师小结：

肯定学生答案的正确之处，指出：作者用一个"醉"字，真是传神之笔。二月的南疆，花红水绿，春意盎然。作者离开异国他乡踏上春光明媚的社会主义国土，怎不像喝了葡萄美酒一样，甜美、喜悦、兴奋、陶醉？"醉"是个平常的字眼，但用在这里却很不平常，倾注了作者对祖国的满腔热情、满腔爱。在异国他乡时对祖国的思念，回到祖国时的喜悦和激动，这些崇高的感情得到了充分的表现。所以，"醉"用得绝妙，含义丰富，表现力强，在气势上牵动全篇。怎样牵动全篇的呢？

4. 边读边议边讲。

（1）由"心都醉了"引出怎样一个优美的意境？用文中现成的词句回答。（板书：春深似海）

（2）"春深似海"着力描绘什么花？为什么前面要写北方的风光？要求学生用同义词或近义词解释"搅天风雪"，如漫天风雪，风雪弥漫，风雪交加，风狂雪猛等。要求学生用朱自清《春》中的语句说"水瘦山寒"的反义："山朗润起来了，水涨起来了。"水枯曰瘦。作者写北方景象，既点出祖国疆域的辽阔，又反衬南国风光的美不胜收。

（3）"春深似海"既着力写茶花，又为什么先写梅花、白玉兰、迎春花？这些都非闲笔。写其他花是为写茶花做铺垫。作者用"一树诗"这样的词语，把自己对祖国美好景色的歌颂，以及自己热爱祖国的炽热感情倾泻无遗。

（4）先反衬，再铺垫，然后再正面描写茶花。茶花终于展现在读者眼前，浓墨重彩，特写镜头。请学生分析：作者是从哪些角度来描绘茶花的？先写树高；再描绘它的叶子的苍翠欲滴；最后托出分量厚实的红艳大花。比喻的妙处在：突出主体，绘出花的神态，眼前仿佛窜动着千百条火苗儿，耳边犹如听到"烧得正旺"的啪啪响声。作者在这儿岂止描绘茶花之美？岂止赞誉茶花旺盛的生命力？更在于热情歌颂光明，歌颂祖国火红的革命与建设。

（5）如果说华庭寺那一树茶花是"点"，那么作者游黑龙潭、大理就是从"面"上勾勒茶花之盛，并且进而歌颂育花人了。要求学生联系叶绍翁的《游园不值》和韩愈的《晚春》诗句，理解"闪出一枝猩红的花来"和"争奇斗艳"的意境。满园春色关不住，一枝"红杏"出墙来；花期一到，"百般红紫斗芳菲"，"春城无处不飞花"。作者置身于花的海洋之中，沐浴在祖国的大好春光里，饱享着祖国现实生活的美，怎不"心都醉了"？（板书：饱享现实生活的美）

5. 自由朗读第2~5段，体会对茶花的描摹及寓含的深意。

第 二 课 时

【教学要点】

托物言志、借物抒情的特点；巧妙的构思；进一步激发热爱祖国的感情。

【教学内容和步骤】

一、过渡

上节课我们学习了文章的第一、二部分，欣赏了茶花的美，领略了"春深似海"的意境。茶花美，这个"美"是从何而来的呢？也就是说由现实生活的美引出了什么？

学生回答后，教师指出：由现实生活的美，引出了美化生活的人（板书：美化生活）。"美"来自美化生活的人的辛勤劳动。"白天黑夜，积年累月……"，不把心扑在上面，不废寝忘食，精心浇灌，哪来这"绝色"的好花？"绝色"，非常美丽。作者由眼前的茶花联想到栽培茶花，创造生活美的人，由景引出人，文章意境深了一层，过渡巧妙自然。（穿插学生的朗读，理解第6段文字在文中的作用）

二、学习第三部分(第6~14段)

1. 自由朗读第三部分。

2. 思考回答：

(1) 能工巧匠普之仁是怎样出场的？为什么要安排这样的出场？

(2) 普之仁告诉作者栽培茶花时必须做到什么？把关键的词语画出来。

(3) 作者着力告诉读者普之仁是怎样的一个人？怎样刻画他的形象的？

3. 在学生发表意见的基础上，补充，小结。

(1) 普之仁是在茶花簇拥中出场的。背景红彤彤一片，湖水碧绿，彩云落到湖边，红绿交相辉映，景中有人，情在景中，既富有诗情画意，又点出普之仁是这百花园的真正主人。他领着作者"穿着茶花走"，繁花似锦，指点诉说，如数家珍；我们似乎看到了他们在百花丛中穿行的美丽的动画片，又似乎随他们一起观赏这醉人的景色。且听他们的对话吧！

(2) 指名朗读对话部分。这一对话，问者无意实有意，集中在一个"难"字上，答者朴实无华，告诉作者栽花一定要细心，要摸索它的脾气，掌握特性，防止虫害。茶花树要根深叶茂，千朵万朵满树开，五百年、上千年开不败，靠的就是这种积年累月兢兢业业的精神，顶风冒雨勤恳踏实的劳动态度，对事业、对工作无限的热爱与深情。一个"操"字，倾注了多少心血与汗水。而这些正显示了劳动人民的本色。

(3) 面对着这样美化生活的劳动者、雕塑师，作者情不自禁地讴歌赞美起来。指名朗读第14段，明确：他是一个极其普通的劳动者，作者以白描手法粗粗勾勒形象。"满是茧子"的手是千百万劳动人民普通的手；"刻着很深的皱纹"的眼角是千百万劳动人民饱经风霜忧患留下的印记；走到人群里便立刻消逝，"不容易寻到"，真是笔笔写"普通"，句句言"平凡"。然而正是这样淳朴的劳动者,这样的能工巧匠,为了别人,为了美化生活,为了祖国百花盛开春满园,他贡献了全部的智慧和精力。"美"就是这样创造出来的。这样的革命精神难道不比大玛瑙、雪狮子更美吗？不比千百朵重瓣的大茶花更美吗？作者穿行在彩云般的茶花丛中,在欣赏茶花美的同时,还领略着装点祖国春天的普通劳动者的精神的美。(板书：领略革命精神的美)

三、学习第四部分(第15～17段)(第三、四两部分可合并,为了使意境清晰,分开讲)

1. 指名朗读第15～17段。

2. 思考回答：正当作者带领我们由衷赞美美化生活的能工巧匠时,突然笔锋一转,眼前豁然一亮,画面上出现新的图景。什么图景？用文中的一句话回答。("童子面茶花开了。")

3. 加深理解：为什么说是"童子面茶花"呢？注意"看、仰、笑、叫"四个动词的表现力,如闻其声,如见其人。"笑",洋溢着无比的幸福；"仰",描绘出蓬勃向上之态。背景是浓艳红火的茶花,与少年儿童红润的面庞交相辉映,情趣横生。前面伏一笔,这里写来十分自然。这哪里是写花？哪里只是写儿童？老一辈革命家为祖国赢来了社会主义的春天,朝气蓬勃的新一代将迎接更加美好的明天,这是童子面"更好看"的深刻含义。自然界的花刚打骨朵,人间的花乍开,这幅生动鲜艳的画面表露了作者满怀信心展望祖国锦绣前程无限美。(板书：展望锦绣前程无限美)

四、理解结尾

1. 出示"童子面茶花"图。祖国前程怎样美呢？作者别出心裁地设计了一幅色彩鲜艳的写意画,把情意深藏其中。请学生认真观看,开展想象。

2. 齐读第18段,要求学生重点领会"含露乍开"的含义,不仅"乍开",而且"含露",生机勃勃的情态跃然纸上。这不正象征着青春健美、欣欣向荣的祖国面貌吗？文章开头说求一幅画而不可得，经过精心的托物言志、借物抒情，水到渠成地得到了一幅画的构思，首尾呼应，文意贯通。

五、小结

刚上课时讲过：歌颂祖国是一个重大的主题，作者借托茶花表达歌颂祖国之意，借托茶花抒发热爱祖国之情，笔笔写茶花，处处赞祖国，这种写作方法就是托物言志、借物抒情，这种写法在"赋"这种文体中经常运用，因此本文的题目叫"茶花赋"。（板书：赋）

赋，是一种文体的名称。它讲究文采、韵节，读来顺口，兼有散文和诗歌的性质。例如，课文中写道："这是梅花，有红梅、白梅、绿梅，还有朱砂梅，一树一树的，每一树梅花都是一树诗。"这一句集中反映了上述特点，不妨说，赋是文学描写手法的高度集中和凝练。反复阅读全文才能具体领会"赋"的特点。

祖国如此伟大，人民精神如此优美，一朵茶花能容得下吗？能给人以启发、深思吗？能！为什么能？由于作者运用丰富的想象和联想，进行巧妙的艺术构思，不断开阔读者的视野。由情入手，而景而人而理，水乳交融，意境不断深入。从茶花的美姿和饱蕴春色，看到祖国的青春健美、欣欣向荣；从茶花栽培者的身上感到任重道远，创业艰难；从茶花的含露乍开，形似新生一代鲜红的脸，表达对未来充满希望，意境步步深化。而三幅构图各具一个眼——"醉""操""开"，十分传神，像拨亮一盏灯，使满堂生辉；又似金线串起散落的珠子完成一件艺术珍品，使人深思，引人遐想。

六、指名朗读全文，加深理解主题思想和艺术构思

七、口头练习

要求学生选择恰当的"物"寄托歌颂祖国之意，热爱祖国之情，立一"××赋"的标题进行交流。依次交流后指出：所托之"物"是否恰当，请

再斟酌。

八、作业

1. 朗读全文,读正确,读流畅。

2. 积累以下词语:

桩　擅长　丹青　五颜六色　渗进　廊檐　瓣　焰　竹篱茅屋　猩红　沉吟　玛瑙　攀　皱纹　忧患　愣　艳　乍　斟酌

3. 运用托物言志、借物抒情的方法写一篇歌颂祖国的短文。

【板书设计】

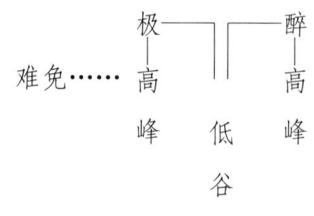

茶　花　赋

歌　颂　祖　国

醉　　春深似海　　饱享现实生活的美↓　　托物言志

操　　美化生活　　领略革命精神的美↓　　借物抒情

开　　含露乍开　　展望锦绣前程无限美

难免……

极高峰　　醉高峰

低谷

搁

【教　后】

1. 学生诗背得很流畅,沉浸在歌颂祖国山水、热爱祖国的热烈气氛之中。

2. 在讲解文章结尾时挂出"含露乍开的童子面茶花"图,学生一下子被吸引住了。出示教具定要考虑时机,时机恰当,可收到良好的效果。这幅图不仅挂在黑板上,而且是挂到学生的心上。学生一想到这幅图的形象与色彩,就会燃起热爱祖国的感情。

3. 进行口头练习时,学生能开展联想,命了很多题,如:"长江赋""黄河赋""青松赋""旭日赋""骏马赋""雄狮赋"……

又记:

1. 1980年10月应邀赴云南昆明讲学,经了解,"普之仁"实有其人,本想前去拜访,因故未能如愿。教该文时,原以为"普之仁"是作者虚拟。当时自己望文生义,缺乏调查研究,须引以为戒。

2. 在云南看到的"雪狮"茶花,花重瓣,大朵,类狮子,每个花瓣镶白边,故有此称。

3. 《中学语文教学》1981年第3期中《"童子面"不是"关公面"》一文中说:"童子面"花的颜色在云南山茶花中颜色最浅,"白中带红晕"。

《刑场上的婚礼》

【教学目的】

1. 学习陈铁军、周文雍两烈士党的利益高于一切的崇高品质和大义凛然、英勇顽强的革命精神，努力塑造自己的心灵，培养高尚纯洁的情操。

2. 学习本文运用特写手法描绘刑场场面以突出主题的写作特点。

【教学时数】

两课时。

【教学步骤】

一、联系实际，引入课文

我们每个青年都有责任积极参加祖国的精神文明建设，在当前，特别要认真地主动地参加"五讲""四美"活动。你们认为"四美"的核心是什么？（学生议论）

对，心灵美。每个人都有心灵，都在自觉地或不自觉地塑造自己的心灵。是使自己的心灵优美高尚，闪发出青春的灿烂光辉？还是暗淡、灰色，发出利己主义的恶臭？每个人必须作出回答，而我们每个青年学生必须作出无愧于党和人民期望的回答。

什么才是心灵美呢？今天我们学习《刑场上的婚礼》，怀着对为革命事业而贡献生命的烈士的崇敬，认识他们高尚优美的心灵，从中汲取宝贵的精神养料。

学生质疑。

二、学习第一部分(第1～2段)

1. 文章起笔不寻常。不寻常在哪儿？这样起笔有何作用？

学生思考回答后，指出：

用"亲爱的同志们"的称呼开头，犹如面对面的谈话，一下子吸引读者，集中注意力。

以称呼开头后，不是直接叙事，而是发问生疑；不是作者直接生疑，而是推断读者有疑。这样提出出人意料的问题，在读者思想上激起波澜。而问题的指出又很特别，一个意思分两句话说，把矛盾摆在读者面前，叩击读者心灵。"刑场"是死亡的场所，意味着生命的结束，是悲的气氛；"婚礼"是快乐的事情，意味着幸福，是喜的气氛。

然而，如此矛盾的事确实发生了。这究竟是怎么一回事呢？读者急于要知晓，就会欲罢不能地看下去。所以一个意思两句话，地点与事件反复出现，加强了表达效果。

2. 朗读第2段，要求学生回答：这件事发生在什么岁月？什么时间，什么地点？具有怎样的意义？四个句子为何这样排列？赞颂烈士的感情倾注在哪些词里？

(1) 长夜漫漫，风雨如晦的岁月。

"风雨如晦"出自《诗经·郑风》的《风雨》篇中的"风雨如晦，鸡鸣不已。"晦(huì)，夜晚。与"晦涩"比较；要学生联系"风雨如磐暗故园"加深理解。

(2) 1928年3月，广州红花岗畔刑场。

(3) 意义："这亘古未有的壮举，像一柄锋利的匕首，直刺不共戴天的死敌。"为什么说是"壮举"？又为什么说是"亘古未有"的壮举？（伟大的举动）

亘(gèn)，时间上或空间上延续不断。形容山脉常用"横亘""绵亘"。亘古未有,是从古到今都没有。

面对死亡,充满着对生活的热爱,对幸福的追求和革命乐观主义的精神,充分表现出革命者的高尚情操。又为什么"像一柄锋利匕首,直刺不共戴天的死敌"呢?学完全文,就可具体得到解答。

四个句子浸透赞颂烈士的感情,这种感情倾注在"壮怀激烈""视死如归""殉""壮举""气吞山河"等词语中。"壮怀激烈"在岳飞的《满江红》中接触过,请学生解释——壮阔的情怀,心潮澎湃,忧国忧民的思想激荡。

四个句子层层推进,由背景而时间而地点而意义而人物,把该叙述的时间、地点说明白后,才展现气吞山河的英雄人物。把该事件意义的阐述放在人物前面,更使"气吞山河"有了具体实在的内容。

这一段紧扣文章题目,造成悬念,简述陈、周两位革命战士在刑场上举行婚礼的壮举。

三、学习第二部分(第3~5段)

1. 自由朗读第3~5段。

2. 思考回答:陈、周两人为什么要在刑场上举行婚礼?找出关键语句。

在尖锐、激烈的阶级大搏斗中,他们都以革命事业为重,顾不上去谈个人的爱情。

被捕后,敌人"酷刑迫害","用金钱地位、物质享受等来诱惑",皆遭破产,他们"富贵不能淫,威武不能屈",最后敌人狠下毒手要杀害他们,在生命的最后时刻,他们在刑场上举行婚礼,既向敌人示威,又表露两人之间坚贞不渝的爱情。

3. 这部分用倒叙手法叙述两位革命战士的斗争生活与纯洁爱情,展现了他们优美的心灵。从哪些角度展现呢?

以革命利益为重 ⎫
对敌斗争坚贞不屈 ⎬ 党的利益高于一切,优美的心灵!
题诗明志 ⎭

四、学习第三部分(第6～12段)

这部分是全文重笔描绘之所在,作者用特写的手法记下了刑场上婚礼的悲壮场景。

1. 两位战士出现在刑场上是怎样感人的形象?(请学生抓住关键词语剖析)他们为什么要把彼此之间的爱情公之于众?

昂首阔步,高呼口号,向群众告别,充分表现了共产党人大义凛然、视死如归的英雄气概。

"凝视",而且是"深情地凝视",在刑场上如此从容不迫,绝非只是写"燃烧着"的爱情,而是深刻有力地刻画了这种深情饱含着"对党的忠诚,对人民的热爱,工作上的互相帮助与生死与共的斗争"。一句话,高尚的坚贞不渝的爱情植根于对伟大革命事业的无比忠贞之中。

把爱情公之于众,就是以事实启发群众认识共产主义战士的高尚灵魂,激起人民对反动派的刻骨仇恨。反动派安排的刑场,成了革命者对敌斗争的战场。

作者在描述的过程中夹以议论,使所表现的思想更显豁,感情更浓郁。

2. 言为心声。听听他们婚礼上气贯长虹的讲话吧。这些语言句句真,字字美,闪发着耀眼的光芒。请学生朗读后思考回答:最能揭示心灵美的语言是什么?

"我们一点也不觉得遗憾",这"一点"极其深刻地表露了革命者为事业殉身,视死如归的革命精神。

"为了革命利益,我们还顾不上来谈个人的爱情",这"顾不上"看来轻描淡写,但包孕着一切为革命、一切为人民的炽热的心。

"让反动派的枪声,来作为我们结婚的礼炮吧!"枪声作礼炮,表现了革命者乐观主义的情怀和英勇无畏的气概。

"共产主义一定会胜利,未来是属于我们的!"这气吞山河的语言揭示了社会发展的必然规律,表达了坚定不移的共产主义信念。

美在心灵,美在精神,才会有如此优美的语言,也才会有惊天动地的壮举。

3. 齐读第 12 段,满怀对烈士的崇敬的感情。

作者为牺牲者加了最后一个特写,使这两位"大写的人"的形象永留人间。

回顾第 2 段,思考回答:为什么说"这亘古未有的壮举,像一柄锋利的匕首,直刺不共戴天的死敌"?

戴:顶着。不共戴天,不跟敌人同在一个天底下生活。这壮举,显示共产党人的浩然正气,壮烈胸怀;这壮举,变刑场为战场,宣传真理,宣传人生真谛,宣传社会发展的灿烂前景;这壮举,揭露敌人的罪恶,唤起人民的觉醒,留给后来的人们扑不灭的火种,这火种燃亮人们的心,燃亮前进的征途,爆出美好幸福的新世界。这壮举当然是锋利的匕首,直刺敌人的心脏。

这种甘洒青春血,笑迎未来春的壮举展现了多么美好的心灵,我们可从中汲取多么丰富的精神养料啊!

五、学习第四部分(最后两段)

1. 指名学生朗读最后两段。

2. 思考回答:最后两段在文中起何作用?

用两个反诘句总结全文,与开头的两个疑问句呼应,突出刑场上举行婚礼的亘古未有的意义,再次叩击读者的心弦。

揭示刑场婚礼壮举的源泉所在——对旧世界的彻底否定,对新世界的热烈向往,使文章意义提到新的高度。"彻底否定"与"热烈向往"

标志着牢固树立革命理想的人在任何困难的情况下朝气蓬勃,英勇顽强,情操高尚,积极乐观。

总结全文。每个人都有自己的青春,都要度过自己的一生。该怎样度过呢?请听革命老前辈陈毅同志说的话:"我们如果没有理想,我们的头脑将陷于昏沉;我们如果不从事劳动,我们的理想又怎样实行?我们是世界上最大的理想主义者!我们是世界上最大的行动主义者!我们是世界上最大的理想与行动的综合者!"俄国的学者涅克拉索夫也说得十分好:"谁为时代的伟大目标服务,并把自己的一生献给了为人类兄弟而进行的斗争,谁才是不朽的。"

让我们以两位烈士的高贵品质为镜子,以奥斯特洛夫斯基的名言为座右铭,努力塑造自己的心灵,做一个心灵优美高尚的青年。

六、作业

1. 朗诵全文。
2. 以"谈心灵美"为题,写一篇读后感。

【板书设计】

刑场上的婚礼

【教　后】

1. 一位学生问:记刑场上的婚礼,可以从第2段开始写,为何还要写第1段文字?问得好。就势请四位学生回答。另一位学生说:这种写法犹如奇峰突起,一下子就把读者吸引住了。一位学生说,这是形成悬念。一位学生认为用"刑场"与"婚礼"气氛矛盾的地点与事件放在一起，形成悬念，深深吸引读者。学生未领悟到"称呼"的运用。

2. 一位学生问：为什么用"若为革命故"？应是"若为自由故"。就势问学生"生命诚可贵"四句诗从哪首诗化来，大部分学生知道是来自匈牙利诗人裴多菲。顺势进行比较，突出共产主义战士怎样处理爱情和革命事业的关系。

3. 一位学生问："蔑视敌人的死刑"似乎不妥当。肯定其读书仔细，但指出这样的表达是可以的。

4. 学生对课文前前后后联系起来理解的能力有提高。

《在马克思墓前的讲话》

【教学目的】

1. 了解马克思伟大的历史功绩,学习马克思为解放全人类而奋斗终生的崇高革命精神。

2. 体会本文内容高度概括、语言精确凝练、论述层层推进的特点。

【教学时数】

三课时(包括预习)。

【教学步骤】

一、课题简介

《在马克思墓前的讲话》这篇著名的文章是马克思生前最亲密的战友恩格斯写的。

马克思,无产阶级伟大的革命导师。一提到他,崇敬爱戴的感情就会油然而生,我们会想到他宣判旧世界死刑的《共产党宣言》,会想到他对世界上第一个无产阶级夺取政权尝试的巴黎公社的指导和热情赞扬,会想到他首创的国际工人协会——第一国际……他的光辉名字是和科学共产主义、和无产阶级的解放紧密联系在一起的。

马克思于1818年5月5日诞生在普鲁士(德国)莱茵省特利尔城一个律师的家里。在学习与战斗中度过了65个春秋。1844年在法国认识了恩格斯。1883年这位国际无产阶级的伟大导师心脏停止了跳动,一盏多么明亮的智慧之灯熄灭了。人们的悲痛是难以用语言表达的。在伦敦海格特公墓，亲人们为马克思举行了葬礼。葬礼简朴、庄严，参加人数不多，但他们身后却站着全世界无产阶级和劳动人民。在安葬这位伟人的时刻，与他一生并肩战斗的最亲密的战友恩格斯，用英语发表了这一篇极其重要的讲话。恩格斯满怀无产阶级革命深情，论述了马克思对全人类、对全世界无产者所作的丰功伟绩，赞颂了马克思为解放全人类而奋斗终生的崇高精神，表达了对马克思逝世的沉痛悼念。

学生已预习，请思考回答：

1. 本文主要写了哪些内容？
2. 概括论述了马克思哪些杰出的贡献？

二、分段学习

理解：

1. 指名朗读第一部分（第1～2两段），要求正确，有感情。

阅读思考：

"3月14日下午两点三刻"，马克思逝世了。然而，文中没有直接明写"逝世"，而是用了三个"了"的句子来表达。请同学们指出是哪三个句子，并说明为什么用"停止思想"，而不用"停止呼吸"或"心脏停止了跳动"。一般人逝世时能这样用吗？

这样表达，突出了马克思是当代最伟大的思想家。他虽"停止了思想"，但他批判继承了人类全部的精神财富，他的伟大思想是人类智慧的结晶，他没有死，他创造的马克思主义永世长存！"两分钟""他在安乐椅上安静地睡着了"，深刻地表明了马克思战斗到生命的最后一息。生命不息，战斗不止。"但已经是永远地睡着了"这一句既是补充，又是重复。"永远""睡着"，表达了作者内心的无限悲痛，破折号加强了这种悲痛感情的表现。（教师以缓慢、低沉的声调朗读，引导学生深入体会）

马克思的逝世造成了怎样的损失？为什么说"不可估量"？（不可

估量——难以估计和衡量。)学习下文,了解马克思对人类所作的丰功伟绩,就可得到回答。

2. 指导学生学习第二部分(第3~6段)。第3、4两段是难点,启发学生认真领会。

(1)请学生阅读第3段,说一说"马克思发现了什么","人类历史的发展规律"是什么?请学生思考"一个简单的事实",回答"首先必须吃、喝、住、穿,然后才能从事政治、科学、艺术、宗教等"句子中什么是第一性的,什么是第二性的。"首先""然后"准确地表达了物质第一性,精神、意识第二性。这是常识问题。如果工人不造房子,农民不种田,青少年怎么可能到学校来学习?然而,这个看来众所周知的简单事实在理论上过去人们并非都能理解。怎样上升到理论上来认识呢?再读第3段,剖析长句子。

"吃、喝、住、穿"怎么解决?靠生产。所以说是"直接的物质的生活资料的生产"。要生产,人们就得使用工具,结成一定的关系,有意识地与天斗,与地斗;而一定的生产关系标志着一定的经济发展阶段,这就构成了基础,即经济基础,故"从而一个民族或一个时代的一定的经济发展阶段,便构成为基础"。比如中华民族在封建时代,地主占有土地,农民在土地上进行农业生产,交地租给地主,地主剥削农民。这就是封建的经济发展阶段,标志着这个经济发展阶段的生产关系就是封建的经济基础。

经济基础是第几性的?第一性。在经济基础上发展起来的统称为什么?上层建筑。国家制度、法的观念、艺术以至宗教等均包括在内。国家是一个阶级压迫另一个阶级的工具,主要有军队、监狱、法院等。如奴隶制经济基础上有奴隶主的国家,封建制经济基础上有封建国家等。法的观念、艺术、宗教都应该这样去看,"因而也必须由这个基础来解释"。因此,经济基础决定上层建筑。这是历史唯物论的观点。

马克思发现了人类历史的规律。社会存在决定社会意识,经济基础决定上层建筑,这样用辩证唯物主义观察社会,观察历史,创建了历史唯物主义。它和过去的唯心史观截然相反,还了历史的本来面目,阐明了人民群众才是历史的创造者。这个规律被发现非同小可。它揭穿了一切剥削阶级所编造的五花八门的历史唯心主义的谬论,什么"英雄们创造历史","天才决定世界命运",等等。这一发现是"史观"上的根本改革。它打开了历史发展的秘密,鼓舞无产者认清奋斗目标,懂得从来就没有救世主,不靠神仙皇帝,要联合起来,自己砸碎锁链,为全人类的解放而斗争。

第3段开头部分的类比,目的在使人易于理解,弄明白马克思的这一发现远非达尔文的发现所能比拟。

(2)马克思的另一重大发现是什么?请学生读第4段。思考:"不仅如此","还"在这儿起什么作用?使意思推进了一层,由人类历史发展的一般规律进而论述到资本主义社会的特殊规律。

什么是资本主义社会呢?资本家占有机器、厂房,手里有资本,这是一个方面;另一方面是工人一无所有,只能靠出卖劳动力维持一家大小的生活。资本家付出工资买工人的劳动力,叫工人去生产,剥削工人。资本家越来越富,工人越来越穷。社会生产往前发展,到了一定时期就发生生产过剩的危机,工人失业,工厂关闭,工人生活更加困苦,工人起来开展推翻资产阶级的革命运动。这种资本家占有生产资料,工人出卖劳动力从事大机器生产,资本家剥削工人的生产方式就是资本主义的生产方式。在资本主义社会,生产的社会化和生产资料的私人占有之间的尖锐矛盾,不断爆发经济危机。工人起来不断进行革命斗争推翻资产阶级的统治,成了资本主义的掘墓人。这就是它的特殊的运动规律。因此,资本主义社会是人剥削人的最后一个社会。

请进一步思考:资本主义产生、发展,走向灭亡这个规律是怎么打开的呢？资本家究竟怎样剥削工人的呢？要懂得：工人出卖劳动力，资本家购买劳动力让工人去生产，表面看起来一卖一买，是"公平合理"的，问题又在哪里呢？关键在于剩余价值。工人出卖劳力为了维持一家大小生活，要劳动多少时候才能维持呢？比方说一天做 4 小时就够了，这就是维持生活的必要劳动。可是，资本家要他劳动 8 小时、10 小时、12 小时，4 小时以外就是剩余劳动，所创造的价值就被资本家占有了，剥削去了。资本家吮吸了工人的血汗，资本家剥削工人的秘密就在这里。这就是马克思创造的伟大的剩余价值学说。

因此，恩格斯极其精确地说，由于它的发现"豁然开朗"了。恩格斯用生动的对比来突出说明这一发现的划时代的伟大意义。资产阶级经济学家由于阶级局限和时代局限认识不到资本主义社会的剥削实质，空想社会主义只咒骂、指斥资本主义，不能阐明资本奴隶制的本质，不能发现其规律，也找不到创造新社会的力量。因此，只是，也只能"在黑暗中摸索"。"豁然开朗""在黑暗中摸索"构成鲜明的对比，突出马克思的"发现"的极其伟大的意义。认识的窗户打开了，资本主义社会的秘密找到了，它像一盏明灯，照亮了无产阶级的心灵，它武装了无产阶级的思想，鼓舞无产阶级团结起来，消灭资本剥削，埋葬资本主义，"英特纳雄耐尔就一定要实现"。

请学生再读第 4 段，体会高度概括语句中的极其丰富的内容。

（3）请学生阅读思考：一个人能在一生中有这样两个伟大发现，已经是够了不起的了，对人类已建立了不朽的功勋，然而，马克思除上述两个发现外，还在其他方面有许多发现。有哪些发现呢？

"每一个领域"，"任何一个领域"，"很多"，"都"，"不是肤浅"，"独创的发现"——这里颂扬马克思的功绩不是一一列举事实，而是用一系列表范围、表程度、表数量的形容词、副词来说明马克思研究范围之广，领域之多，成绩之显著，思想之深刻，他确实是当代最伟大的思想家，科学巨匠。

（4）这位科学巨匠对人类做出如此伟大的贡献，可作者还说"这在他身上远不是主要的"，为什么呢？马克思从事理论科学研究的目的何在呢？请学生找一找关键性的词句。

为的是指导革命实践，推动历史前进。

凡对工业（生产斗争），对历史发展（阶级斗争）起推动作用的发现，他就不仅"衷心喜悦"，而且"喜悦就完全不同了"，认为那些发现是付之于实践的向旧世界宣战的武器。他的心情，他的激动，他的旺盛的革命斗志，在对待每一个具体问题上都闪烁着动人的光辉。

（5）请学生把第二部分完整地读一遍，边读边思考，加深领会。

3. 指导学生学习第三部分（第7段）。

（1）第三部分一开头就强调说明"马克思首先是一个革命家"，请学生说明这个句子的重要作用。

这个句子深刻地说明马克思之所以能创立伟大的无产阶级革命理论，是由于他亲身参加了亿万奴隶摧毁旧世界和创立新世界的伟大革命实践。它明确地告诉我们，认识、理论来源于实践，伟大的革命理论来源于伟大的革命实践。因此，"首先"，起着告诉人们实践第一的唯物论观点的作用。

（2）这一段用了两个"参加"，解放无产阶级，解放全人类。与第4段对照学习，加深理解马克思主义的诞生与使工人阶级如何从自发的斗争到自觉的斗争，从自在的阶级到自为的阶级。作者高度赞扬了马克思的理论和实践相结合的丰功伟绩。

请学生注意，两个"参加"后面用了破折号，破折号及其后面的语句起什么作用呢？总结、概况。毕生使命——为解放全人类而奋斗终生。

（3）要实现无产阶级壮丽的奋斗目标，就得进行斗争。马克思对待斗争是如何的呢？请学生回答。斗争是他"得心应手"的事情。（随心

顺手,高度的驾驭客观规律的能力。认识规律,获得自由)

斗争的"热烈":精力充沛,不停歇地冲锋陷阵。"顽强":多次被逐出比利时、法国;受逮捕、审讯,与形形色色敌人作殊死斗争。"卓有成效":有突出的显著的效果。恩格斯运用了一连串的词语,热情赞扬马克思在斗争中的非凡才能和辉煌功绩。

(4)马克思是如何具体地为无产阶级解放事业开展斗争的?

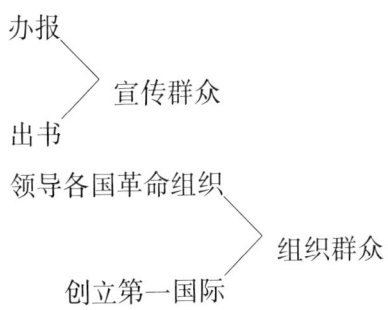

(5)小结。马克思为革命废寝忘食,专心致志工作。阶级敌人的迫害,机会主义者的攻击,生活上的困难和病魔的折磨,都没有使他后退一步。他坚韧不拔,花费了四十年写了《资本论》第一、二、三卷,向全世界宣告资本主义私有制的必然灭亡,剥夺者终将被剥夺。马克思就是这样数十年如一日,始终保持着旺盛的革命斗志和大无畏的斗争精神。

(6)指名朗读第三部分,突出"首先""参加""斗争"。

4.指导学生学习第四部分(第8~9两段)。

(1)马克思是无产阶级的英勇战士,贡献极大,因此敌人对马克思必然会采取怎样的态度?请学生找出关键性的词语。

敌人嫉恨、诬蔑、诽谤、诅咒他。"最遭嫉恨""最受诬蔑"从反面鲜明地衬托出马克思的功绩,马克思主义真理的光辉。敌人卑鄙无耻,不择手段攻击马克思及其学说,是内心恐惧,末日来临的表现。

(2) 马克思是如何对待敌人的攻击呢?

"毫不在意""轻轻抹去"。这些词准确地表明了马克思高度的革命坚定性,对敌人的极端蔑视(横眉冷对千夫指)和大无畏的革命精神。"万分必要"时才答复:排除干扰,主动出击。

(3) 马克思,这个大智大勇的无产阶级革命家离开了人间,千百万沐浴着马克思主义光辉,跟随马克思向旧世界冲锋进军的劳动者怎能压抑住心中的悲痛?从东半球到西半球,从太平洋东岸到太平洋西岸,整个人类世界都沉浸在无限悲痛之中,对导师献上由衷的敬意,表述真挚的爱戴。马克思是属于无产阶级的,是全人类的骄傲。

为了进一步颂扬马克思的崇高品质,恩格斯是怎么说的呢?文中最后说:"他可能有过许多敌人,但未必有一个私敌。"请学生思考回答:"敌人"和"私敌"有何区别?为何这里说"可能"?"私敌"是以自己为中心,以"我"划是非界限的,而伟大导师马克思是坚定的站在无产阶级立场,一生与形形式式的阶级敌人斗争,光明磊落,大公无私,品质崇高,对人民赤胆忠心。加"可能"这个词是用不肯定的语言深刻表达肯定的含义。

我们学了全文,了解到马克思的一生是伟大革命家的一生,对人类做出了卓越贡献,因此他的逝世对人类造成的损失是"不可估量"的。欧美战斗着的无产阶级正需要导师、领袖领导革命,奋勇向前时,战斗着的无产阶级正需要革命导师思想上、理论上的指导时,他离开了我们。这个损失怎么不是"不可估量"的呢?"不可估量"的分量是多么沉啊!

然而,他的思想永放光芒,他的光辉名字永远活在人们心中,他开创的无产阶级革命事业后继有人,他第一个举起的无产阶级革命红旗,人们将永远高高举起。因此,文章最后一句饱含无限深情和崇高敬意,写下了"他的英名和事业将永垂不朽"。

三、请学生用板书总结全文：

在马克思墓前的讲话

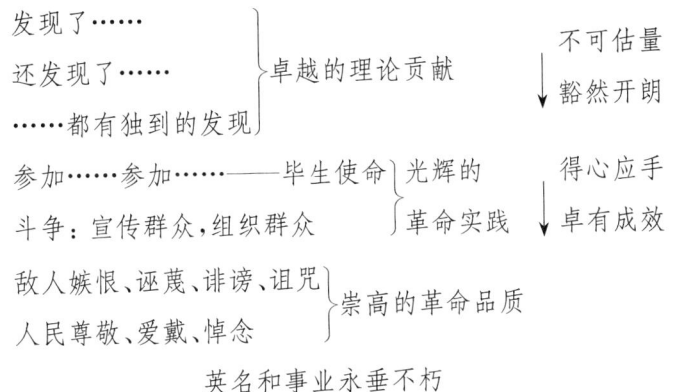

在学生总结的基础上，明确：

恩格斯写的这篇马克思主义文献概述了马克思伟大的一生和他对国际无产阶级所做出的无法估量的贡献，在我们面前树立了崇高而伟大的形象，闪烁着马克思主义真理的光辉。它鼓舞我们，给我们以教育和感染，不仅因为它具有高度的党性，真理性，反映亿万劳动人民对革命导师的衷心爱戴和无比崇敬，还因为恩格斯在这篇文献中运用语言的惊人能力。

马克思的一生为人类历史树立的里程碑——马克思主义，只用几句话就高度地概括介绍出来；用层层推进的方法逐步形成完整的形象，展现出光芒四射的无产阶级的光辉典范（从实践到理论，从理论到实践，从事业到品质，完美高大）；为了赞颂马克思的丰功伟绩，斗争的特殊风格，用了许多精当响亮、情深意长的词语。而文章之所以有如此感染力，语言运用如此得心应手，还由于恩格斯对马克思情深如海，有无比真挚、深厚的无产阶级感情。

四、指定一位学生有表情地朗读全文

要求学生进一步体会马克思为共产主义奋斗终生的革命精神。

五、布置作业

1. 阅读全文,画出感情色彩鲜明的词句,咀嚼推敲,并举例说明它们的作用。

2. 课外阅读列宁著的《卡尔·马克思》。

【教　后】

1. 第1、2段处理得较好,学生一下子就进入特定的学习轨道,通过朗读,深受感染。

2. 第3段是文章的难点,其中"直接的物质的生活资料的生产,从而一个民族或一个时代的一定的经济发展阶段,便构成基础"这层意思讲述得不浅显,学生学起来感到困难。主要原因是自己的理论功底不厚。唯其深入,才能浅出,平时必须多多学习才行。

3. 学生朗读全文时感情充沛,能表达出战友之间的无限深情,听者被牢牢吸引。这使我领悟到,教论说文不仅要培养学生正确的思想观念,而且也应注意在感情上陶冶学生,发挥文章内在的感染力。

4. 教这一课,理论上容易讲错的地方即是误解恩格斯所讲的"首先必须吃、喝、住、穿,然后才能从事政治、科学、艺术、宗教等"这句话,简单地以为人之"求生存"直接决定着人们的政治、艺术等一切活动。若如此,则易于落入"唯生论""社会沙文主义"等所谓理论。就有一些人正是把自己要"活"作为理由来说明自己的一切行为的正当性。社会沙文主义者正是把自己"生存"而向外侵略说成是天经地义的。如德国法西斯主义者,即以德国"生存空间小"作为向外扩张侵略的"理论根据"。生物界生存竞争,达尔文道出了"物竞天择,适者生存"的原理。但以之用于人类社会即成谬误。"人之异于禽兽者"即人类能使用工具,结成一定生产关系,有意识、有目的地去进行生产活动。因此,我们讲人类社会历史发展的决定因素时讲生产,讲"直接的物质的生活资料的生产"。这个基本原理教师自己必须弄清楚,才能在语文课上深入浅出地把道理讲明白,而又避免了把语文课上成了政治理论课。

《春》

【教学目的】

1. 领会文中描写景物的委婉细致,用词的准确、生动,比喻的形象鲜明,学习抓住特征描写景物的方法。

2. 朗读、背诵。

【教学时数】

两课时。

【教学步骤】

一、复习旧知识,展现春的意境

今天,学习朱自清先生的《春》。一提到春,我们眼前就仿佛展现出阳光明媚、东风荡漾、绿满天下的美丽景色,就会觉得有无限的生机,无穷的力量。古往今来,许多文人用彩笔描绘春天,歌颂春天。

想一想,诗人杜甫在《绝句》中怎样描绘春色的?(学生背诵:"两个黄鹂鸣翠柳,一行白鹭上青天。窗含西岭千秋雪,门泊东吴万里船。")王安石在《泊船瓜洲》中又是怎样描绘的?(学生背诵:"京口瓜洲一水间,钟山只隔数重山。春风又绿江南岸,明月何时照我还?")苏舜钦在《淮中晚泊犊头》的诗中又是怎样写春的呢?(学生背诵:"春阴垂野草青青,时有幽花一树明。晚泊孤舟古祠下,满川风雨看潮生。")

二、进行比较,激发兴趣

以上背诵的诗都是绝句,容量有限,是取一个景物或两三个景物来写春的。今天学的散文《春》写的景物可多了,有山、水、草、树、花、鸟、风、雨等。作者是怎样描绘的呢?再说,春就在我们身边,现在我们就欢乐地生活在阳春三月的日子里,文中写的这些景物的姿态、色彩等,你注意到没有呢?让我们细读课文,领略大好春光,寻找与作者观察的差距。

三、学生朗读全文

要求:

1. 提出预习中不能解决的问题。

2. 文中从迎接春天写到描绘春天的美丽景色,再写到歌颂春天。读后分分看,哪几段写什么。

注意正音:

巢(cháo)　应和(hè)　迷藏(cáng)

酝酿(yùn niàng)　　晕(yùn)

第一部分(第1段):迎接春天。

第二部分(第2~7段):描绘春天。

第三部分(第8~10段):歌颂春天。

四、讲读体会

1. 第一部分　迎春

(1) 作者以怎样的心情迎接春天的来到?哪个词明确地告诉我们春天还没有来到?

"盼望着,盼望着"。为什么要连用两个呢?这样叠用更能表达作者向往春天的急切心情。"近"用得十分准确,告诉我们春天还未来到。

(2) 轻声读第1段,体会四个词尾的作用。两个"着",两个"了",给我们以非常柔和、亲切的感觉。

2. 第二部分　绘春

春终于盼来了,大地回春,万象更新。作者满怀喜悦的心情先用一句话对春回大地作了概括形象的描绘,然后再分别作细致的描绘。

(1) 齐读总写的一句话"一切都像刚睡醒的样子,欣欣然张开了眼"。

"一切"说明什么?没有一个例外。

"然",是词尾,表示状态、样子的意思。

(2) 朗读第 2 段。总写春回大地后,先分别描述了哪些景物?怎么描述的?

山、水、太阳的脸。

朗润:明朗,润泽。"朗润"是怎样一幅情景呢?出示日历上山景彩色照片;再叫学生看外语课发的《Look and say》里第 140 幅"hill"这幅画,那个山,就是润泽的样子。

水涨(zhǎng)。

"朗润""涨""红",非常准确地描绘了春天的山、水、太阳。

背诵第 2 段。

(3) 第 3 段写小草,写得很细。从哪些方面写的?哪些词用得特别好?

钻,写生命力。　　嫩,写质地。

绿,写颜色。　　……满是的,写范围。

软绵绵,写姿态。

"钻",用得非常好,写小草旺盛的生命力,人盼望着春天,草也从泥土里钻出来,盼望春天。

草好,人欢乐。

朗读、背诵。

(4) 第 4 段写什么呢?先写什么?后写什么?再写什么?一派怎样的景象?

树,花,蜜蜂,蝴蝶,野花。

眨(zhǎ)。

赶趟儿：争先奔赴目的地的意思。

写花的争春，花的色彩，花的甜味，结的果实。

花下是怎样的情景呢？有一个词用得特别好，哪个词？"闹"，"红杏枝头春意闹"的"闹"。

为什么野花会像眼睛，像星星，眨呀眨的？没有明写风，但风寓在其中；没有明写太阳，但太阳寓在其中。比喻用得形象生动。

细笔描绘了一幅繁花似锦、昆虫喧闹、春意盎然的美景，色彩鲜艳，层次分明。

朗读背诵。

(5) 第5段写风，写鸟，写牧童的短篇。怎么写的呢？

背诵僧人志南的诗句："古木阴中系短篷，杖藜扶我过桥东。沾衣欲湿杏花雨，吹面不寒杨柳风。"

写风的"抚摸"，风的芬芳馥郁，鸟的呼朋引伴——叫朋友，引伙伴，短笛的嘹亮。

鸟的清脆的声音，轻风流水的声音，牧童短笛嘹亮的声音应和着，构成了一首非常动听的春天交响乐，和谐优美，此起彼落。

朗读。

(6) 雨中的景色描绘得同样十分动人，先写雨的形态，再写雨中景色。找两个词把雨的形态讲出来。

"细"和"密"。三个比喻形象生动。

接着写雨中屋，雨中树，雨中草，雨中人，怎么写的呢？

朗读第6段，开展想象。

"绿得发亮"，"青得逼你的眼"，把树木、小草经春雨沐浴后的鲜艳色彩描绘得十分逼真。"逼"什么意思呢？可以在王安石的《书湖阴先生壁》诗中找一句话来形容。"两山排闼送青来"，两座山好像把门推开,把青送到眼前。灯光给人以温暖的感觉。

雨中景是静的,但静中又有动,笔笔紧扣春天。

(7) 第2~6段着重写景,第7段着重写人。寥寥几笔,天上地下,城里乡下,家家户户,老老小小都写到了。

一年之计在于春:"计",计划。一年中要做的事,一年的计划,在春天要好好地打算打算。

工夫:时间。

朗读第7段,体会:寥寥几笔,有景有人,勾勒出春光无限好的美景。

(8) 小结:

这一部分绘春是全文的重点。细笔细描,绘声绘色绘态,绘动绘静。语言非常生动。比如,写草的生命力,用"钻";写热烈的气氛,用"闹";写小草的青,用"逼"。细致的描绘来源于什么?细致的观察。观察以后还要怎样呢?表达出来。要仔细读书,积累词语,描绘起来就会形象生动了。

3. 第三部分　颂春

(1) 朗读第8~10段。

(2) 在绘春以后,作者满怀喜悦的心情来颂春,用了什么手法呢?

用比喻手法。三个比喻有联系有区别,使春意越来越浓。先喻为娃娃,再喻为小姑娘,最后喻为健壮的青年,从不同角度写,写春的成长,把春天的生意盎然、千姿百态、青春活力描绘得十分动人。

五、作业

1. 诵读全文,仔细体会本文用词造句的妙处。体会那些像小河里的水流淌一样的词句是怎样从笔端流淌出来的。

2. 下周去长风公园春游,仔细观察春景,领略大好春光,写一篇《春天的歌》,也可自己命题。

【板书设计】

春

迎春　　盼望着

绘春 ｛
- 总写　　一切
- 分写 ｛
  - 山、水、太阳的脸（远）
  - 草：钻、嫩、绿、满、软绵绵
  - 花：开满、红、粉、白、甜味儿（树上、花间、地上）
  - 风：抚摸、酝酿
  - 雨：细、密
  - 人：赶趟儿

颂春　　生意盎然　　千姿百态　　青春活力

【教　后】

1. 接初一下学期班级后，自选了这篇教材作为补充读物。第一次教学生写景的散文，着力于细，让学生体会用词的准确、生动，培养学生的想象能力。

2. 学生十分喜爱，两节课教下来，已能背诵。

3. 兼带教"百花争艳""繁花似锦""芬芳馥郁""大地回春""万象更新""红杏枝头春意闹"等词句。

4. 比较"买、卖"，"胀、涨"。

5. 有些地方过于细碎，要改进。

又记：

第二次教《春》时，吸取了前次教得细碎的教训，重点放在朗读训练上，内容只作了粗线条的分析。学生读得比较流畅，但在写作上反映的效果反不及前次。第一次抓住细笔细绘的特点引导学生仔细品味，学生在习作上明显地进了一步，写景不是大而化之，笼笼统统，而是平时

注意细致地观察,下笔具体得多,生动得多。要注意:纠正教学中缺点时,不能把长处也甩掉。(教案略)

又记:

第三次教《春》时,又做了较大的更动。一是加强了单元教学,把《春》《海滨仲夏夜》《香山红叶》和《济南的冬天》结合起来考虑,除抓住特点、比较异同外,引入课文也重新作了设计。设计是这样的:法国雕刻家罗丹曾这样说,美是到处都有的,对于我们的眼睛不是缺少美,而是缺少发现。我们生活在大自然之中,大自然的美可以说无处不在。它不同于巧夺天工的工艺美,也不同于绕梁三日的音乐美。然而,它似乎是各种美的综合。尤其是我们祖国壮丽的山河,真是美得令人陶醉,在春、夏、秋、冬不同的季节,不同的地方,展现出不同的美姿。现在我们要学习的就是一组描写四季景物特征的情文并茂的散文,通过反复诵读,咀嚼推敲,来领会它们精彩的写法和表现的情境美。二是加强思维与语言的训练。先给学生做样子,就春草的描绘进行分析,明确写了些什么,从哪些角度描绘的,哪个词或哪些词用得特别精当,描绘时主要运用哪些方法。然后帮助学生自读课文,有条理地进行分析。学生把理解、口述、朗读结合起来,学习的效果比较好。(教案略)

《母亲的回忆》

【教学目的】

1. 学习本文选材的简洁、精湛,语言的质朴无华,记叙、抒情、议论的巧妙运用。培养学生概括思维的能力。

2. 认识母亲平凡而伟大的形象,虚心向劳动人民学习,从他们的优秀品质中吸取营养,增强革命意志,培养勤劳俭朴的美德和与困难作斗争的精神。

【教学设想】

1. 联系学过的《草地晚餐》一文,进一步阐明朱德同志的崇高品质和革命精神,进而了解"母亲"对作者的思想影响。

2. 本文的选材精当,是写作的最大特色,要重点讲清楚。

【教学时数】

两课时。

第 一 课 时

【教学要点】

复习旧课《草地晚餐》,进一步了解朱德同志的高贵品质;理清段落,弄清层次;讲读课文的前半部分。

【教学内容和步骤】

一、复习旧课,激发感情,引入课文

我们曾学过刘坚同志的革命回忆录《草地晚餐》。同学们回忆一下,这篇文章歌颂了朱德同志哪些崇高品质和革命精神?(学生回答:坚韧不拔、艰苦奋斗的革命精神;与战士同甘苦、共患难的崇高品质;以身作则、平易近人的作风;对革命事业怀着鞠躬尽瘁、百折不挠的忠诚;爱兵如子的恢宏风度,等等。)朱德同志这些可贵品质和精神的养成,固然由于他接受了马列主义,长期参加革命实践,但也同他母亲钟太夫人的教育和影响分不开。钟太夫人是怎样一位母亲呢?她是一位典型的中国式的劳动妇女,生活的86个春秋都是在操劳中度过的。她勤俭朴实,有着宽大的胸怀和深厚的同情心,刚毅、倔强,惯于克服困难,憎爱分明,始终如一地支持儿子投身于革命。是一位令人尊敬的平凡而伟大的母亲。

1944年钟太夫人逝世,朱德同志怀着悲痛的心情写下了这篇既朴素又感人的叙事散文《母亲的回忆》。

二、理清情节,划分段落,了解文章概貌

要求学生以较快的速度阅读全文,思考回答:

1. 文章饱含了作者怎样丰富的感情?

学生议论,提出自己各种看法。饱含的感情有:"爱","敬","哀","思念","歌颂","感谢",等等。

教师肯定学生的看法,补充归纳:这是一首质朴动人的对革命母亲的赞歌。作者怀着对母亲深深的爱,对千千万万平凡而伟大的劳动妇女的爱,唱出这一支深情的颂歌。"爱"的感情贯串全文。

2. 文章从哪一段开始回忆往事,至哪一段结束?请理清线索,划分段落,并分别用一句话概括段落大意。

第一部分(第1段):抒发悲痛感情,点明文章的中心。

第二部分(第 2~15 段):作者采用情随事现的记叙方法,详略得当地回忆母亲勤劳的一生。(有部分学生对这样划分可能有异议。暂且挂起,待讲读分析时再解决。)

第三部分(第 16~17 段):点明回忆母亲的意义。

3. 正音正字。

溺(nì)　　妯娌(zhóu li)　　周济(jì)　　衙(yá)

横蛮(hèng mán)　　　　　辍(chuò)

三、讲读分析第一部分

请学生朗读第 1 段。提问思考:作者下笔从哪儿写起的?表达了怎样的感情?这样写有什么特色?

学生回答,教师明确:作者由情入手,"我爱我母亲",语言十分质朴,抒发了真挚而强烈的感情。由母亲逝世而忆及许多往事,交代写作的缘起;又由母亲"勤劳一生""值得我永远回忆",点明所要歌颂的主题,拎起全文。"悲痛""爱",情真意切。文章开头,简洁明朗。

四、讲读分析第二部分

要求学生阅读第二部分。启发思考:

1. 作者回忆了母亲哪几方面的事?

学生回答,教师明确:回忆了母亲两方面的事:第 2~7 段,回忆母亲勤劳俭朴的习惯,宽厚仁慈的态度;第 8~12 段,回忆母亲对作者参加革命活动的支持和慰勉;第 13~15 段,在记叙基础上进行议论。

2. 第一方面记叙了母亲哪些具体的事情?歌颂了母亲怎样的美德?用概括的语句简要说明。

学生回答,教师明确:主要记叙了在家境贫穷的情况下,把八个孩子养大成人,"时间大半被家务和耕种占去了",辛苦地挑起母亲和农妇的双重担子;好劳动,整日劳碌,样样会干;勤俭持家,聪明能干,杂粮饭做得"使一家人吃起来有滋味","家织布"做的衣服弟兄几个"接着穿还穿不烂";性格和蔼,任劳任怨,不打骂孩子,不同任何人吵架,在家里与"长幼伯叔妯娌相处都很和睦";同情贫苦的人,"周济和照顾"比自己更穷的亲友。

这一件件一桩桩普通平凡的事,颂扬了母亲勤劳俭朴、宽厚仁慈的美德,表达了敬爱母亲、思念母亲的真挚感情。

任劳任怨:任,担当。做事不辞劳苦,不怕别人埋怨。

和睦(mù):相处融洽友爱;不争吵。

3. 作者在记叙以上事情时不仅颂扬了母亲的美德,而且还表明这些美德对自己的教育与熏陶。请学生在书上画出有关语句,朗读两遍,仔细体会。

如:第5段。

又如:"她自己是很节省的。父亲有时吸点旱烟,喝点酒,母亲管束着我们,不允许我们染上一点。母亲那种勤劳俭朴的习惯,母亲那种宽厚仁慈的态度,至今还在我心中留有深刻的印象。"

4. 启发思考:在中国旧民主主义革命时期,作者通过哪几件事说明母亲具有朴素的阶级意识、反抗精神和对革命的同情与支持?

学生思考后回答,教师补充。要点:

作者主要写了四件事。

第一件事,庚子年前后,四川连年旱灾,农民饥饿、破产,"不得不成群结队去吃'大户'"。农民自发的抗争遭到黑暗社会"官兵"的"凶杀毒打"。在那个年月,"我家也遭受更多的困难"。

第二件事,甲辰年地主夺佃,"逼"着我们搬家,天灾、人祸,家庭受到"最悲惨的一次遭遇"。在灾难面前,母亲表现了坚强的意志和朴素的阶级意识:她"没有灰心";"对为富不仁者的反感却更强烈";她那"沉痛的三言两语的诉说"像种子一样,在作者的心灵萌发、扎根。正是母亲,最早启发了作者"反抗压迫、追求光明的思想"。

第三件事,母亲在生活困苦的情况下,节衣缩食,东挪西借,支持作者外出读书。这反映了劳动人民渴望摆脱剥削的合理愿望,又表达了母亲对豪绅欺压所进行的反抗。

第四件事,作者在家乡办高等小学,宣传科学民主,遭到守旧的豪绅们反对,"远走云南,参加新军和同盟会"。母亲了解了儿子献身于改造中国的进步事业,她"不但不反对",还给作者许多"慰勉"。这"慰勉",是历尽艰辛的贫苦农民对军阀豪绅的切齿痛恨,是他们寻求翻身解放的迫切愿望。

作者不是孤立地写母亲的品质与精神,如前一个方面一样,始终把母亲的品质、精神与这种品质精神给予自己怎样的影响结合起来写,所以分外感人。

5. 提问思考:当作者走上革命道路,加入共产党后,母亲又是怎样支持的?作者在回忆这一点时寄寓了怎样的感情?

学生回答,教师明确:在革命征途的各个阶段,作者都从母亲那里得到支持和鼓励。特别是作者接受马列主义,加入共产党,担负起了领导中国人民解放事业的重任之后,母亲知道了儿子"所做的事业",更加积极支持他,日夜"期望着中国民族解放的成功",当母亲了解到党的困难,就用在偏僻乡间"过着勤苦的农妇生活"的实际行动支持儿子的事业,以此增强儿子的革命意志,鼓励他永远献身民族解放事业。对于母亲以革命利益为重的崇高品质,作者怀着深深的敬意,即使在戎马倥偬的战场,也想念着慈爱的母亲。两个"永远想念"感人肺腑。听到母亲逝世的消息,作者再也忍不住巨大的悲痛,深情地说:"但我献身于民族抗战事业,竟未能报答母亲的希望。"一个"竟"字,含义深刻,这里既可看到作者把党的利益、革命利益摆在第一位的崇高品质,又可感觉到作者无限怀念母亲的深情。

五、布置作业

1. 朗读第二部分。

2. 预习思考：从母亲身上，你看到劳动人民哪些优秀品质？为什么说母亲是平凡而伟大的？

第 二 课 时

【教学要点】

检查复习；讲读课文的后半部分；归纳主题和写作特点；布置作业。

【教学内容和步骤】

一、复习检查

指名学生简述文中记叙的母亲的往事，要求条理分明，运用文中有关词语。

二、继续讲读分析第二部分

1. 启发思考：在重点记叙了母亲几件具体事情后，作者为什么要加上第13段？起什么作用？

学生朗读第13段。思考回答：

这一段起突出文章主题，照应前文的作用。作者强调："母亲最大的特点是一生不曾脱离过劳动。"母亲一生以劳动为生命，"离开土地就不舒服"，直至晚年，"仍不辍劳作，尤喜纺棉"。从母亲身上可看到中华民族刻苦耐劳的美德，作者对母亲的歌颂，也是对千百万劳动妇女的歌颂。

2. 指名学生朗读第14、15段。启发思考：在文章中，作者不仅歌颂母亲，而且由衷地表达了感谢母亲的感情。母亲对作者的教育和影响主要表现在哪些方面？

学生回答，明确：作者运用了排比段的形式，从两个方面深深感谢养育自己的母亲。

一是感谢母亲"教给我与困难做斗争的经验",感谢母亲"给我一个强健的身体"。革命,意味着同困难做斗争。在艰难困苦的环境中,保持坚强的毅力,能克服困难,知难而进,这是革命者必须具备的品质。作者从自己在长期的军事生活和革命生活中"再没感到过困难,没被困难吓倒",不由想到母亲。正是母亲,培养了他勤劳的习惯,给了他"一个强健的身体",教会他如何对待困难,经受住艰苦环境的考验。想到这些,作者怀着敬意深情地说:"我应该感谢母亲。"

作者还感谢母亲"教给我生产的知识和革命的意志",并"鼓励我以后走上革命的道路"。在长期的艰苦岁月中,母亲始终如一地支持儿子投身革命。从革命的实践中,作者越来越感到生产知识和革命意志是最可宝贵的财产:生产知识是劳动人民长期与自然界斗争的经验结晶,没有这种知识,人类无法生存,它是宝贵的;革命意志,是革命者与反动派之间你死我活斗争的精神力量,没有这种意志,就不能战胜敌人,不可能将革命进行到底。它也是最可宝贵的。作者深刻地认识到这些,故而更加热爱哺育他成长的母亲,热爱养育他成长的千百万劳动人民。

3. 提问思考:划分段落时有不同意见,请说一说,现在这样划分为什么比较妥当?

学生讨论回答,教师补充:这样划分理由有二。从内容看,第14段指出的感谢母亲"教给我与困难做斗争的经验",正是对第2~7段叙述母亲勤劳俭朴习惯和忠厚仁慈态度内容的概括;而第15段感谢母亲"教给我生产的知识和革命的意志,鼓励我以后走上革命的道路",则是对第8~12段忆述母亲对作者参加革命活动的支持和慰勉内容的概括。从结构看,第1段和最后两段前后呼应,气脉相承;而第14、15段则起了收束第二部分的作用。倘把这两段放在第三部分,就显得骨架松散,气脉不顺。

此外，从写作方法上也可推敲一下。第二部分是着重记叙，当作者被记叙的一件件往事深深激动的时候，就情不自禁地倾诉着自己的衷肠；用两个"应该感谢母亲"进行议论，把事件中蕴含的意义揭示得更透彻；抒发感情，表达了对母亲由衷的感谢，热烈的赞美。在记叙的基础上议论、抒情，既实实在在，又浑然一体。如果把第14、15两段划开，内容就割裂，记叙的事件应闪发的光华就会受到影响。

三、讲读分析第三部分

1. 请学生有表情地朗读第16、17段。

2. 提问思考：作者怎样把对母亲的热爱与对劳动人民的热爱、对革命事业的忠诚结合起来的？给我们以怎样深刻的启示？

学生回答，教师补充：作者对母亲的去世感到万分悲痛，并说这哀痛是"无法补救的"，从而再次表达了对母亲无限热爱的真挚感情。然而这种感情绝不只停留在母子之爱，而是升华到对党对人民忠诚的高度。作者用转折关系的复句强调了正是像母亲这样"平凡"的"中国千百万劳动人民"，"创造了和创造着中国的历史"，母亲是"平凡"的，然而母亲身上所具备的劳动人民的高尚品质是伟大的。一个"创造了"，一个"创造着"，有力地指出过去和将来的历史都是由人民创造的。这样，作者就把热爱母亲，歌颂母亲的感情同热爱劳动人民，歌颂劳动人民的感情完全融合在一起了。

不仅如此，作者又坚定地表示："我将继续尽忠于我们的民族和人民，尽忠于我们的民族和人民的希望——中国共产党，使和母亲同样生活着的人能够过快乐的生活。"这里，作者用两个"尽忠于"表达了彻底解放劳动人民、让劳苦大众都过上好日子的远大志向。结尾用"能做到的""一定能做到的"表达了自己的决心和信念。这段话，金石铮铮，精神崇高，胸怀宽广，把爱母亲的感情与爱党、爱人民、爱民族的感情紧紧结合在一起，以对革命无限忠诚的决心和行动来报答母亲的深恩。

老一辈无产阶级革命家以解放天下劳动人民为己任的理想、情操、意志、行动,是我们取之不尽、用之不竭的精神源泉。我们这些革命的后来人一定要认真学习,继承发扬。

四、总结全文

请同学朗读全文后回答:

1. 就文章的第二部分,谈谈情随事现的记叙方法。

文章情真意挚。这种情是高尚的母子之爱,伟大的人民之爱。这种情不是架空地抒发,而是寄寓在一件件一桩桩往事的记叙中。感情的波涛随着一件件往事的具体出现,奔涌起伏,激荡不已,读来亲切感人。要能做到情随事现,必须审慎地选择材料。母亲一生中可记叙的材料很多,作者精选了能表现母亲最大特色的,而又是自己印象最深,对自己影响最大的事例。这样不仅母亲平凡而伟大的形象跃然纸上,而且作者思想感情的容量和深度皆得到充分的表现。

2. 这篇文章的语言质朴无华,可从哪些方面来体会?

可以从三方面看:(1)母亲是一位老老实实,朴朴素素的农村劳动妇女,说话办事都实实在在。作者用明白如话的语言,就更能把母亲的特点和品德写出来。(2)作者写文章时心情悲痛,感情真挚,情深意浓,用朴素简洁的语言最能表达自己的感情。(3)作者为人朴素,不喜欢矫揉造作。文如其人,实实在在,真切感人。

3. 抓住文中关键词语列出全文的内容提纲。列后交流,择优推荐。(可参考板书)

五、布置作业

1. 背诵最后五段。

2. 写学习的心得体会,下节课交流。

【板书设计】

母 亲 的 回 忆

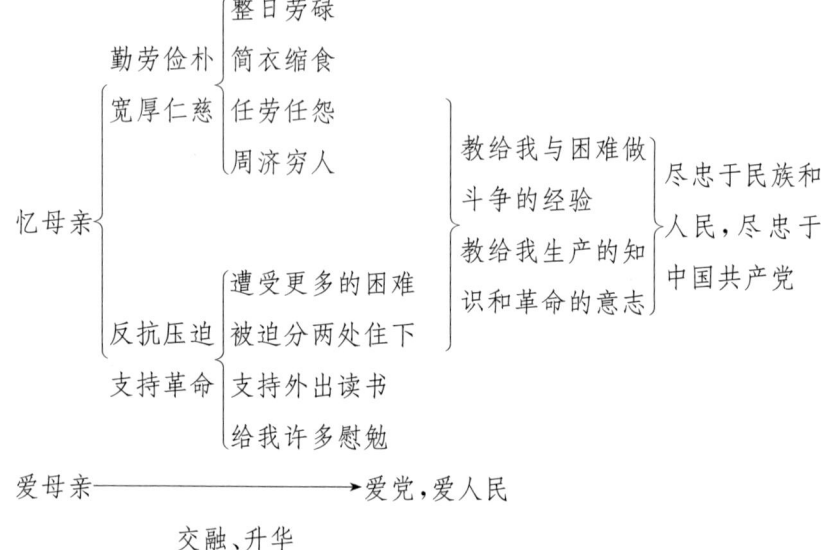

【教　后】

1. 果然不出所料,学生在分段上有争议。各持己见,但又不能拿出充分的理由说服对方。通过反复阅读,分析比较,解决了这个问题。

2. 学习末尾几段时,学生感动了。有的学生说:"我原以为只是一篇普通的悼念亲人的文章,读得懂就行,没有想到那么深,没有想到感情的升华。"此类文章必须把精神教出来,深入进去,才能真正教育感染学生。

《听潮》

【教学目的】

1. 咀嚼品味文中描绘大海神奇变幻和海潮涨落情景的词句段落,感受大海的雄壮美、大海的伟大力量,从而开阔自己的襟怀。

2. 学习描绘景物抓住特征,摹声绘态生动逼真的写作特点,培养学生精细地观察周围事物的能力。

3. 识生字,积累文中绘景状物的词语。

【教学时数】

两课时。

【教学步骤】

一、开展回忆,引入课文

同学们,你们看到过海吗?听到过有关海的故事吗?回忆一下你们在电影、电视、书报中看到的海的形象,列举一些词句来形容它的情状。(放手让学生说)海,无边无际,辽阔壮美;神秘莫测,变化无常。有时它平静温柔,海鸥掠过水面,在海空之间盘旋翱翔;有时它汹涌澎湃,浊浪排空,怒吼咆哮。生活在海边的人,目睹海的情态,耳闻海的呼啸,熟悉海的脾气,热爱大海;远离海边的人,读描绘海景的佳作,也会有身临其境之感,感受到海的壮观。作家鲁彦的《听潮》一文,着力描写了海潮涨落的情景,让我们认真阅读,仔细体味。

二、作者简介

作者鲁彦,现代小说家,浙江镇海人。1901年生,1944年去世。著有短篇集《柚子》《黄金》《童年的悲哀》,长篇《野火》(后改名为《愤怒的乡村》)。译作有《显克微支小说集》《波兰小说集》等。他的大多数作品对于旧社会现实生活作了细致的刻画。本文原题是"听潮的故事",教材对原作有较大的删改,只着眼于景物的描写,删去原作中和尚趋炎附势等情节。

三、阅读全文,理解词句含义,对下列字词要会读、会写、会解释(学生查字典自读,教师检查)

观光:参观欣赏景物。

领略:了解事物的情况,进而认识它的意义,或辨别它的滋味。

赏鉴:欣赏鉴别(多指艺术品)。

深黯(àn):黑暗。

一款(kuǎn):不可把"欠"写成"夂"。此处作量词。一款,即一道。

偎(wēi)依:紧挨着,紧靠着。

慵(yōng)懒:困倦。

眼睑(jiǎn):眼皮。

汩汩(gǔ gǔ):水流动的声音,不可与"汨罗江"的"汨(mì)"混淆。

铙钹(náo bó):一种铜制的打击乐器。

罅隙(xià xì):裂缝。

拨剌(là):象声词。文中指浪潮冲击岩石的声音。

危楼:高楼。"危"字的下半部分是"厄"(è),不可误写成"厄"。

四、在自读的基础上就下列问题开展讨论

1. 文中怎样交代听潮的时间和地点?这样交代对描写潮音、听潮感受起什么作用?

讨论后明确:文章一下笔就交代了听潮的时间和地点。时间是"一

年夏天",地点是岛上"比较幽静的寺院里"。交代地点时十分仔细,用破折号引出了具体的说明:楼房,靠海湾,位置相当好,还有一个露台突出在海上。把优越的观潮与听潮的位置交代清楚,不仅给读者以真切之感,而且为大海的壮观、潮涨潮落的情态、声响、观潮者心情的变化准备了特定的环境。露台观海,脚下是海,闭窗听海,分外入神,使读者有身临其境之感。

2. 作者怎样描绘海潮来时的情景?从哪些角度调动了哪些艺术手法进行渲染?创造了怎样的艺术效果?歌颂了大海怎样的性格?寄寓了怎样的思想感情?

讨论后明确:作者抓住海潮汹涌澎湃的特征细笔细描,先写潮初涨时的声音、情态和性格。一个"惊醒"报告了潮来时的消息,然后从声、光、色、形等多方面描绘渲染:"汩汩的声音","银光跟着晃动起来","银龙一样的","像铃子、铙钹、钟鼓在奏鸣着",使人如闻潮音,如见潮水奔涌而来。接着,从写岩石撞击的角度描绘潮的势头,一笔用排比句、用准确的动词刻画大海掀波澜的力量,"它狠狠地用脚踢着,用手推着,用牙咬着。它一刻比一刻兴奋,一刻比一刻用劲";一笔写岩石受海浪冲击后的反响,"战栗","嗥叫"。而写岩石,也正是为了写海潮。"海的鳞甲,片片飞散",用形象的比喻描绘出海潮冲刷岩石溅起无数水花的景象。最后,重笔描绘涨潮达到高峰时的雄伟气势和惊心动魄的奇观。文中用了多种多样的声音状海潮的巨大声势。"战鼓声、金锣声、呐喊声、叫号声、啼哭声、马蹄声、车轮声、机翼声,掺杂在一起",真是天上地下,人马杂沓,犹千军万马混战,动魄惊心。文中又用"愤怒""咆哮""猛烈地"冲向岸边,"冲进"罅隙,"拨剌"壁垒,"疯狂地"汹涌着,"吞没了"岛屿等分量很重的词语描绘海潮的汹涌澎湃,震天撼地。

作者用拟人、比喻等方法制造音响效果,描摹滔滔滚滚的雄姿,生动、逼真，给人以如临其境之感。作者精心描写海潮的雷霆万钧之势，摧坚吞垒之姿，目的在于歌颂大海的伟大力量，歌颂它的雄壮美。作者在描绘这伟大的乐章时寄寓了无限热爱与赞美的感情。

3. 既然文章着力写大海的汹涌澎湃，为何又要描绘其平静的图景？又为什么要先绘其平静？怎样描绘的？

在讨论中明确：作者从不同侧面写大海的情态，能使人较为全面地认识大海，了解大海。况且，作者在海岛上观赏海景，既有平静的图景，又有翻腾的场面。先写平静，写大海的温柔静谧，为大海的雄壮有力做了很好的铺垫。有静有动，唯其"静"，"动"就更为突出，更为吸引人。既写大海的温柔，又写大海的雄壮，才能具体形象地刻画出大海的性格，大海的神奇变幻。正由于写了海景的变幻，人的心情变化由"欢心""喜悦"到"战栗""恐惧"才有依据；而心情变化的刻画又更逼真地表现出海景的神奇，心潮随着海潮起伏，真切感人。

作者描写大海平静的图景先用"静寂"这个词总拎，然后从"波浪"轻吻，"海面"平静，"银光"颤动，"红玉"琼台等方面写其静态，波平浪静，色彩柔和，使人欣赏到大海的宁静美。而五个比喻的连用，像诗人"沉吟"，像"朦胧的月光和玫瑰的晨雾那样温柔"，像"情人的蜜语那样芳醇"，像"微风拂过琴弦"，像"落花飘零在水上"，给大海的宁静美增添了神秘与欢愉的色彩，给人以无比温柔、优美的感觉。海在眼前，海在脚下，分外有情趣。

4. 文章既然描绘了大海的不同画面，又特别集中笔力描写海潮涨落的情景，为何还要写"每天潮来的时候……"这一段？是不是赘笔？为什么？

在讨论中明确：这一段不是赘笔。作者来小岛上游览观光，领略海景，必然要早观潮，晚观汐，因此，交代了观潮、听潮的时间与地点后，立即从潮入笔初写海景。作者先从音响诉诸读者听觉，再从"细雨似的，朝雾似的,暮烟似的飞沫升落"的情态诉之于读者的视觉,又从"带着腥气,带着咸味"的气味诉之于读者的嗅觉,这样写,初显海潮特征,是描绘海景的序曲,是海潮咆哮、奔腾,大海伟大乐章的前奏。

5. 作者写海的静寂与怒吼分别注意到变化的过程,哪些词句表现这些过程?为什么要表现这些过程?

在讨论中明确:作者写海的静寂从"波浪轻轻吻着岩石,像朦胧欲睡似的"开始,而后写它的"沉吟",再写它的"睡熟"。为了渲染宁静的气氛,写大小岛屿"也静静地恍惚入了梦乡",写星星"也像要睡了",写"我俩也像入睡了似的",真是个万籁俱寂,皆入梦乡。

作者写大海的怒吼先从"突然惊醒"入笔,从"恼怒似的激起波浪的兴奋"写到"它一刻比一刻兴奋,一刻比一刻用劲",再进而写到它"终于愤怒了",咆哮,怒吼,泼溅着满含血腥的浪花。这样就把涨潮的过程,万马奔腾、所向披靡的气势,绘声绘色地展现在读者眼前。

作者细致地描绘海静、海闹的变化过程,犹如一幅幅画面的连续转动,增强了立体感,增添了身历其境的实感。

五、朗读与口述的训练

1. 分组朗读描绘大海的两个不同画面的有关段落,对大海的神秘变幻有较为完整的认识。

2. 听写下列词语,然后请一位学生看词语描述海潮奔涌而来的情景,要求说得有声有色,有奔腾之势。要求听的学生展开想象,对描述的内容与语言进行评论。听写的词语是:酣梦、汩汩、晃动、奏鸣、醒、挡住、嗥叫、愤怒、掺杂、汹涌、怒吼、泼溅。

六、作业

1. 选择周围某一景物,连续观察多日,抓住其特点,写一篇绘景或状物的文章。尤其要在"听"上下功夫,运用比喻和拟人的手法。参考题:"听雨""听风""听泉""听鸟鸣""听流水""听琅琅书声""听机声隆隆"等。

2. 课外阅读关于海洋的秘密、海底宝藏、海上石油、海上通道等科普读物。

【教　后】

1. 从三幅画面入手进行教学,舍弃一般性的分段,着重要学生找出海睡、海醒、海怒三幅图景的起讫段落。重点指导学一、三两幅,第二幅强调变化的推进。学生容易接受。

2. 增添了博喻的内容。

3. 教学中注意唤起学生对海的回忆:边读文章边想象海色、海声、海态,学生有兴趣。

4. 学生提了不少问题,其中有的颇有道理。如:既然说"远寺的钟声突然惊醒了海的酣梦",怎么又说"海自己醒了"?前后矛盾。有些学生读书比过去仔细了。

5. 为什么说"满含着血腥的浪花"? 我没有解答,请学生问生物老师,激发他们的学习兴趣。

6. 打算录一盘"海之诗"的磁带,或组织学生去观一次海。

《多收了三五斗》

【教学目的】

1. 理解和学习本文场面描写、语言描写的特点;学习借代的修辞手法。

2. 引导学生了解旧中国农民在帝国主义经济侵略的冲击下,在国民党反动派、农村封建势力和投机商人的重重剥削压榨下日益贫困的痛苦生活,以及他们自发的反抗意识。

【教学设想】

1. 场面描写和语言描写,是本文的特点,以此入手进行教学。

2. 本文第一、三部分为教学重点。

3. 教学用具:戴旧毡帽的农民画片(像)。

【教学时数】

三课时。

第 一 课 时

【教学要点】

解题:正音释义;理清情节,划分段落;指导学习课文第一个场面描写(第1段)。

【教学内容和步骤】

一、试解文章标题,引入课文

《多收了三五斗》是我国现代著名作家叶圣陶先生(在第二、三册已介绍,可提问复习)有名的短篇小说,反映的是我国30年代初期农村的情况。(教师板书:多收了三五斗)

启发思考:根据文章标题同学们判断判断看,文章大概写什么内容?说明什么问题?会有怎样的结局?

学生讨论后回答,教师归纳:从题目看,文章是写农村,写丰收,似乎应当写农民丰收以后改善生活的情况。然而,恰恰相反,事实是丰收以后米价暴跌,谷贱伤农,丰收成灾,给农民带来更大的灾难。小说就是以当时的社会现实为背景,通过江南农村丰收粜米的故事,巧妙而深刻地反映了当时中国贫苦农民在帝国主义、反动政府、地主阶级、投机商人的重重压榨下濒临绝境的生活。丰收成灾就是本文的主题。

为什么丰收反而成灾呢?作者以深刻的笔触对旧中国作了深入而多方面的剖析,把农民的满腔悲愤、万种辛酸、不断增长的反抗意识真实地表达出来了。细细阅读课文,会理解这一深刻的主题。

二、理清情节,划分段落

1. 提问启发:小说的情节是按照怎样几个场面推进发展的?请学生阅读全文,在理解情节的基础上划分段落,给每一段加上恰当的小标题。

2. 教师巡回时对学生提出的字、词正音、解析。

埠(bù)头 腻(nì) 粜(tiào)米 斛(hú) 廒(áo) 迸(bèng)裂 拗(niù)不过

横七竖八:这个成语的意思是乱横乱竖,没有秩序。

踌躇:犹豫不决。

3. 划分段落，列小标题。

学生阅读全文后明确：按三个场面展开故事情节。具体说，可以分为四部分。

第一部分，从"万盛米行的河埠头"到"换了并非白白的现洋钱的钞票"。米行柜台前旧毡帽朋友粜丰收谷米的情景。（希望破灭）

第二部分，从"街道上见得热闹起来了"到"就是大人看了也觉得怪好玩的"。旧毡帽朋友粜米以后到街上购买日用品的场景。（又输一笔）

第三部分，从"'乡亲'还沾了一点酒"到"船埠头就冷清清地荡漾着暗绿色的脏水"。旧毡帽朋友在船上喝酒、交谈的场景。（路路断绝）

第四部分，最后一段。第二天重复着第一天的故事。（故事常演）

三个场面各有内容，又互相连贯，步步深入，深刻地揭示小说的主题。

三、明确作品的主人公，理解借代手法的运用

1. 提问启发：故事的主人公是谁？请与《故乡》《梁生宝买稻种》《在烈日和暴雨下》作比较。

学生回答后教师点明：这篇小说与那几篇不同，它不是刻画一个或两个人物，而是描写一群人，是群像描写。这些主人公没有姓名，而是用"旧毡帽朋友"来借代。

2. 提问：什么叫借代？作者为什么要这样处理？

学生回答后教师补充：不直接说出要表达的人与事物，而借用与之密切相关的人或事物来代替的叫借代。有以局部代整体的，如以"春秋"代一年；有以特征代本体的，如以"白胡子"代人。借代要形象，明确，褒贬分明。

"旧毡帽"是江南农民的特征（出示戴毡帽农民的画片），就如"乌篷船"是江南水乡的运载工具一样，人们非常熟悉。用"旧毡帽"借代，不

仅形象生动,风土味浓烈,而且留给人们回味、思考的余地。"朋友"一词倾注了作者对"旧毡帽"者的无限同情。

3. 提问:作者为什么不着力写一两个人,为什么不写姓名呢?

学生回答,教师补充:小说的主题是"丰收成灾",因此必须反映旧社会农民的共同命运。不写一两个人,而写一群人,就可以更广泛而深入地刻画旧社会农民受剥削的悲惨境遇,对黑暗社会的揭露也更深刻,有说服力。

四、讲读理解第一个场面(第1段)

1. 启发思考:作者一下笔就描绘了万盛米行船埠头的景物,这是怎样一幅景象?旧毡帽朋友是怀着怎样的心情上岸的?

表情朗读课文——从"万盛米行的河埠头"到"却得了比往年更坏的兆头"。

学生回答后教师归纳:作者一下笔就极力渲染丰收景象:"横七竖八"停泊着粜米的船,形容船多;船里装载的新米把船身压得"很低",描绘船载分量重。写出大批农民进镇粜米。

旧毡帽朋友是"气也不透一口"地来到米行柜台前,他们十分忐忑不安,"占卜"一词既反映他们满怀希望的急切心情,又反映他们掌握不了自己的命运,忧心忡忡,传神地表达了他们既欣喜又担惊的矛盾心理。

2. 提问启发:丰收了,旧毡帽朋友等到的却是什么结果呢?作者怎样描绘他们希望破灭的神情?

学生回答后教师或补充或归纳。要点:

米价狂跌,希望破灭,这就是旧毡帽朋友拼死拼活累了一年所得到的结果。作者细致入微地描绘了他们希望破灭的神情:刚听得消息,他们十分惊愕,几乎不相信自己的耳朵,"美满的希望突地一沉,大家都呆了"。一"沉"一"呆",形象地描绘了他们希望落空时的心情和呆板滞钝的神态；接着，又写他们刚才摇船如"赛龙船"的劲儿一下子"松懈"下来，这是精神上受到意想不到打击以后的反映；最后写他们想不通的心理，多收了三五斗，怎么会"得了比往年更坏的兆头"？感慨万分。作者反复描写他们希望的破灭，从心理影响到生理上的反应，由惊愕而感到无可挽回，给人以凄苦、辛酸的感觉。

3. 作者详细写了旧毡帽朋友和米行先生的对话，请学生表情朗读，体会他们迥然不同的社会地位和思想感情，说明这部分对话描写在课文中的作用。

学生回答，教师点明：一方面是受剥削受压迫的出卖劳动果实的果米者农民，一方面是榨油吸血、颐指气使的收购者米商。通过对话描写深刻地刻画了榨取者和被榨取者截然对立的社会地位，米商不顾农民死活，唯利是图，贫困的农民处在水深火热之中。点明了文章所要揭露的"丰收成灾"这个主题。

五、布置作业

1. 熟读旧毡帽朋友和米行先生的对话部分，进一步体会他们不同的社会地位和思想感情。

2. 复习第一部分和预习第二部分，认识旧中国农民身受的三重压迫。

第 二 课 时

【教学要点】

完成第一部分，学习第二部分。

【教学内容和步骤】

一、继续讲读理解第一个场面

1. 启发思考：米价的狂跌使旧毡帽朋友又吃惊又激愤。既然米价太低,不粜行不行?作者揭示了套在农民头上的四条绳索,哪四条?这样写的意图是什么?

2. 请学生自由朗读课文——从"还是不要粜的好"到"换到手的是或多或少的一叠钞票"。

3. 学生回答后教师归纳。要点:

作者以清楚的事实证明:在那个黑暗社会,尽管旧毡帽朋友不愿意把自己用血汗换来的米贱价卖出,但不能不粜。因为四条绳索紧紧地勒住了他们的脖子。

第一条绳索,"各地方多的是洋米洋面",外洋大轮船还要源源不断"运米"。帝国主义向中国倾销洋米、洋面,破坏中国市场,使农民粜与不粜都奈何米商不得。

第二条绳索,"地主那方面的租是要缴的","借下的债是要还的"。地主对农民残酷的地租剥削和高利贷者的盘剥,使农民不得不贱价粜米;农民只有忍痛贱卖,才能还。为了"雇短工,买肥料,吃饱肚子"而借下的债。

第三条绳索,"不要说范墓,就是摇到城里去也一样"。投机米商的"同行公议",他们互相勾结,压低粮价,趁火打劫,盘剥欺压,使农民无路可走。

第四条绳索,"这里到范墓要过两个局子,知道他们捐我们多少钱?"过路要捐"洋钱",国民党多如牛毛的苛捐杂税,农民更是吃不消。

作者把旧毡帽朋友粜米的事情放到广阔复杂的社会矛盾之中,深刻地揭露了帝国主义、国民党当局、封建势力和投机商人狼狈为奸的罪行,他们张下的罗网,逼得农民走投无路。

4. 提问思考:四条绳索把农民紧紧勒住,在这种情况下,旧毡帽朋友怎么办?作者是怎样描绘的?为什么说这是旧中国农民的悲剧?

学生回答,教师归纳:作者反反复复描写了他们由"希望"到"失

"、痛苦挣扎的过程。开始,听到米价狂跌,他们十分"激愤""想把米'摇到范墓去粜'",碰碰运气,卖一点好价钱。此路不通,只能转而"哀求"米商,希望他们看在"种田人可怜"的份上,"抬高一点"米价,但得到的是嘲笑、挖苦和冷酷的拒绝。"希望的肥皂泡"一个一个迸裂了,在无可奈何的情况下,只能贱价把米"卖给这一家万盛米行"。可悲的是,前面的几个旧毡帽朋友还没有走开,后面的"三四顶旧毡帽从石级下升上来",又走进了这个悲剧的舞台。

作者以令人信服的事实揭露了这个罪恶的世界,揭示了农民的不幸遭遇不是个别的,也不是一时一事的,它是旧社会的普遍现象,是旧社会农民的悲剧。

5. 旧毡帽朋友希望破灭之时,正是米商大发横财之日。作者怎样无情地刻画他们的丑恶嘴脸?请抓住关键词句说明。

学生回答,教师补充:作者使用锋利的笔触把米商的丑恶形象揭露得深刻有力:先写他们的"嗤、嗤"冷笑,这冷笑包藏着幸灾乐祸,是强盗的窥视;继而写他们的欺压,用洋米、洋面,同行公议进行要挟;当农民要求抬高一点米价时,他们声色俱厉地声称"这样的傻事情谁肯干?";最后写他们气势汹汹,威胁利诱,"不买你们的,有别人的好买"。作者细致地勾画了他们穷凶极恶、狡诈阴险的形象,使他们唯利是图、冷酷无情的罪恶本质暴露无遗。

启发思考:作者揭露米行丑恶嘴脸不惜笔墨,接下来又戳一刀,在什么地方?添上这一笔有什么意义?

学生朗读课文——从"先生,给现钱"到"换了并非白白的现洋钱的钞票"。

学生思考后回答,教师补充归纳。要点:

作者从旧毡帽朋友要现洋钱,不要钞票这一点上,又戳奸商一刀。他们从生活的经验中得出对钞票的不信任,意识到拿了钞票就是"打了折扣",因此"怪不舒服"。正是在这点上,作者进一步揭露米商盛气凌人、颐指气使的丑态,"这是中央银行的,你们不要,可是要想吃官司?"米商所以这样嚣张,是因为他们有国民党反动派做靠山,主奴狼狈为奸,共同剥削农民。

添上这一笔,就在更广阔的背景下暴露当时政局不稳、物价飞涨、货币贬值的社会现实,尖锐地指出农民身受官僚资本剥削的事实。

二、指导学习第二个场面

1. 启发过渡:在物价飞涨、货币贬值的情况下,农民的生活怎么样?作者通过他们粜米以后到街上买日用品的场景,再次描写他们"希望破灭""又输一笔"的痛苦心情和穷困生活,进一步深化主题。

2. 学生朗读课文——从"街道上见得热闹起来了"到"于是街道上见得热闹起来了"。

3. 提问启发:作者不写旧毡帽朋友上街购货,先宕开一笔,插叙他们粜米前的"计划",有哪些"计划"呢?这些计划反映了他们什么愿望?

学生回答,教师补充:他们的计划其实很简单,很合理,无非是买点肥皂、洋火、洋油,剪几尺布,买面镜子,买条毛巾,最大的奢望是有些人"想买一个热水瓶"。这些都表现了他们对生活改善的热切。

4. 提问启发:他们离开万盛米行时,心里又是怎样想的呢?

学生回答后教师补充:他们心灰意冷,感到"这回又输了"。在"输定"之后,产生了横竖横的心理,买点东西回去,"也不过是在输账上添上一笔"。旧毡帽朋友心情的矛盾与痛苦加重了悲剧色彩:先写对改善生活的热切,再写成了泡影,这样更显出希望落空后的可悲。

5. 提问启发:旧毡帽朋友上街,看到市镇上怎样的景象?作者怎样描绘他们买东西的?这一段描绘起什么作用?

学生自由朗读课文——从"他们三个一群"到"就是大人看了也觉

得怪好玩的"。

学生思考后回答,教师补充归纳。要点:

从旧毡帽朋友的眼里看到市镇一片"繁荣"景象。作者用一连串象声词、动词渲染它的"热闹":店伙们"叭、叭、叭"地吹着"洋喇叭";"当、当、当"地敲着"洋瓷面盆";殷勤地"不惜工本叫着乡亲";拉拉扯扯地牵住"乡亲"的布袄。作者巧妙地点了一下,这些商品都是"洋"货,店伙所以拼命叫喊,是因为"唯有今天"乡亲们口袋是充实的。这就深刻地揭示了"繁荣"景象掩盖下的萧条冷落,民生凋敝。

旧毡帽朋友是怎样买东西的呢?他们把原来准备稍微放松的手又捏得紧紧的:洋火、肥皂"不得不买,只好少买一点";"早已眼红了许久"的衣料,预备剪两件的就剪一件;蛋圆的镜子拿到手里又放进橱窗;小孩的帽子试戴合适又摘下……通过一系列细致入微的描写,十分逼真地表现了旧毡帽朋友非常贫困的处境,生活降低到不能维持的程度。

这一段描写,表露了对生计日蹙的旧毡帽朋友的无限同情,对帝国主义经济侵略的愤怒控诉。

6. 提问启发:旧毡帽朋友上街时,作者写了他们心里的"复算"和"谩骂",这一笔有什么作用?

学生回答,教师点明:这一笔绝非闲笔。它表明旧毡帽朋友对自己的生活遭遇非常不满,对奸商、地主的剥削流露出日益增长的反抗情绪。

他们的反抗意识是怎样表现出来的呢?我们下节课再学习。

三、布置作业

1. 朗读描写第二个场面的有关段落,加强对内容与写法的理解。

2. 仔细看课文注释,读准字音,理解词义。

3. 预习第三个场面。

第 三 课 时

【教学要点】

学习第三、四部分,归纳写作特点。

【教学内容和步骤】

一、讲读理解第三个场面

1. 学生朗读课文——从"乡亲还沽了一点酒"到"船埠头就冷清清地荡漾着暗绿色的脏水"。

2. 提问启发：是什么原因使那些"相识的,不相识的"戴旧毡帽的朋友"会饮在同一的河上"？哪些词最能反映他们此时此刻的心情？

学生回答后教师补充：债务丛集,如牛负重的"同一命运"使这些"相识的,不相识的"朋友从四面八方走到一起来了。"发泄"一词集中表达了他们的满腹不平。酒后吐真言,他们内心的愤懑和不平像开了闸的河水从胸中奔涌而出,爆发出对黑暗社会的强烈不满。

3. 提问启发：旧毡帽朋友在一起发泄对残酷现实的强烈不满,收成好与不好都亏本,"种田人吃不到自己种出来的米",在这种情况下他们想了哪些办法？结果怎么样？

学生回答,教师点明：残酷的现实迫使他们不得不权衡前面摆着的几条出路：倘若"不缴租"就要"吃官司",如果借债缴租,则"明年背着更重的债",结论是"田真个种不得了"；如果"退了租逃荒去吧",却没人"当头脑",此路不通；如果到上海去做工,但东洋人在上海打仗,帝国主义的侵略使工厂倒闭,工人失业,"小王在那里做叫花子了"。在他们面前,"路路断绝",被逼上绝境。

4. 提问启发：在"路路断绝"的情况下,旧毡帽朋友是怎样开始思考人生与社会问题的？与在万盛米行粜米时的情况有什么不同？这样写说明了什么？

　　学生回答后教师点明：他们从自身的遭遇中看到了"我们年年种田,到底替谁种的？"这是发自心底的呐喊,表达了不甘忍受剥削的反抗情绪。旧毡帽朋友这逐渐清醒起来的认识,与粜米时向米商求情,盼望他们"行一点好心"已经完全不同。他们憎恶地看着万盛米行那"半新不旧的金字招牌",愤怒地责问："我们的田也是将本钱来种的,为什么要替他们白当差！""为什么要替地主白当差！"强烈的反抗意识使他们终于喊出了"往后没得吃,就来吃你们的","拿点米吃是不犯王法的"。他们不怕反动派的镇压,不怕吃枪,"今天在这里的说不定也会吃枪"。残酷的现实把贫苦农民逼上了反抗黑暗社会的道路。它雄辩地说明：哪里有压迫有剥削,哪里就有反抗。这部分是小说思想火花最集中的地方。

　　5. 提问启发："散乱的谈话当然没有什么决议案",这句话加在课文中有什么作用？说明了什么？

　　学生回答,教师补充：这句话起了画龙点睛的作用。它告诉我们,在三座大山压迫剥削下的农民必然会逐步觉醒,走上反抗的道路。但这个反抗是自发的,"没有什么决议案",没有先进政党的领导,这种自发反抗是不会取得胜利的,只有在共产党的领导下,埋藏在他们心里的革命火种才会熊熊地燃烧起来,"星星之火,可以燎原",革命是必然要胜利的。

二、表情朗读第四部分,深入体会小说的思想意义

　　启发思考：小说三个场面无论就故事情节、群像描写来说,还是就表现主题来说,已经写得十分清楚,为什么还要加上最后一段？有什么作用？

　　学生回答,教师点明：作者强调他上面所讲的故事不只是在一个小镇上发生,而是在旧中国各地天天发生的。这就起了深化主题的作用。文中的"又有一批","同样的故事","也正在各处市镇上表演着","平常

而又平常的"等极其普通的语言十分深刻地揭示出故事的普遍意义,扩展了主题的广度,挖掘了主题的深度。

三、体会本文的艺术特色

这篇揭示旧中国农民悲惨命运的小说所以深刻感人,与它独特的艺术特色是紧密相连的,请学生试说一二。

学生回答后择要加以肯定,如:

1. 全文描写的三个场面,四个部分,都是由多收了三五斗贯串的,第二、三个场面是第一个场面(粜米)的连锁反应,第四部分则是由万盛米行这个点推而广之。这便是课文四部分的内在联系。因为围绕着多收了三五斗步步深入,这就充分深刻地揭示了小说的主题。

2. 笔墨经济,描写细致、真切。

作者善于从生活中截取富于特征的事物,深入发掘。如用阳光表示时间,用"朝晨的太阳光从破了的明瓦天棚斜射下来"衬托旧毡帽朋友充满希望去粜米的心情;到了中午,则用了"拖着短短的身影"来形容,既反映他们有气无力的神态,又点明他们极度失望的情绪。情节的发展和人物的描写和谐地结合起来,用墨经济。又如小说开头的环境描写,简略几笔,就绘出了米行船埠头的乱与脏,渲染暗淡的色彩,预示着主人公命运的不佳,创造了悲剧的气氛。肖像描写笔墨也十分省俭,采用了我国小说中传统的描绘人物的手法。不是集中描绘,而是随着情节的发展逐步展开,逐步完整。通过"戴旧毡帽的""酱赤的面孔""懊丧到无可奈何的嘴脸""像就会有殷红的血从皮肤里迸出来似的""网着红丝的眼睛向岸上斜溜"等语言的描绘,着力表现了农民终年拼死拼活劳动,经济上处于绝境,精神上受到沉重打击的情况,刻画了他们内心的愤恨不满。

3. 善于运用人物对话,语言朴素、精练、传神。

本文与已学过的小说的不同之处是大量运用人物对话来刻画人

物,表现主题。这些语言富有表现力。如旧毡帽朋友与米行先生的大段对话精练传神,采用了鲜明对照的方法,栩栩如生地勾画了投机商的冷酷、奸诈,把旧毡帽朋友这些苦人儿的形象突现在读者眼前,使人如见其态,如闻其声。市镇店伙的叫卖声,也由于绘声绘色,如在耳边作响。写旧毡帽朋友在船头喝酒、发泄愤懑、商量后路时,那么亲切自然而又入木三分。写得如此有功力,是由于作者深入观察生活,长期锤炼语言的缘故。

四、布置作业

1. 积累词语:

横七竖八　　白腻　　调匀　　松懈　　鄙夷　　不屑　　迸裂
无可奈何　　争持　　谩骂　　踌躇　　安逸　　殷红　　荡漾
理直气壮　　将信将疑

2. 把下面的字抄两遍:

腻　舷　棚　毡帽　柜台　埠　糙　喷　枭
髭　傻　赚　掷　嚷　辫　凯　厩　叠　瓢
橱窗　捏　茶壶　簇　喇叭　磁　滚　拗　筷
囚犯　敞　斛

3. 在细读全文的基础上,写出本文的故事梗概,要求不超过500字。下次上课时讲说这个故事,要求口齿清楚,流畅。

【板书设计】

多收了三五斗
丰收成灾

希望破灭　　又输一笔　　路路断绝　　故事常演
(突地一沉)　(复算、谩骂)　(不犯王法)　(揭露深广)

【教　　后】

1. 分段顺利。学生为每段加小标题，一、三容易，二、四较难。因一、三两段有现成的词组，二、四要自己找有关的词组概括。此类练习以后仍要多做，训练概括的准确性。

2. 在学习过程中学生对旧社会农民的命运深表同情，有几个学生提出这样的问题：既然米价暴跌，农民就不要卖，为什么要卖呢？孩子在新社会生，新社会长，在甜水里泡大，对旧社会劳苦大众受三座大山压迫之苦无具体的感受。这一课要认真地补。对旧社会吃人的罪恶不了解不认识，怎可能无比热爱阳光普照的社会主义呢？教授知识，培养能力重要，育人更不可忘。切记。

3. 教的过程中第二部分作了简略的处理，抓了几个词语，用学生的读一带而过。这样，不平均使用力量，重点更为突出。

> 兴趣是学习的推动力

《李愬雪夜入蔡州》

【教学目的】

1. 了解此次战争在打破藩镇割据局面,巩固唐中央集权中的积极意义。

2. 学习本文抓住富有特征性的情节层层推进、步步紧扣地叙述事件的方法。

【教学重点】

1. 雪夜行军。

2. 奇袭蔡州。

3. 文中"之""然""下""将"的词性与词义。

【教学时数】

两课时。

第 一 课 时

一、课间背诵,突现雪景

刘长卿《逢雪宿芙蓉山主人》:

日暮苍山远,天寒白屋贫。
柴门闻犬吠,风雪夜归人。

卢纶《塞下曲二首》:

林暗草惊风,将军夜引弓。
平明寻白羽,没在石棱中。

月黑雁飞高,单于夜遁逃。
欲将轻骑逐,大雪满弓刀。

岑参《白雪歌送武判官归京》:

北风卷地白草折,胡天八月即飞雪。
忽如一夜春风来,千树万树梨花开。
散入珠帘湿罗幕,狐裘不暖锦衾薄。
将军角弓不得控,都护铁衣冷难著。
瀚海阑干百尺冰,愁云惨淡万里凝。
中军置酒饮归客,胡琴琵琶与羌笛。
纷纷暮雪下辕门,风掣红旗冻不翻。
轮台东门送君去,去时雪满天山路。
山回路转不见君,雪上空留马行处。

二、展现意境,引入新课

过去,我们曾学过唐代王建的一首七绝,题目是《赠李愬仆射》,大家一起背背看:

"和雪翻营一夜行,神旗冻定马无声。遥看火号连营赤,知是先锋已上城。"这首诗就是描绘李愬顶风冒雪奇袭蔡州的图景。愬(sù),同"诉"。李愬是唐代将领,他为什么冒着迷漫的大雪奇袭蔡州呢?怎样奇袭的?战局如何?今天我们学习的《李愬雪夜入蔡州》对这些作了十分具体生动的记叙。

李愬雪夜奇袭蔡州,是我国战争史上"出奇制胜"的著名战例之一。《资治通鉴》用了较多的篇幅记载这一战役的过程。本文是节选,题目是编者加的。关于《资治通鉴》是怎样的一本书,请看注释①。明确:编年史,就是按时代顺序编写的史书,不同于按人物来写的纪传体的史书(如《史记》)。《资治通鉴》是一部通史,上起战国,下至五代,从公元前403年到公元959年,通贯好几个朝代。其中《唐记》记载的是唐代的历史。这部史书之所以名为《资治通鉴》,是因为编写出来帮助宋王朝治理国家之用。"鉴",镜子。用历史作镜子吸取经验教训。这部史书集体编写,主编是司马光,前后花了19年时间,共300多万字。

三、简略介绍碑文的争议,启发学习兴趣

学文章之前,先讲个韩碑与段碑的小故事。韩碑,《旧唐书·韩愈传》中这样记载:元和十二年八月,宰相裴度为淮西宣慰处置使,兼彰义军节度使,请韩愈为行军司马,仍赐金紫。淮、蔡平,十二月随裴度还朝,以功授刑部侍郎,仍诏愈撰写《平淮西碑》,其辞多叙裴度事。时先入蔡州擒吴元济,李愬功第一,愬不平之。愬妻出入禁中,因诉碑辞不实,诏令磨愈文。宪宗命翰林学士段文昌撰文勒石。

段文昌改作的文章亦自明顺,然而与韩愈碑文比较,不啻虫吟草间。到了宋代,陈珦磨去段文,仍立韩碑。

四、领读全文,要求

1. 识字。在不认识的字下面画线,查字典。
2. 注意句中的小停顿。

3. 找拎起全文的关键句子与关键词语。

4. 人人开口,声音响亮。要求:齐、响、准。

五、教师提问,学生自己讲读,理解情节

1. 明确拎起全文的关键词句。

"李愬谋袭蔡州"是总拎全文的关键语句。人物,攻取目标,攻取手段点得一清二楚。"谋袭"是全文的枢纽。"谋",指攻打蔡州前的谋划及准备;"袭",指攻打蔡州的过程或战况。全文围绕这两个字展开记叙。

2. 思考理解:哪些句子写"谋"? 写战前准备?

要求学生"四会":(1) 会读顺;(2) 会连贯起来译成现代汉语(认真看注释,理解词义);(3) 会说清楚"谋",说清楚战前准备的几件事;(4) 会用课文中的文言句子回答。

注意:

降,多音字。降(xiáng)卒:投降的士兵。降(jiàng):下落。

羸(léi):瘦弱。与"赢""嬴"的字形作比较。

将:突将(jiàng),突击队;将,将士。"自将三千人"的"将",动词,率领。

然:多义词。此处作"认为……是对的"讲。常见的有:作指示代词用——这样,那样;作形容词词尾——表示"……的样子"。

谋 ⎰ 引问(亲自召来询问,了解面广。"每",说明不放过一次机会。)
　　 ⎱ 然之(由于贼中险易远近虚实尽知,故对降将李祐的建议能采纳不疑。)
　　 ⎱ 帅、将、行、杀、据("前驱""中军""殿后",兵分三路,部署得当。)
　　 ⎱ 休、食、整、镇、引(用兵细致周密。)

尽杀:避免泄露军机。

休、食、整：为后面艰难的行军和攻城做准备。

复夜：连夜。连夜挺进，用兵神速。

"入"，说明进军方向；"取"，说明斗志坚强，一定要攻取，攻克。说出了进军的主旨。

诸将皆失色：用以反衬李愬果敢决断、谋略过人，渲染得恰到好处。

小结：第1段着重写李愬的"谋"，了解敌情，采纳良计，领军出发，夜袭张柴村，连夜挺进，为攻取蔡州做充分的准备。了解，采纳，进军，夜袭，挺进，一件件事叙述得要言不烦，事与事之间衔接自然，步步推进。

六、作业

1. 熟读第1段。
2. 整理"之""然""将"的词性词义。

第 二 课 时

一、复习检查：

1. 指名朗读第1段。
2. 把第1段译成现代汉语。

二、思考理解

文章怎样记叙攻打蔡州的经过与结果？"攻"之前先描叙了什么情节？"攻"之中有哪些情况？战斗结局如何？

仍然要求学生做到"四会"。(1)(2)(4)同；(3)会紧扣"袭"字，说明攻城之前，攻城之中，攻城结束的情况。

第2段正面描写攻克蔡州的战斗，是全文的主要部分。叙述比前一段详细，描写比前一段生动。

1. 攻城之前。

(1) 行军：雪夜行军，天黑难行，真是"神旗冻定马无声"；然而正是出奇制胜的好时机,出其不意,攻其不备。

"莫敢违"。"人人自以为必死",莫敢违,可见军纪严明。这是取胜的必要条件。

"行七十里"。说明进军神速。

这一段开头自然环境的描写起侧面烘托的作用。"天阴黑",路"未尝行","夜半雪愈甚",自然条件极其不利;再伴以旌旗被风吹裂,人马冻死者随处可见,十分形象地烘托出这次军事行动的异常艰险。

(2) 击鹅鸭池——以禽声混军声,借地形与鹅鸭隐蔽自己,麻痹敌人,在"无一人知者"的情况下,兵临蔡州。突出李愬用兵甚有谋略。

2. 攻城战斗。

(1) 采用的攻城方法:钁坎登城。钁(jué),大锄,此处作动词用,挖。

(2) 登城后的第一个行动:尽杀守门卒。然后开门纳众。寐(mèi),睡着(zháo)。"柝"的字形与"拆""析""折"比较。

(3) 攻里城。"亦然",办法一样。笔墨精练。

(4) 居元济外宅。"居",占据,占领。

(5) 笔锋一转,换写敌方情状:元济拒战。先描写其梦呓般的话语,再写其拒战的狼狈相。始"笑"后"惧",十分传神。"就吾",到我这里来。"就",靠近。

(6) 牙城取器。使自己的武器更为充足。"毁其外门"与上述军事行动不是同一天的事。原文交代了具体的时间。

"牙城":唐藩镇主帅所居之城,后泛指主将所居之城。

(7) 南门激战。"民争负薪刍(chú)助之",说明吴元济作恶多端,民心丧尽。"矢如猬毛",一个比喻,形象地刻画出战斗的激烈。

这部分记叙十分精彩。随着情节的发展,地点步步转换,作战程序步步推进,一环紧扣一环,一浪高似一浪,有条而不紊,文约而事丰。

3. 战斗结局。

(1)"晡时",点明敌降时间。

(2)活捉吴元济。以"槛车送元济诣京师",结束了这场战斗。"诣"(yì)到。

小结:

第 2 段着重写"袭",写雪夜行军、攻城经过与攻城结果。有谋略有奇袭,袭中有谋。

三、写作特点

1. 叙事详略得当,环环紧扣。

文章抓住李愬谋袭蔡州的富有特征性的情节,如雪夜行军、击鹅鸭池、镬坎登城等情节,按时间顺序有条理地叙述。从准备到决策到吴元济投降,其中事情很多,但记叙得既扼要,又具体。略处,一笔带过,如"及里城,亦然";详处,描写细节,绘声绘色,如写吴元济的懵懂刚愎。详略得当,重点突出。

文章先写"谋",后写"袭",两个部分扣得很紧。"谋"得深,才能"袭"得成;而"袭"得成功又印证了"谋"得周到、深远。每个部分皆是文约事丰,情节一环扣一环,步步推进。

2. 在叙事中表现人物。

文中对李愬未用许多笔墨描绘,而是从对他指挥这次战役中的言论和行动的叙述里,表现这位多谋善断、英勇善战的良将形象。如,从"贼中险易远近虚实尽知"的叙述中写他了解敌情的深入,从雪夜行军情节的叙述中写其掌握时机,用兵神速。而叙述时把环境气氛和事件过程的描写糅合在一起,把人物的心理活动和外部动态的描写结合在一起,形象鲜明,情节紧凑。

四、练习：请学生在读懂的基础上分析文中"之""然""下""将"的词性词义

之
- 守州城者皆羸老之卒。（助词，的）
- 留五百人镇之。（代词，那里）
- 诸将请所之。（动词，往）
- 城中皆不之觉。（即"不觉之"，代词，这个情况）

然
- 然畏愬，莫敢违。（连词，然而）
- 及里城，亦然。（代词，这样）
- 愬然之。（动词，认为……是对的）

下
- 行七十里，至州城下。（名词，下边）
- 进城梯而下之。（动词，引下来）

将
- 诸将请所之。（名词，将领）
- 自将三千人为中军。（动词，率领）

五、朗读全文，读正确，读连贯

六、作业

1. 背诵第2段。
2. 积累文言词语。

【教　　后】

1. 学生喜欢这篇文章，说写得好，有学生找了一张夜袭蔡州的画片给大家看。

2. 一学生认为拎起全文的语句是"入蔡州取吴元济"。肯定其积极思维，拎出了文中记叙的中心事件；指出答题必须紧扣要求。要求在阅读的基础上找出文中拎起全局的语句，不是用自己的语言加以概括。

3. 学生问：夜袭蔡州的将士总共才九千，行军途中"人马冻死者相望"，怎么又说"应者近万人"，前后岂不矛盾？肯定他们能前后联系起

来思考问题,同时引导他们细读课文,注意两点:一是"近万人",不是"万人";二是吴元济"闻",从听到的声响大小中判断人数的多少,文章这样写是渲染愬军的声势,不是实写万人。

4. 一学生说:过去"食"读 sì,怎么这儿读 shí。看来学《马说》时对"食"的读音、含义未全部掌握,请学生回忆旧课,进行辨别。"食"马者不知其能千里而食也——"食",同"饲",读 sì,意思是喂养,给……吃。

"食不饱,力不足"——食,读 shí,意思是吃。本文"食干糒",就是吃干粮的意思,故而读 shí。

5. 教第1段时,当讲到李愬采用了李祐好的计策,一学生立刻站起来说:用"采纳良计"更好。表扬了他敢于发表自己的意见,也表扬了他"良计"用得恰当。

《论雷峰塔的倒掉》

【教学目的】

1. 认识封建势力扼杀人民自由、摧残人民幸福的罪恶,懂得人民必胜、封建势力必亡的历史规律。

2. 领会文章夹叙夹议和剪裁得当的特点,理解语言的讽刺与幽默。

【教学时数】

两课时。

【教学步骤】

一、预习要求

1. 仔细阅读课文,看注释,了解全文大意,理解文章脉络。

2. 思考:鲁迅先生对雷峰塔的看法与态度如何?为什么鲁迅先生会对雷峰塔持这样的看法与态度?从民间传说角度怎样理解?从当时社会现实的角度又该怎样理解?

3. 质疑。

二、检查预习,导入课文

请学生思考回答:

1. 鲁迅先生原名叫什么?哪里人?你读过他哪些文章?有名的短篇小说集是什么?你记得他哪些有名的诗句?毛主席是怎样称赞他的?

2. 前几个学期我们学过他的散文《从百草园到三味书屋》《风筝》，学过他的小说《一件小事》《社戏》和《故乡》，都是以叙事记人为主的文章，今天我们再学习他一篇有名的文章《论雷峰塔的倒掉》，这是篇杂文，以发表议论为主。

这篇杂文的主要特点是借题发挥。借什么"题"，发挥什么呢？

请学生试答后，让他们初步理解：借1924年9月25日"西湖十景"之一的雷峰塔倒掉之题，抨击封建复古派，阐发邪恶的封建制度必亡、人民必胜的真理。文章扣紧雷峰塔的始末原委而写。

3. 雷峰塔是不是保俶塔？为何叫雷峰塔？

学生看注解①，回答后向他们指出鲁迅先生对文稿如此认真严肃的态度值得我们好好学习。

4. 理出鲁迅先生对雷峰塔的态度与看法的线索：

并不见佳—希望倒掉（仍不舒服）—倒掉后的欣喜快慰。

三、讲读课文

1. 讨论段落的划分。

听取学生意见后，明确文章分两大部分。

第一部分（第1～5段）：论述雷峰塔倒掉是"我"也是普天之下人民共同的愿望。

第二部分（第6～10段）：论述搬弄是非的法海终于受到应有的惩罚。

2. 朗读讨论第一部分的内容、语言与写法。

（1）请学生朗读第1段，思考回答：既然雷峰塔已经倒了，为何说"听说"？既然写雷峰塔倒了，又为何写未倒之前的雷峰塔？

学生答后，明确：明明消息确凿，用"听说""听说而已"，不是表示自己不相信，而是对复古派嘲弄、挖苦。写未倒之前的雷峰塔不是描绘它的美，而是与众不同，写它的"破破烂烂"，表达厌恶的感情，这就为希望它倒掉做了铺垫。这样写婉而多讽,看来是漫不经心的话,但为全文定下"幽默而含讥"的基调。第1段的最后一句"并不见佳,我以为",不是一般的倒装或追求奇特,而是对"并不见佳"的强调。

(2) 作者为什么这样厌恶雷峰塔呢?仔细阅读课文第2、3段,有条理地说明其中原因。

学生展开议论,明确:问题的实质不在于"胜迹"不"胜迹",而在于雷峰塔是一座"镇压的塔",是封建势力的象征,不是空谷来风,而是有原因的。

首先,民间传说的情节深深印在童年鲁迅的心灵里,激起了不平与正义感,从关心白蛇娘娘命运,同情白蛇娘娘命运出发,故"唯一的希望"是塔"倒掉"。后来,长大了,读了书,明知塔的建造和法海并无关系,下边也无白蛇娘娘,可仍然"希望它倒掉"。原因又何在呢?由于对冷酷诡诈的镇压者法海极端憎恨。争取自由幸福、善良勇敢的白娘娘遭到封建卫道士的镇压与摧残,把白蛇装在钵盂里,并在上面造起一座镇压的塔。因此,塔是封建势力的象征,当然希望它倒掉。

两个"不舒服",两个"希望它倒掉",表明鲁迅一贯的心情,表现他坚决反封建的精神。

"禅(chán)师""得道""非凡"等语言皆是对封建卫道者的讽刺。"此后似乎事情还很多,如……之类,但我现在都忘记了"等语句交代得极其简洁。作者在记叙故事时围绕主题对材料作了恰当的剪裁。这部分对事情的叙述是为议论服务的。

(3) 朗读第4、5段,说明这两段在文中的作用。

学生议论后,明确:第4段"现在,他居然倒掉了……"不仅倾吐了作者久积在心头的愿望实现后的欢快与喜悦,而且表明普天之下人民共同的欣喜心情。这一论断说明雷峰塔倒掉合乎民心。"居然",用不用表达效果大不一样。"其欣喜为何如","何如",怎么样。"为",副词,将。

为了证明塔倒、人民欣喜的论断,在第5段摆事实加以证明。用吴越的"民意"说明是非自有公论。"抱不平",充满同情;"太多事",谴责法海无事生非。两个"不",爱憎分明。"除了几个脑髓里有点贵恙的之外",是对有封建思想意识的人的讽刺。

第5段又是两个部分之间的过渡段。第一部分着重在议塔,第二部分重点在评僧。

3. 朗读讨论第二部分的内容、语言与写法。

(1) 朗读第6~8段,思考回答:文中怎样由议塔转入评僧的?揭露了法海怎样的心灵?他的下场如何?写吃蟹的过程目的何在?怎么写的?学生议论后,明确:

由上一段的法海"太多事"转入对法海的评论,揭露其镇压善良的罪恶心灵,描绘了他可耻的下场。

"偏要""横来招是搬非",揭其不守本分。"大约是怀着嫉妒罢——那简直是一定的",容量极大;"大约""一定",先推倒,后肯定,对法海作合乎情理的判断,不仅在其庄严的脸谱上描上一笔白粉,而且剥去他的僧袍,撕下他道貌岸然的假面具,把他自私虚伪的品质、变态的心理、空虚丑恶的灵魂揭露在光天化日之下。原来他干的"降妖""救灾"等把戏不过是骗人的幌子罢了。

人民要惩办法海,连玉皇大帝也顺人民的意愿拿办他了。法海是罪有应得。"腹诽""独于"等词句,表明对剥削阶级常利用玉皇大帝这个偶像愚弄人民有充分的认识和揭露。

文中细致地描写了吃螃蟹和取"蟹和尚"的过程,情趣横生,使人哑然失笑。特别是"切下""取出""翻转",笔调轻快。"有头脸,身子,是坐着的"绘其难看的形象,揭其可耻的下场,充满幽默感。

法海想苟安在蟹壳里，非把它揪出来示众不可。这一段与第7段遥相呼应。

这种讥笑讽刺的光芒，使文章随处跳动着战斗的火花。

（2）齐读第9、10两段。思考：作者在文中结尾处是怎样进行议论的？第9段中三句话哪一句是点睛之笔？

结尾处议论了白蛇娘娘和法海的两种不同的结局，揭示人民必胜、封建制度必亡的历史规律。

过去"压"，现在"躲"，前后对照，嘲笑。塔倒白蛇娘娘获自由，而法海"独自静坐"，"非倒……不来"，等于判了无期徒刑，诙谐到了极点。最后一个反问句是点睛之笔，揭示了骑在人民头上的反动统治者绝无好下场的真理，点明了文章的中心。

"活该"，独成一段，笔力千钧，倾注了作者的爱和憎，欢乐和嘲笑，给读者留下无穷的回味。

四、总结

1. 鲁迅先生嬉笑怒骂皆成文章。此文是以欣喜为基调的，笑中表同情，笑中表憎恨，笑中揭示真理，表达反封建的革命精神，表达对革命高潮的期待和信心。

2. 借雷峰塔之题，阐述深刻的政治思想内容。1924年国共两党结成统一战线，以封建军阀为代表的反动势力，预感自己的灭顶之灾，除在军事上准备负隅顽抗外，还在思想文化战线上掀起一股反动逆流，拼命鼓吹旧道德旧文化。1924年9月，雷峰塔因年久失修倒掉，一伙"正人君子"资产阶级文人纷纷作文，以惋惜为借口，重弹"保存国粹""整理国故"的老调，妄图维护垂危的封建势力。为此，鲁迅奋起反击，也借题发挥，给他们以"小不舒服"。

3. 夹叙夹议。叙，详略分明；议，精辟深刻。叙白蛇、法海的故事作为议论的根据；边叙边议，表达作者的思想感情。开头叙，表对雷峰塔的憎恶;叙述故事后评论,以民意表达自己的观点;叙法海结局后,又作一番痛痛快快的议论。

4. 语言富有感情,嘲笑讽刺,同情欢快,均通过富有感情的语言鲜明地表现出来。

5. 剪裁得当。对白蛇娘娘的故事只叙述了白蛇、许仙结为夫妇,法海怎样干涉、破坏等有关情节,"祭塔"等消极内容就摒弃不用了。

五、朗读全文,谈谈读后感想

六、布置作业

1. 用"大约""简直""终于""终究"写一段话,曲折地表达自己的思想感情。

2. 搜集一则民间故事或民间传说,用夹叙夹议的方法写一篇短文,说明一个观点,或歌颂或贬斥。

【资　　料】

雷峰塔

杭州西湖南面的夕照山上,有座庙宇叫净慈寺。它的大门正对面,就是有名的雷峰塔遗迹。据史书记载:五代十国时期,吴越王妃黄氏(钱俶妃)在雷峰这座小山上建造了一座砖塔,因而得名雷峰塔,又名黄妃塔,钱俶妃塔。

塔原高十三层,这座八面高塔的角檐飞翘,栩栩如生。登上塔楼,临窗远眺,四周景色尽收眼底,真是气象万千。每当夕阳西下,塔沐浴在太阳余晖之中,周身通亮。美丽的西湖上倒映着它的影子,十分雅致、幽静,于是"雷峰夕照"就成为当时杭州著名的风景之一。由于塔身年代长久,终于在1924年9月倒塌,现仅存一片遗迹。

【教　　后】

1. 氓，文中应读 méng，不可读 máng。

2. 有个女学生带来西湖保俶塔图景的手帕给同学看，大家兴味极浓。

3. 学生问西湖十景的具体内容，课后教师作介绍。

4. 一学生问："得道的禅师"与"得道多助"，同是"得道"，有何区别？回答她：前者的"道"指佛教中的"道"，后者的"道"指正义。

《孔乙己》

【教学目的】

1. 认识封建教育、科举制度的罪恶,学习鲁迅反封建的战斗精神。

2. 理解运用外貌、语言、动作的描写塑造人物形象的方法;体会环境描写在刻画人物表现主题中的作用。学习本文遣词造句的简练、精确。

【教学重点与难点】

重点:运用外貌、语言、动作的描写塑造人物形象。

难点:对孔乙己人物性格的理解。

【教学时数】

三课时。

第 一 课 时

一、激发兴趣,引入课文

本文写于1918年冬,发表于1919年4月的《新青年》,后收入短篇小说集《呐喊》。

凡读过鲁迅小说的人,几乎没有不知道《孔乙己》的。凡读过《孔乙己》的人,无不在心中留下孔乙己这个遭到社会凉薄的苦人儿的形象。

鲁迅先生自己也说过,在他创作的短篇小说中,最喜欢《孔乙己》。他为什么最喜欢《孔乙己》呢?孔乙己究竟是一个怎样的艺术形象?鲁迅先生怎样运用鬼斧神工之笔来精心塑造这个形象的?学习本文之后就可得到明确的回答。

过去有人说,古希腊索福克勒斯的悲剧是命运的悲剧,莎士比亚悲剧是主人公性格的悲剧,而易卜生的悲剧是社会问题的悲剧,从某种意义上讲,是有道理的。那么,孔乙己的悲剧是什么样的悲剧呢?悲剧,往往令人泪下,然而,读了孔乙己的悲剧,眼泪往往向肚里流,心里有隐隐作痛之感。这又是为什么呢?学习之后我们可得到回答。

这篇文章是举世闻名的著作,情深、意深、含蓄、深沉,必须认真阅读,积极思索,好好领会。

二、检查预习,点出传神之笔

谁能准确地回答:作品中的主人公姓甚名谁?文中哪一句话形象而概括地刻画了作品主角的特殊身份?这是一种怎样的特殊身份?

学生回答后,点明:"孔乙己"是"绰号",不是姓"孔"名"乙己"。孔乙己三字出自旧描红簿,因为他姓孔,别人便从描红纸上的"上大人孔乙己"(大意是"上古大人孔氏一人而已"),这半懂不懂的话里,替他取下一个绰号,叫作孔乙己。一个人活在世上,连姓名都不知道,以"绰号"代名字,可想而知这个人物的命运不佳,是一个悲剧性的人物。

文中"孔乙己是站着喝酒而穿长衫的唯一的人"这句话形象而概括地刻画了作品主角的特殊身份。"站着喝酒",说明生活贫困,经济拮据,与"短衣帮"同处于社会底层的经济地位;"穿长衫",为的是要摆读书人的架子,显示比"短衣帮"高贵。在他身上,显现出与常人不同的十分明显的特征,使人一看,印象深刻。作者运用了"画眼睛"的方法写出人物的基本特征,做到了"以一目尽传精神,以一斑而窥全豹"。这是贯通全文的点睛之笔。这个形象一出现就展示出悲剧的兆头。

三、讲读分析第一部分(第1～3段)

1. 指名朗读第一部分。

提问思考：孔乙己是在怎样的环境里活动的？

学生回答，点明：活动的环境是清朝末年的咸亨酒店(小说点明"——这是二十多年前的事……"由创作小说的1918年上溯20多年，是19世纪末，也就是清朝末年。酒店有特殊的格局，多种的喝酒方式。

这个场所是清末社会的缩影，它等级森严、冷酷势利。[咸(xián)，全的意思；亨(hēng)，通达顺利。咸亨：出自《易·坤》的"品物咸亨"。旧时店铺老板用这类吉利的字眼做招牌，取财源茂盛的好兆头。]请学生一一找出阶级差别相对照的词语，说明等级森严。

一"坐"一"站"；一"里"一"外"；一"长"一"短"；一"荤"一"素"，鲜明地揭示了贫富悬殊，世态炎凉。

2. 从哪些语句看出这个场所的势利与冷酷？

读文中有关语句，体会：

掌柜的对长衫主顾的巴结，对小伙计的凶脸孔，对短衣帮"羼水"的冷酷。"羼水"这一细节深刻揭露老板对穷人榨取手段的卑劣和冷酷势利、唯利是图的本质。"单调""无聊""活泼不得"。死气沉沉的气氛揭示了人与人之间炎凉的关系。(对"幸亏"进行换词练习，如"幸好""多亏"等。)

3. 作者为什么要用那么多笔墨来描绘环境？又为什么要写柜台、温酒、喝酒？

这样写，目的在于揭示主角所处的社会环境，创造不平等的冷酷的气氛，预示孔乙己悲剧的必然性。

写柜台与附近的人们，是为描写孔乙己做铺垫，因为从他们的眼里、话里可以看出孔乙己是怎样一个人。勾画特定的环境，特定的社会背景，为的是演好社会中这个下层人物的悲剧。

4. 就在这冷酷势利、等级森严的环境里,一个"笑"字引出了主人公的出场。为什么小伙计居然也可以"笑"呢?是欢笑?是玩笑?是取笑?是讥笑?还是嘲笑?

就在读者不解之时,作者用极省俭(白描)的语言亮出了孔乙己的形象。三个附加语("站着喝酒""穿长衫""唯一")一下子刻画出这个人身上的可笑的矛盾,他是这环境里独一无二的笑料,给人以世态凉薄之感。

【板书设计】

孔 乙 己

咸亨酒店(缩影) 　　　　孔乙己　　　苦人儿

等级森严　壁垒分明　势利冷酷

"长""里""坐""荤"　　　站着喝

　　　　　　　　　　(笑)→而　　　　凉薄

"短""外""站""素"　　　穿长衫

孔乙己身上的这种矛盾决定了他的生活内容;他的语言、行动,又必然使他在鲁镇人们心目中成为可笑的人。他为什么穿长衫,又为什么只能站着喝酒呢?那就得认真剖析了。

四、布置作业

1. 熟读第一部分。

2. 根据鲁迅第一部分的描绘,用漫画的笔法给孔乙己画像。

第 二 课 时

一、讲读分析第二部分(第4~9段)

1. 交流漫画作业,加深对孔乙己的印象。

2. 指名朗读第4～9段的内容,思考:

(1) 孔乙己一出场就成为人们嘲笑的对象,他为什么会成为嘲笑的对象?别人嘲笑他时,他怎样答对?表现出他怎样的思想性格?

学生回答,点明:从外貌特征看,他既穷困潦倒,又要摆读书人的架子,显示出比"短衣帮"高贵。受"万般皆下品,唯有读书高"的封建思想毒害,总脱不下那件破长衫。既穷又懒,衣服又脏又破,那件长衫十多年不补,不洗。付酒钱时还要"排"。一个"排"字,传神地刻画出他摆阔的情态。"夹些伤痕",又说明在他身上发生过某些事件。

从他的语言特点看,满口"之、乎、者、也",难懂,表现他的迂腐不堪。当别人揭他"偷"的疮疤时,他的表现是"不回答",逆来顺受;与别人再挑衅时,他"睁大眼睛"辩解;别人揭穿事实后,他窘得"涨红了脸……"自我解嘲以维护自己的尊严。这样抓住特征进行描绘,使一个心灵受到侮辱的形象,跃然纸上。

性格刻画入木三分。比如,在他被侮辱之时,他仍要表现出高人一等,知书识礼,满口"窃书不能算偷……"以表现自己的斯文。可见,迂腐可笑到何等程度。

(2) 孔乙己为何只好向小伙计说话?向孩子们说话?孩子对他采取什么态度呢?从教写字和吃茴香豆的事情中反映出他怎样的思想性格?

孔乙己感到孤苦寂寞,只好和孩子们说话,以求得安慰。他社会地位低下,和劳动人民一样处于社会底层,而又由于迂腐和品行不端,更为低下,连小孩都看不起他。一个"配"字,极其深刻地揭示了他十分低下的社会地位。

教写字和吃茴香豆二事,反映了孔乙己的善良,也进一步刻画其麻木不仁,迂腐可笑。"回"的四种写法,其实很少这样用,但孔乙己是受科举制度愚弄毒害的知识分子,常把一些无用的字看作学问与本领,可见毒害之深。热衷于功名利禄,对小伙计不仅夸耀,而且灌输做掌柜往上爬的思想("多乎哉?不多也"的来历,别人说孔子多才多艺,孔子说:"多吗?不多啊。")

这部分三个细节特征,① 站、穿;② 排;③ 关于茴香豆,活画出孔乙己性格的基本特征:善良,卑微,迂腐,想向上爬又不善于钻营,生计日窘却又好吃懒做,特别看不起体力劳动。作者塑造了这个下层知识分子的典型。形象,传神。

(3) 在写哄笑的场面中,作者插叙了什么内容?起何作用?

插叙孔乙己的身世和品行,对他的社会地位、经济状况、受腐蚀的思想性格作比较完整的介绍(好喝懒做、偷窃、不拖欠等)。

插叙节省笔墨,用最少的话说明应该说明白的事,控诉科举制度对知识分子的毒害。

(4) 读第 9 段。从"可是没有他,别人也便这么过"的语句中,体会孔乙己是个无足轻重的人,多余的人。话虽一句,却无限辛酸。

二、布置作业

1. 练习四。

2. 熟读第 4~9 段。

第 三 课 时

一、讲读分析第三部分

1. 启发思考:孔乙己好些天没来,他的遭遇如何呢?

(1) 指名朗读第 10 段。正音解词。

打折(shé)　　　服辩(fú biàn)

(2) 学生回答:他被打折了腿。

2. 思考:这件事深刻地揭露了什么问题?作者运用怎样的描写手

法来叙事写人的?

孔乙己不仅精神上受侮辱、受损害,而且肉体上遭摧残。

文章揭露了封建科举制度的罪恶。一个有功名,爬上去,骑在人民头上作威作福,横行霸道,欺压人民;一个没有进学,跌下来,受折磨。丁举人有地位,有权势,本性凶残,手段毒辣,私设公堂,草菅人命,先"正名",后动刑,接着再慢慢地折磨,明明吃人,却不担吃人罪名,冷酷而暴虐。

作者运用了侧面描写的手法,从喝酒的人与掌柜的对话中叙事写人。

3. 孔乙己最后一次出场是怎样的情景?与第一次出场比较,肖像、声音、神态、动作有何变化?

(1) 指名读第 11 段。

(2) 抓关键词语说明。

第一次出场	最后一次出场	
身材高大	盘着两腿,下垫蒲包	
青白脸色	脸上黑而且瘦	
穿一件长衫	穿一件破夹袄	处境更为悲惨
排出九文大钱	摸出四文大钱	
争辩,睁大眼睛说	不十分分辩,眼色好像恳求	

别人对孔乙己的嘲笑、哄笑、说笑仍然是一样,无丝毫同情与怜悯,有的是冷漠、寡情与势利。

4. 教师点明:从欠钱未还,从提到而不谈到、不看到,写出孔乙己的悲惨结局;通过"我"的估猜,写孔乙己的默默无闻死去,分外辛酸。无人过问,又无确实消息,"大约""的确",写出其悲剧结局的必然性。孔乙己在取笑声中登上生活的舞台,又在嘲笑声中离开了生活的舞台。社会如此冷酷,令人毛骨悚然。

二、总结

1. 请学生就人物性格与主题思想进行归纳。

孔乙己是封建社会科举制度摧残下的一个可怜的牺牲品。迂腐,好喝懒做,偷盗,中封建思想意识的毒而不自觉,毫无社会地位,但精神上又接近不了"短衣主顾",脱不了那件长衫,成为鲁镇的多余的人,废物。他身上的这种矛盾决定了他特有的语言行动,成为可笑的人。他是清末受封建教育、科举制度毒害的下层知识分子的典型。

孔乙己这个被压迫被损害者,作者对其迂腐、坏习气进行了批判,对其善良予以肯定,对其悲惨遭遇寄予同情,哀其不幸。

作者通过对孔乙己命运的描述,控诉封建社会的罪恶,揭露科举制度吃人的本质,鞭挞丁举人之类的冷酷暴虐。作者平平淡淡写来,刻画得惟妙惟肖。放在社会悲剧里写出乡村潦倒文人的性格悲剧,笔触平淡,寓意深刻。整个悲剧是在人们的笑声中进行的,既是社会的悲剧,又是主人公性格的悲剧。文中没有排山倒海的冲击,可人们读后却感到心里有阵阵的隐痛。作者运笔确实收到鬼斧神工之效。

2. 体会细节描写的作用。文中的细节描写,使人物性格突出,形象鲜明。外貌、语言、动作的描写均做到个性化。用词精确,使人物形象跃然纸上。

三、布置作业

1. 看幻灯,讲述故事情节,讲述时注意运用传神的词句。
2. 抓住孔乙己肖像特征和语言动作,分析他的思想性格。
3. 谈一点读后的感想。

【教　后】

1. 讲"咸亨"含义很有必要,表示酒店老板生意兴隆,财源茂盛的愿望,能给学生以当时社会的实感。

2. 学生读书比过去仔细,没有一个学生把"孔乙己"误认为是真实的姓名,而且较快地体会到一个人活在世上,别人不知其姓名,只用绰号来代替,必然命运悲惨。有学生联系到《阿Q正传》中的阿Q。

3. 有学生提出:"短衣帮"的"唠唠叨叨……"不好,引导他们读课文,弄清作者的意图,不是写短衣帮的不好,而是揭露老板的贪婪、冷酷。

4. 要学生辨"踱"的含义,体会清闲自在、踌躇满志的神态。

5. "幸而"换词,学生换了"幸好""亏得""还好"。

6. 有学生说孔乙己这个人应该用"穷酸"二字来概括,理解得较好。

7. 把"不屑置辩"与"排"放在一块儿讲,一神情,一动作,均形象地刻画了孔乙己的自命清高,有异曲同工之妙。

8. "不屑置辩"与"颓唐不安"是绝妙的对照。

9. "笑"是文中艺术化的一种手段。孔乙己的可笑,是为了抨击使人麻木的封建文化和吃人的封建制度。

10. 反复写"笑",表现了高超的艺术才能。孔乙己生活的环境冷酷,遭遇悲惨。作者以"笑"贯串全文,使悲剧的内容在"喜剧"的气氛中进行,悲喜互为映衬,增添了悲剧的色彩。

《西里西亚的纺织工人》

【教学目的】

1. 体会诗中饱含的诅咒德意志反动统治者的强烈感情,了解诗的战斗作用。

2. 理解诗中直叙、白描和反复手法的运用。

【教学重点与难点】

重点:反复手法的运用。

难点:工人怒不可遏的强烈感情。

【教学时数】

一课时。

【教学步骤】

一、朗读习作《用诗歌作武器的人》,介绍海涅生平

开学初,要求学生写一篇作文,介绍某一个人物的巨大成就或卓越贡献。卢旭华同学写了德国大诗人海涅,题目是《用诗歌作武器的人》。亨利希·海涅是怎样一个人呢?他的诗歌有何特色?请卢旭华同学朗读她的作文,作一简单介绍。

二、简述海涅思想的发展与变化,引入课文学习

对海涅深有研究的冯至同志在《海涅诗选》的说明中曾这样讲:"这几首诗当然不足以反映作者创作的全貌,但是从中仿佛可以看到一个从'玫瑰'和'夜莺'走向'剑'和'火焰','和新的同志们登上一只新船',

最后'倒下了,并没有失败'的战士的身影。"从这句话中,我们可了解海涅思想的发展与变化。

前期的且不说,1843 年 12 月,46 岁的海涅结识了 25 岁的马克思后,他在政治上、创作上进入了一个新时期。《西里西亚的纺织工人》就是这个时期的诗作。这位从老德意志泥沼中奋力挣脱出来的诗人,在新旧时代之交吹响了革命的序曲。这首诗可以说是 1848 年欧洲革命的预告,它饱含着无产者的血泪,真切反映了德国无产者的深重苦难和满腔仇恨。

三、朗读全诗

1. 正音、解义:

诅咒(zǔ zhòu):原指祈祷鬼神加祸于所恨的人,今指咒骂。

重(chóng):一重,即一层。

求祈(qí):祈祷,请求,恳切地希望得到。

蛆(qū)虫:苍蝇的幼虫。

梭(suō)子:织布时牵引纬线的工具。

2. 思考回答:

(1) 诗中描绘了工人怎样的形象?

(2) 诗中描绘了怎样特定的场面?

(3) 诗中哪个词牵动全文,使"诅咒"的感情一贯到底?

(4) 诗中运用反复手法在表达上起什么作用?

四、讲读分析,反复体会

1. 先用白描手法描绘纺织工人形象。

"忧郁",描写受苦之深,没有欢乐。

"没有眼泪",表现纺织工人意志的坚强。"工厂联合了他们,城市生活教育了他们,共同的罢工斗争和革命行动锻炼了他们",工人们开始明确斗争的方向,意识到自己肩负的使命。

"咬牙切齿",刻画工人对资本家残酷剥削的仇恨。在资本主义制度下,劳动就是受奴役、受压榨。纺织工人的感情随着织机有节奏地运转,愤恨之情奔涌而出。

2. 抓住纺织工人织布这个特定的劳动场面,采用直接叙述的手法,发泄对反动统治的诅咒。它不是悲歌,不是哀歌,而是觉醒者的战歌。

3. 诗中用了12个"织",反反复复出现,紧扣这个"织"字,使诅咒的感情一贯到底。为什么要写"三重诅咒"呢?

恩格斯在《共产主义在德国的迅速进展》一文中说:"我只指出一点,那就是这首歌暗中针对着1813年普鲁士人的战斗叫嚣!'国王和祖国与上帝同在!'这种叫嚣从那时起就是保皇党人的心爱的口号。这个口号是反动的,但又能迷惑人。这首诗与这个口号针锋相对的,具有高度的思想性战斗性,它所表达的不是普通的愤怒感情,而是阶级觉醒的战斗呼喊,充满了彻底埋葬整个旧社会的热望和决心。"

4. 三重诅咒:

(1) 诅咒"上帝"。"上帝"原被说成是"永存",有无上权威,是反动统治者树立的偶像。工人通过自己痛苦的生活体验具体有力地揭穿"上帝"的虚伪和欺骗。"那个"上帝,属于另一个阵营,是自己的敌人。认识到要想摆脱"饥寒交迫"的处境,只有靠自己的斗争,对于"那个上帝",只有打翻他,埋葬他。

(2) 诅咒"国王"。"国王"是神圣不可侵犯的,权力是上帝给的,与上帝同在。欺骗,对觉醒了的工人是无效的。工人一针见血地指出:"阔人们的国王","阔人们"这个附加语很重要,它揭示了国王是剥削阶级利益的代表者;对穷人,是贪婪的榨取者和野蛮的屠杀者。西里西亚山区曾有六千纺织工人被活活饿死。工人奋起反抗,国王又派兵去镇压,打死打伤许多人。工人们认清他的罪恶本质,要打翻他,埋葬他。

(3) 诅咒"虚假的祖国"。祖国,人人都应该热爱。然而,反动统治阶级他们打着"为了祖国"的旗号,目的在诱使劳动者去牺牲,去受苦。这一骗局被觉醒的无产者戳穿。为何说"虚假"呢?因为政权操纵在反动统治者手中,"祖国"的社会制度是腐朽的封建制度。马克思、恩格斯曾把德国比喻成"奥吉亚斯的牛圈"。(典故出自希腊神话。奥吉亚斯王有大牛圈,养牛三千头,三十年未打扫。)恩格斯把德国封建专制制度比喻成"腐烂尸骸",说德国只不过是一堆"粪堆"。"花朵",指美好的事物;"蛆虫",丑类,指各种剥削者寄生虫。诅咒反动统治者操纵的"虚假的祖国",埋葬那些丑类,去创造一个真正属于工人阶级自己的美好的祖国。

五、请学生就主题与反复手法的运用展开议论,然后适当归纳

1. 诗歌揭发和批判德国反动统治者和旧的社会制度,歌颂无产阶级的革命觉醒和斗争热情,写得很深刻。

诗人不是把工人描写成可怜的申诉者和求祈者,而是自觉的战士,是旧社会的掘墓人。

2. 反复手法的运用:

反复:重复使用某些词语或句子的修辞手法。人们为了把内心压抑不住的思想感情倾吐给别人,往往会不自觉地反复说着同样的词句,同样的话。人们要告诉别人一件重要的事情,重要的道理,恐怕别人注意不够或记不牢,也会翻来覆去地说。这种用同一的词语反复地表达自己思想感情的方法,叫反复。

(1)连续反复。相同的词语或句子接连着使用。

(2)间隔反复。同一词语或句子是间隔一些词句才出现。此种修辞手法适宜于表达强烈的情感,坚决的意志,热烈的愿望。用得恰当,可把感情表达得透彻,特别痛快淋漓。

"我们织,我们织!"既是连续反复,又是间隔反复,表现了强烈的憎恨感情和坚决的斗争意志。

诗的结尾一段先绘工人形象,"梭子在飞,织机在响,我们纺织着,日夜匆忙——"再反复说"我们织,我们织",使我们感到一种持续的、紧张的劳动节奏。反复诵读,如听工人切齿之声,如见工人的激昂之状。

六、表情朗读全诗

1. 指导:

(1) 区别描述工人形象的诗句与工人的语言。前者平静的语气中寓含坚定;后者"咬牙切齿"中表露愤恨。

(2) 注意节奏,力求与梭子飞动的节奏合拍。如:德意志——我们——在——织——你的——尸布,我们——织进去——三重——诅咒——,我们——织——我们——织(稍快)。

2. 个别读、齐读。

七、练习

1. 用反复的修辞手法口头造句。

2. 听写词语——忧郁、诅咒、榨取、虚假、耻辱、摧折。

【板书设计】

西里西亚的纺织工人

织 ｛一重诅咒给"上帝"　　　战歌
　　二重诅咒给"国王"　　　觉醒、反抗
　　三重诅咒给"虚假的祖国"

　　　切齿之声　　　　　激昂之状

【教　后】

1. 运用学生的习作介绍作者生平,导入课文,效果是好的,学生听得十分仔细,注意力高度集中。有几个调皮的学生感到很惊诧,怎么某某同学居然知道海涅的那么多情况。从中自己更加体会到:教师平时须做有心人,注意积累学生学习的成果。教学时拿来为授新课所用,不仅听者有兴趣,而且调动了学生写作的积极性,因为他们的"习作"派了用处,给人以知识,以启发。

2. 课前学生认为政治诗没啥可学,不喜欢,通过作者介绍,放录音,听、读、析,兴趣大大提高,齐读时大家劲头十足。

3. 学生对海涅作品有兴趣,向他们推荐一首课外阅读。

　　　　罗　累　莱

不知道什么缘故,
我是这样的悲哀,
一个古代的童话,
我总是不能忘怀。

天色晚,空气清凉,
莱茵河静静地流,
落日的光辉,
照耀着山头。

那最美丽的少女,
坐在上边,神采焕发,
金黄的首饰闪烁,
她梳理金黄的头发。

她用金黄的梳子梳,
还唱着一支歌曲,
这歌曲的声调,

有迷人的魅力。

小船上的船夫，
感到狂想的痛苦，
他不看水里的暗礁，
却只是仰望高处。

我知道，最后波浪，
吞没了船夫和小船；
罗累莱用她的歌唱，
造下了这场灾难。

（冯至 译）

罗累莱原是欧洲莱茵河上一块能发出回声的悬岩的名称，后在民间传说中被喻作一个美丽的女妖。德国诗人喜以此传说为主题写诗，几首"罗累莱"为题的诗，以海涅的这首写得最好。作者作成歌曲，已成为广为流传的一首民歌。

练笔指导

【教学目的】

1. 提高学生练笔的兴趣,开阔练笔的视野,增强写作的信心。

2. 推荐五篇练笔短文,强调平时注意周围事物的重要,培养勤于观察、善于思考的良好习惯。

【教学时数】

一课时。

【教学步骤】

一、提出课题,激发兴趣

同学们课外练笔,常感到有许多困难,比如:练笔究竟练什么?有什么内容可练呢?"我可是巧妇难为无米之炊啊!""我真是搜尽枯肠而不可得。"真的是如此困难吗?并不。今天我们讲个奇妙的"一",让这奇妙的"一"打开我们认识的窗户,看一看练笔的广阔天地。(板书:奇妙的"一")

二、指导与推荐

1. "一"奇妙在哪里呢?

生活中我们碰到的"一"很多,如果这些"一"奔涌到我们的笔下,就会出现很多好文章。

大家说说看,我们可以把哪些"一"写入文章?比如:一点认识,一件往事,一点感想,一点看法,一点改革,一点新意,一点经验,一点教训,一次对话,一件物品,一个场景,一道习题,一曲赞歌,一首好诗,一部电影,一篇小说,一张票证,一篮蔬菜,一个学生,一盆花,一壶水,一台机器……

"一"无穷无尽,有"一"就有多,正如老子所说:道生一,一生二,二生三,三生万物……

由此可见,生活中的"一"不可小视,注意生活中的"一",下笔就不会有"无米"之苦,搜索枯肠之苦。

有一个著名学者的名字也显示了这个道理:闻一多。(闻一多的名字本叫闻多,他的朋友潘光旦先生劝他改为闻一多,加了一个"一",名字增添了不少哲理诗意。)

2. 抓住"一"会有怎样的效果呢?结合习作评析,指出:

(1) 视野广阔。

可谈古,可论今;可写景,可状物;可记人,可抒情……可牢牢抓住身边的事,克服视而不见、听而不闻的毛病。以《妄加评论是可笑的》《劳动的乐趣》两篇习作为例进行说明。

(2) 观察精细。

可从不同时间、不同角度、不同场合等方面仔细观察,不管是人、物、景,都要观其巨细,掌握特征。

以《秋云变幻》为例,紧紧扣住"变"字绘色彩,绘形状。若不精细观察,不可能写得如此生动、形象。

(3) 思考深入。

抓住"一",不仅要注意使用自己的双眼仔细观察,而且要运用自己的脑子勤于思考。比如,由此及彼地展开联想;由表及里地探求事物的内在因素,注意对事物的种种情况注意分析与综合。总之,要用脑子这个加工厂深入思考,才会对某一事物、某一问题有认识,有体会,有见解。

以《夏天的夜空》为例谈联想；以《由日落而想到的》为例谈联想、谈思索。

3. 结论。

用眼睛捕捉、观察这奇妙的"一"；用脑子思考、分析这奇妙的"一"。抓住"一"，生"二"，生"三"，生……，视野广阔，下笔就有物可写。

三、作业

抓住"一"，写一篇短文，或叙或议，或人或事，写自己看得细的，想得深的。

【板书设计】

奇妙的"一"

视野广阔（谈古论今，写景状物，记人叙事……）

观察精细（不同时间、场合、角度……）

思考深入（联想、想象、分析、综合……）

【教　　后】

1. 学生颇有兴趣，有的说：今天是"奇妙的'一'，以后有奇妙的'二'，奇妙的'三'"。

2. 有学生认为《秋云变幻》中的"变"，不可能变得那么快；有学生认为"天有不测风云"，写风势，就助写了云的变化；李向群认为这是作者平日观察的艺术结晶，没有什么不妥当的。熊伟铭自己说他看到了云如此的变化，而且云确实是有湖绿色的。

3. 整堂课在笑声中进行，分析讲评习作时，七嘴八舌，十分热闹。

《雨中登泰山》

【教学目的】

1. 培养学生热爱祖国锦绣河山的感情,引导他们树立不畏艰险、百折不回、奋勇登攀的凌云壮志。

2. 学习本文描绘景物抓住特征,剪裁疏密有致,叙述旁征博引的写作方法。

3. 进行口头训练,发展想象能力。

【教学重点与难点】

重点:1. 瀑布水势,泰山翠松的描写。

   2. 登攀"十八盘"的精神。

难点:文章中的引文,典故。

【教学用具】

"泰山示意图"挂图。

【教学时数】

两课时。

第 一 课 时

一、**激发感情,导入课文**

你们游览过祖国的名山大川吗?那奔腾咆哮、一泻千里的长江、黄河,那千姿万态、气势雄伟的三山五岳,孕育了我们中华民族的古老文明,一想到它们,民族自豪感就会充盈心头。请说说看,谁游览过名山?游览过哪些山?(学生答)在所有的名山中,五岳为最。哪五岳呢?(学生试答:东岳泰山,南岳衡山,西岳华山,北岳恒山,中岳嵩山。)五岳之长呢?巍巍泰山。泰山有拔地通天之势,擎天捧日之姿,历代多少文人墨客写诗撰文讴歌、赞美,杜甫的五言古诗《望岳》就是其中之一。学生背诵:"岱宗夫如何?齐鲁青未了。造化钟神秀,阴阳割昏晓。荡胸生层云,决眦入归鸟。会当凌绝顶,一览众山小。"

"一览众山小"的境界是令人神往的,只有登攀到"绝顶",才能领略那无限风光。今天我们学一篇李健吾同志的《雨中登泰山》,请作者为向导,跟随他攀登游览高耸雄奇的泰山。

二、作者简介

李健吾,生于1906年8月17日,山西省运城县人,父亲是辛亥革命烈士。李健吾是著名剧作家,也擅长小说、新诗、散文,作品有《青春》《美帝暴行图》《大妈不姓江》等,曾在外国文学研究所工作,从事巴尔扎克、福楼拜的研究。他的散文清新质朴,深隽真挚,文中多妙语取譬。

三、检查预习,学生质疑

1. 学生质疑,在质疑过程中解决一部分生字难词。

豁然(huò rán)开朗:豁然,形容开阔或通达;豁然开朗,一下子现出开阔明朗的境界。

悬崖崚嶒(léng céng):高而陡的山崖,形容山高。

訇訇(hōng hōng):形容大声。

匍匐(pú fú):爬行。

巉(chán)岩:巉,山势高险的样子。

掐(qiā):用拇指和另一个指头使劲捏或截断。"舀"与"舀"(yǎo)作比较。

蔫(niān)：花木、水果因失去所含的水分而萎缩。

潇洒(xiāo sǎ)：神情举止自然大方，有韵致，不拘束。

2. 本文自始至终紧扣什么景色来写的？作者在移步换景中，重点描绘了哪些景物？

全文紧扣一个"雨"字，细描细绘。雨中的山岚烟云，水墨山水似的层峦叠嶂，声喧势急的飞泉瀑布，水淋淋，湿漉漉，游览者饱享了"独得之乐"。

作者笔下的泰山，既奇美又壮观，活脱是一幅雄伟奇丽的立体画。自岱宗坊至南天门长约十千米的中轴线上，飞瀑、祠庙、翠松、古柏、洞天、云海，作者巧妙地牵线串珠，编织出泰山美妙的画卷。

四、介绍、分析

1. 起程。

（1）提问思考：作者要起程登泰山了，他心情如何？只是为了游山玩水吗？

（2）指名朗读第1、2段，讲述作者要登泰山的心情。

作者登泰山，不是一般的游山玩水，而是感到"像是欠下悠久的文化传统一笔债似的"。泰山是一座活的历史博物馆，有着丰富的文物宝库，汇集了古建筑的荟萃，又是神话故事的摇篮。作者如此一往情深，然而偏偏天公不作美，下起雨来。这雨"不像落在地上，倒像落在心里"，两个"落"刻画出心情的百般焦急。"心是沉的"，一个"沉"字直描心情，分量甚重。然而，即使如此，作者仍然决定冒雨登山。"兴致勃勃"这个词一扫阴霾，气氛转换，从另一角度表现作者对泰山的神往。文章起笔波澜曲折，感情十分真挚。

作者对泰山如此深情，怎能不激起我们的向往？跟随作者足迹，冒雨前行吧！

（"孔子登东山而小鲁，登泰山而小天下"——见《孟子·尽心》。东山,山东蒙阴县南之蒙山。小鲁,认为鲁是小的。小天下:认为天下是小的。)

2. 攀登。

(1)你们看到的雨中泰山是怎样一番景色?过岱宗坊后首先映入眼帘的是怎样一幅奇景?请根据第3段进行介绍,要求语言生动,绘声绘色。

古人游山曾有这样的体会,"山之精神写不出,以烟霞写之"。泰山奇峻,险陡诡峭,而雨中泰山,更是灰蒙蒙,雾茫茫,烟云裹绕,不仅越发显得"崔嵬"(cuī wéi,高大),而且蒙上了神秘的色彩。

过岱宗坊,首先映入眼帘的是七幅黄锦,闪亮发光,吼声震天,从虎山水库的桥孔奔涌而出。一"碰"一"激"一"撒",把水流的湍急,浪花四溅的奇妙,水花拍石的声响绘声绘色地描了出来。怎会有如此奇景的呢?导游者把我们由眼前闪光的黄锦带入神话故事,又由神话故事回到现实:吕洞宾把虬龙从人间渡上天去,而共产党又把虬龙从天上带回人间,回到"故居",撒播幸福给人民。天上人间,想象奇异。

站在坝桥上,眺望虎山水库两边景色,更是形成鲜明的对比:一边是喑恶叱咤,似千军万马,它是大自然赐给人间的礼物;一边是平静的湖水,欲步不前,它是人定胜天的明证。在古老的泰山上建造现代化的水库,增添了"瑰奇"的景色。作者既用一个个比喻描其美妙,又动用神话增添色彩,再次把天上人间交织起来写。

吕洞宾:古代神话中的八仙之一。相传为唐代吕嵒,字洞宾,号纯阳,曾在终南山修道。

喑恶叱咤(yìn wū chì zhà):《史记·淮阴侯列传》有"项王喑噁叱咤,千人皆废"。司马贞《索隐》:"喑噁,怀怒气;叱咤,发怒声。"此处指水势水声。

(2)尽管黄锦、白纱的美景引人入胜,但"雨大起来了",不得不拐进王母庙后的七真祠。为什么叫七真祠呢？祠中最传神之作是什么？怎样传神？请简要地介绍。

七真祠也称吕祖殿，殿内塑像都是明代作品。人物神态迥异，栩栩如生。作者用比较的方法突出两个小童和柳树精对面的老人造型的"逼真"和"亲切"，倍加赞赏，以致流连忘返。只有对中国的古老文化有深刻的认识，才会真正懂得：历史是人民创造的，艺术也是人民创造的。

（3）雕塑的传神之作虽然使我们享受到了艺术美，然而，登绝顶领略无限风光毕竟是主题。于是来到雨地，走上登山的"正路"。一路行来，从一天门到二天门，沿途见到哪些奇景？请阅读第5段，介绍分析。介绍时紧扣重要词语展现意境，分析时简明扼要。

南天门千姿万态。风过云开之时，南天门影影绰绰，耸立山头，仿佛不很远；乌云四合之际，层峦叠嶂都成了水墨山水，雾茫茫一片，又好像离得很远。既绘出南天门的变幻景色，又以比喻"灰色大蟒"突出紧十八盘的形态。

经石峪，泰山天然书法的神奇杰作。峪，山谷。在一亩大小的大石坪上，古代书法家刻下了隶书《金刚经》，现尚存1 043个字，字大如斗，遒劲刚健。

柏树林则是另一番景象。浓荫深处，气氛阴森，天色由亮变黑，大汗淋漓的人们一到此处，就会觉得浑身发冷。

景景有特点，处处可饱览。作者未平均使用笔墨，一天门、孔子登临处和天阶等皆一笔带过，剪裁疏密有致，推前接后，呼应顾盼，相映成趣。

五、作业

熟读第1～5段，合上书紧扣重点描述的词语回忆黄锦、七真祠、南天门、经石峪、柏树洞一幅幅图景。

《雨中登泰山》

第 二 课 时

一、继续介绍,分析

上节课我们跟随作者过岱宗坊,观黄锦美景,欣赏七真祠塑像,遥望南天门,看经石峪,进柏树林,已是上山的一半路程,下一半路程呢?山势陡峭,山路奇险,今天我们要奋力登攀,把十八盘踩在脚下,走上天街。

由二天门到攀登泰山主峰的盘道途中,什么景色最吸引你们?朗读有关语句,并用描述性的语言介绍你所了解的不同的飞瀑。

隔山沟仰望,半空挂着一条两尺来宽的白带子,随风摆动。随后又撞到水面两三丈宽,离地不高,发出龙虎声威的飞瀑。一个"飞"字点出瀑布之势。作者转换观察点,从不同角度对两条瀑布绘声绘形,使人如临其境,如见其景。这样写自有特色,不同于虎山水库的闪光黄锦,不同于香炉峰的"飞流直下三千尺,疑是银河落九天",也不同于《绿》中的梅雨瀑。

爬盘道了,景更奇,路更险,我们边观赏、边体会。齐读第8段,读后有顺序地介绍奇景,谈攀登的自我感受。

野花野草千姿百态,五彩缤纷,挨挨挤挤,芊芊莽莽(qiān qiān mǎng mǎng,草木茂盛),把山石装扮得煞是好看。美景有强大的吸引力,使50开外的作者也成了小孩,一"掐"一"丢"惟妙惟肖地刻画出作者的童心。

野花野草使人陶醉,而松树能给人以启示,给人以陶冶和力量,使心灵优美高尚起来。"吸翠霞而夭矫",引自郭璞的《江赋》,"抚凌波而凫跃,吸翠霞而夭矫"。夭矫,屈伸的样子。"望穿秋水",形容盼望的殷切。秋水,比喻清澈明亮的眼波。松树像盘龙柱子,松树望穿秋水,松

261

树像一顶墨绿大伞,松树显出一副潇洒的模样,比喻、拟人交错使用,松树形态栩栩如生,松树精神跃然纸上。既颂其顽强的生命力、无与伦比的斗争精神(和狂风乌云争夺天日),又赞其开朗乐观的性格(和清风白云游戏);既写其扎根悬崖绝壁的总的特点,又描绘它们各自的个性。目睹这些泰山的天然的主人,怎不叫人感情激荡,唱一曲崇高心灵的赞歌?

从松树身上吸取力量,勇攀十八盘。

(出示"泰山示意图"挂图,看图谈攀登,谈感受)

历来人们把登十八盘比作登天,三个十八盘像挂在天上的梯子,不吃一些苦,不流一身汗,是到不了南天门的。怎么攀登?"迈前脚,拖后脚","一级又一级"。怎么攀登?像应劭《泰山封禅仪记》说的那样"磨胸捏石扪天"。怎么攀登?"目视而脚不随"(《封禅仪记》里的句子,有的本子也写作"目视而两脚不随",是说爬这段山路很累,五六步就要停下小歇,也顾不得脚下潮湿,即使"前有燥地",但"目视而脚不随",力不从心了),抓住铁扶手,揪牢年轻人,走十几步,歇一口气,终于上到南天门。

是"苦趣",也是"乐趣"。苦在攀登无比艰辛,"后人见前人履底,前人见后人顶,如画重累人矣";乐在克服险峻,登上极顶,饱赏蔚为壮观的胜景,饱尝勇攀高峰的乐趣。

登十八盘的精神,是征服困难,奋不顾身的精神;是坚韧不拔,愚公移山的精神,今天必须大大发扬。胡耀邦同志在谈到我国实现四个现代化建设的宏伟目标时,曾作了一个形象而又寓意深刻的比喻:"我们还要走一段相当长的艰难的路程。好比登泰山,已经到了'中天门',前面还有一段要费很大气力的路——三个'十八盘'。要爬过这一段路,才能到达'南天门'。由'南天门'再往前,就可以比较顺利地向着最高峰'玉皇顶'挺进了,到了那里就好比我们实现社会主义现代化建设的宏伟任务。"这段气壮山河的铿锵话语,表达了中华民族不畏艰险,为实现灿烂美景而永远进击的奋斗精神。今天攀登泰山十八盘,联系这一段意味深长的话语,岂不是让我们想得更深,想得更远吗?

作者重点描绘攀登情状,大处落墨,工细点染。既写登山,又写生活道路上的攀登;既写自己的感受,又旁征博引,启人深思,激人共鸣。

应劭(shào):东汉汝南南顿(今河南项城西南)人,献帝时,任泰山太守。著有《汉官仪》《风俗通义》等书。

《泰山封禅仪记》:应劭《汉官仪》中录有马第伯《封禅仪记》,记述汉朝皇帝封禅泰山事。此文亦收入清严可均《全上古三代秦汉三国六朝文》一书中。

窈(yǎo)辽:形容深远的样子。

縆(gēng)索:粗索。

重累人:人一个叠着一个,上下重叠。

3. 绝顶。

"会当凌绝顶,一览众山小",绝顶又是怎样的风光呢?让我们带着胜利的喜悦,欣赏仙境般的美景。请学生抓住特征介绍二三美景。

(1) 天街小店。门口,窗口不同的标记——笊(zhào)篱、鹦鹉、棒槌、金牛等。——"趣"。

(2) 别成一格的石头。千态万状,目不暇接。——"奇"。

(3) 云海四茫茫。形态变,忽而在山峰间游来游去,忽而似积雪,忽而如棉絮堆;色彩变,忽而银涛,忽而镀金,忽而如烧成灰烬。——"幻"。

作者描此三景用了大量的比喻,生动形象;用了众多的"有的",铺写渲染。既写真像,又写虚像,编织成绝顶风光,不仅娱读者之目,而且启人遐想。

泰山岩岩:见《诗经·鲁颂·閟宫》,"泰山岩岩,鲁邦所瞻"。

宋之问:唐代诗人,汾州(今山西汾阳)人。原有集,已散佚,明人辑有《宋之问集》。《桂阳三日述怀》一诗,除见本集以外,还见《全唐诗》,并可见唐人所辑《搜玉小集》。

二、提问总结

1. 我们起程过岱宗坊,攀十八盘,登天街,动力是什么?必须具备怎样的精神?

实现"会当凌绝顶,一览众山小"的愿望;要实现凌云壮志,必须具备不畏艰险、百折不回、奋勇登攀的精神。作者写登泰山的立旨即在于此。

2. 这次游览为何"格外感到意兴盎然"?

朗读结尾两段。雨中登山,别是一种格调。冒斜风细雨,躲倾盆大雨,观飞瀑,赏松石,有雨趣而无淋漓之苦,意兴盎然。晴天登山观日出是壮观,雨中观飞泉同样是壮观。锦绣山河美不胜收。

3. 文中引用了不少诗文,起何作用?

文中多处引用杜甫、宋之问、应劭等诗文可更为深刻地表现泰山是活的历史博物馆、丰富的文物宝库的特点。旁征博引不仅使泰山特点毕现,而且读者可由此摸到中华民族悠久文化传统的脉搏,自豪感油然而生。

三、作业

1. 熟读第8、9段,开展对松、石、云姿态的想象,体会攀十八盘的感受。

2. 课外阅读姚鼐《登泰山记》,比较晴雨两种天气中登山的异同。《文学报》1981年10月8日的《泰山赋》也可阅读。

3. 练笔参考题:"登山小议""无限风光在险峰""云海变幻""奇山异石""飞泉流瀑""石级赞"。

《雨中登泰山》

【板书设计】

雨中登泰山

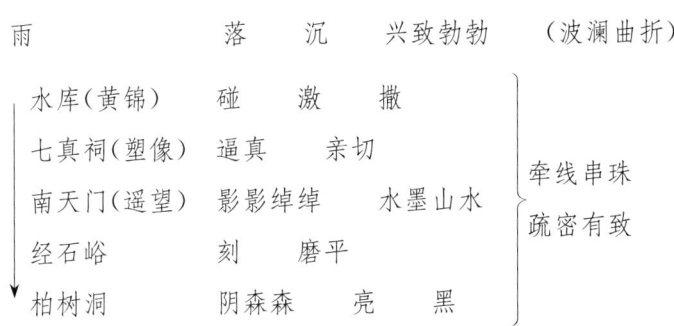

悠久的文化传统　　　旁征博引

【教　后】

1. 做了多年语文教师,越来越感到识字最难。"喑恶叱咤"出自《史记·淮阴侯列传》:"项王喑噁叱咤,千人皆废。"其音读释义盖根据《汉书·韩彭英卢吴传》:"项王意乌猝嗟,千人皆废。""叱咤"今人常用,"喑噁"则已不见。"喑噁",司马贞《索隐》曰:"上于金反,下乌路反。"则"喑"读平声,音"阴"。《汉书》作"意乌"。晋灼曰:"意乌,恚怒声也。"汇而正读,"喑"乃于禁切,音"荫"。"喑噁"则读作(yìn wū)。其义则晋灼的"恚怒声"、司马贞的"怀怒气"皆是。又下文《史记》:"项王……言语呕呕。"《汉书》则为:"项王……言语姁姁。"后人都以"姁姁"释"呕呕",认为以《汉书》读《史记》最为可靠。"噁"现已不用,写作"恶"。

2. 该文是阅读课文,在前三篇(《荷塘月色》《绿》《长江三峡》)写景散文中学生已初步掌握记叙复杂的景物须抓住景物特点,正确处理写景的立足点以及边写景边抒情,情景交融等有关知识,教该文时放手让学生朗读、口述、剖析,效果较好。学生读懂文中的画面,用明确生动的语言讲出画面,进行再创造,口头表达能力、想象能力均得到了锻炼。

3. 学生口述时,注意始终抓住两个"趣":"雨趣"和"苦趣"。点拨时让学生理解:全文用了12个"雨"字,作者处处着笔一个"雨"字,创造了"人朝上走,水朝下流"的诗一般的意境。下笔点雨,"淅淅沥沥",收笔点雨,"有雨趣而无淋漓之苦",前注后顾,创造了雨中登泰山的特定环境。明写三幅水景,暗写花草松石,无不显示"雨趣"。而登十八盘,更是把"雨趣"升华到"苦趣",抒发顽强进取、以苦为乐的情怀。

4. 有的学生在口述时只是客观地介绍景物,对文中寓情于景,景中抒情的特点缺乏具体的感受。对此,进行评论,及时指导。使学生懂得"一切景语皆情语",文章记雨中景,抒雨中情。结合景物的介绍,有的可倾吐对祖国壮丽山河的赞美,有的可表露对悠久历史文化的神往,有的可抒发自己积极奋发、百折不回的精神,方求取得情真意笃的效果。

《说"疑"》

【教学目的】

1. 理解学习中敢疑、善疑的重要性,培养独立思考、敢于质疑的好学风。

2. 懂得阅读议论文找准论点、论据、结论的方法。

【教学时数】

一课时。

【教学步骤】

一、**激发兴趣,导入课文**

板书"疑",请学生释其义,再请学生以"疑"为词素组成若干常见常用的词。

在学生组成"疑问""怀疑""疑惑""疑虑"等词的基础上,确定文章标题中"疑"的含义,《说"疑"》就是谈谈疑问。

大家学习中经常碰到"疑",是好呢,还是不好?是喜欢呢,还是讨厌?课文《说"疑"》把这些问题剖析得清楚明白。认真学习就可从中受到有益的启发。

二、**三读课文,咀嚼品味**

1. 一读,找文章的中心论点。

(1) 学生朗读课文。正音:讳(huì),褐(hè)。

(2) 弄清中心论点的概念。中心论点是作者在该文中对所议论的问题持有的见解和主张,是全文的灵魂,全文都紧紧扣住它开展论述。要求学生阅读课文中知识短文《论点和论据》,口述议论文中心论点的概念。

(3)怎么找?怎么找准?以《论点和论据》为指导找出本文的论点。

论点:科学研究就是破"疑",破"疑"才有所发明。

(4)辨别论点与论题的区别,论点与文章标题的区别。

论点是作者在文中所要表明的主张,而论题只是文中所要讨论的问题。文章标题可以是文章的论点,也可不是。论点可在文章的开头提出,也可在中间提出,结尾以总结的方式提出也可。

2. 二读,找证明论点的主要论据。

(1)学生再读课文,思考回答:全文围绕论点从哪几个角度进行论述的?要求学生择用几个动词与"疑"组成动宾词组,对文章每个角度论述的内容进行概括。

"见疑""解疑""敢疑"。

(2)引导学生以知识短文《论点与论据》为指导,从理论上明确论据的概念与要求。

论据:用来证明论点的事实和道理。事实必须确凿,有代表性;道理必须经过实践检验是正确的,否则就无说服力。论据要充足,有力,不能随便抓几个。

(3)每个角度用了多少论据?各具什么特色?

第一个角度——见"疑"。用三个事实一个引述进行论证。摆牛顿生疑、瓦特生疑与伽利略生疑三个事实,与"寻常人熟视无睹"作比较,以张载的"于不疑处有疑"作结,突出了科学研究中见"疑"生"疑"的重要。

第二个角度——解"疑"。从海藻中提取碘的前后两种态度为根据,论证见"疑"决不可"讳疑",而应当"解疑"。把利比息对"深褐色的液体"的"想当然"与波拉德的"细加研究"进行正反对举,论证了"讳疑"会在真理面前失之交臂,而"解疑"才能有所发现。摆事实时不停留在一般性的评论,而是巧妙地引用了利比息自传里就这件事吸取教训的话,增强了论据的说服力。

第三个角度——"敢疑"。摆了六个事实进行论证,一详二略三简。一详述,二、三两个事实用排句作简单的说明,四、五、六三个事实仅用列举的方法进行反诘。这样就有效地论证了:对前人留下的"已知"成果要敢于"疑"。

3. 三读,明确这篇文章是怎样开展论证的,语言上有何特点。

(1) 文章开头与结尾各说明什么问题?段与段之间是怎样衔接的?语言上咀嚼出什么味道?

(2) 思考后回答:

开篇释论题"疑"的含义:"未解之惑,未识之物,未辨之味,未通之理,皆可谓之'疑'。"一连用了四个并列的词组,明确清晰,生动概括,为下文的论述做了必不可少的准备,避免概念上发生歧义。释"义"后,点出"任何人都不能回避这个'疑'字",顺势引出文章的论点。

论点提出后,把有代表性的事实有机地组合成几组,详略分明地为论点服务。材料虽多,运用时虽错综有变化,但活而不乱。

在严密论证的基础上,作者水到渠成地顺手点出写作目的:在实现"四化"的进军途中,身为科学技术大军中的战士,都要敢于"疑",善于"疑"。

文章从"疑"的含义诠释开始,至对"疑"的精辟结论为止,首尾呼应,构成了完整的篇章。

文章所表明的主张要令人信服,不仅靠事实与道理,还要靠语言的精确与逻辑性。

"执迷不悟",坚持错误而不觉悟;"失之交臂",错过好机会,"发现""创立""提出"等词语用得十分精确。"见'疑',决不可'讳疑'",而应"解疑"等句子承上启下,十分严密。结尾部分要言不烦地进一步对"疑"进行深入透辟的剖析,既用两个"就是",三个"不",三个"敢"的句子正反论述,重申搞科学研究见"疑"、破"疑"的重要,又用肯定否定的句式清楚地阐明"敢疑"与"虚无主义者的怀疑一切"应加以严格的区别,两者迥然不同。这样进行论证,不片面,不顾此失彼,合乎事理,严密周到。

三、激发学生见疑生疑

针对学生学物理的实际,补充一例说明:19世纪末叶,物理学的发展好像很完善了,在绝大部分物理学家的眼光里,物质世界的运动已经构成了很清晰的画面,后辈物理学家只要在已经基本建成的科学大厦中做一些零碎的修补工作就行了。对已经取得的成绩与结论敢不敢"疑"呢?有眼力的物理学家指出:在物理学晴朗天空的远处,还有两朵小小的乌云,一是热辐射实验,一是迈克尔逊-莫雷实验。由于从事科研的物理学家敢"疑",不"讳疑",这两朵乌云,不久就发展成为物理学中一场革命的风暴,揭开了近代物理的序幕。

要想学得一点知识,就得从"疑"开始,脑子中无"疑"、少"疑"的人不善于学习,也学不好。脑子里要不断有问题,有问题是会思考的表现。希望"疑"做你们学习中的好朋友。

四、作业

1. 运用学课文时找论点、论据、结论的方法独立分析吴晗同志的《谈骨气》一文。

2. 练笔,题目是"谈……",自己确定论题,有明确的论点,较为充分的论据(以事实为主),和清楚明白的结论。

【板书设计】

说 "疑"

诠释"疑",提出论点

见　　　（三个事实,一个引述）
解　｝疑（一件事前后对照）｝论据
敢　　　（一详二简三略）

论证后,下结论

【教　后】

1. 启发见"疑"、敢"疑"后,有连锁反应。有的学生认为因为有人敢"疑"牛顿的经典力学,不受它的束缚,1925年才出现爱因斯坦的相对论;有的学生认为课文中"不怀疑'电磁波穿过空气层就会一去不复返'的结论,马可尼就不可能用导线把信号通过大西洋,开创无线电事业"这个论据不确凿,用词有问题,"导线"是有线,与"无线电事业"矛盾。经过讨论,明确两点:

① "导线"应改为"电台"或"装置"。

② 电磁波穿过空气层能复返,雷达就是明证。英文雷达(radar)这个缩略词也很妙,从左到右,从右到左,字母的顺序都是一样的。

2. 学生独立分析《谈骨气》,在肯定是好文章的同时,指出对"骨气"的诠释、下定义有可商榷之处。"什么叫骨气?指的是抱有正确、坚定的主张、始终如一地勇敢地为当时的进步事业服务,遭遇任何困难,都压不扁,折不弯,碰上狂风巨浪,能够顶得住,吓不倒,坚持斗争的人。""骨气"怎么是"人"呢?应作修改。

《最后一次讲演》

【教学目的】

  1. 认识历史发展的规律,学习闻一多先生爱憎分明的强烈感情和不畏强暴、不怕牺牲的革命精神。

  2. 理解感叹句、设问句、反问句在表达强烈感情中的作用,体会语言简短有力、尖锐泼辣、富有鼓动性的特色。

  3. 培养朗读与讲演的能力。

【教学重点与难点】

  重点:闻一多先生不畏强暴、不怕牺牲的革命精神。

  难点:一泻千里的气势。

【教学用具】

  书籍《闻一多传》一本;录音磁带一盘。

【教学时数】

  两课时。

第 一 课 时

【教学过程】

  一、出示诗歌,激发学生思考

红烛·序诗

  请将你的脂膏,

不息地流向人间。

培出慰藉底花儿，

结成快乐的果子。

问：这首诗是谁写的呢？表达了怎样的思想感情？又是谁的写照？

二、出示《闻一多传》，讲述作者生平

出示《闻一多传》，将该书的封面图案——黑色大理石的花纹，正中上方一支醒目的红烛，与《红烛·序诗》对照讲解，指出该诗乃闻一多先生所作，也是先生的自我写照。

指导学生读注释①。1979年是闻一多先生诞生80周年。他一生的道路是曲折的。青年时期是新月派诗人，中年时代是旧经典研究的学者，晚年成为青年所爱戴的、昂头作狮子吼的民主战士。为了争取和平民主，反对发动内战，遭国民党反动派杀害，将"脂膏"流向人间。他学识渊博，才华出众，死时仅48岁，真是千古文章未尽才。

毛泽东同志在《别了，司徒雷登》一文中说："我们中国人是有骨气的。许多曾经是自由主义者或民主个人主义者的人们，在美帝国主义者及其走狗国民党反动派面前站起来了。闻一多拍案而起，横眉冷对国民党的手枪，宁可倒下去，不愿屈服。""我们应当写闻一多颂"，因为他"表现了我们民族的英雄气概"。

三、介绍讲演前后，导入课文学习

为什么说"拍案而起""横眉冷对"？又为什么说"表现了我们民族的气概"呢？先看他最后一次讲演的前前后后的事实吧。1946年7月11日，国民党特务暗杀著名民主人士李公朴。（2月10日国民党派特务捣毁重庆各界庆祝政治协商会议成功大会会场，制造了震动中外的较场口血案，打伤了郭沫若、李公朴等六十多人。）

7月15日上午10时，闻一多先生在云南大学亲自主持"李公朴先生追悼大会"，由李公朴的夫人张曼筠同志报告李公朴的殉难经过。张

曼筠同志在讲述时悲痛得泣不成声,而场内特务竟然谈笑抽烟,无理取闹,极为嚣张。闻一多先生见此情景,怒不可遏,拍案而起,怒对凶顽,作了这篇即席讲演,到会者一千多人深为感动。

这是一篇记录的讲演稿。题目是当时整理记录的人加的。当日傍晚,闻先生在参加《民主周刊》记者招待会后,在回家的路上,遭到特务暗杀。

这篇讲演距今虽已三十多年,然而那鲜明的立场,爱憎分明的感情,一泻千里的气势,慷慨献身的红烛精神仍然深深地叩击我们的心弦。

四、放录音,要求学生:听录音,看课文,并画出表达强烈感情的语句

如:"我们的光明,就是反动派的末日!"

"正义是杀不完的,因为真理永远存在!"

"我们随时像李先生一样,前脚跨出大门,后脚就不准备再跨进大门!"

五、请学生谈听后的感想

这篇讲演是庄严的宣言,动员的号角,讨伐国民党反动统治的檄文。它像一团炽热的火焰,从肺腑中喷射出来。它没有作词句上的修饰,但句句话像投枪,像匕首,直刺敌人的要害,使敌人招架不住,躲闪不及。

六、学生试读,要求字句清楚,感情充沛

查阅字典,说明白下列的字音、词义:

1. 卑(bēi)劣:卑鄙恶劣。2. 诬蔑(wū miè):捏造事实毁坏别人的名誉。3. 捶(chuí)击:此处作用拳头敲打。4. 挑拨离间(jiàn):搬弄是非,破坏团结。5. 赋(fù)予:给予,交给(重大任务、使命等)。

七、作业

朗读全文,理解讲演的层次,画出文中有褒贬色彩的词语。

第 二 课 时

一、引言

鲁迅先生说过:"倘在诗人,则因为情不可遏而愤怒,而笑骂,自然也无不可。但必须止于嘲骂,止于热骂,而且要'嬉笑怒骂,皆成文章',使敌人因此受伤或致死,而自己并无卑劣的行为,观者不以为污秽,这才是战斗的作者的本领。"闻一多先生这篇怒斥敌人的讲演,就是"嬉笑怒骂,皆成文章"的佳作。

二、理解讲演内容与写法

1. 整篇讲演可分几个部分?每个部分的内容请用一两句话加以概括。

全文可分三个部分。

第一部分(第1~3段):痛斥国民党反动派不仅暗杀,而且诬陷的卑劣行径,歌颂李先生为争取民主而献身的无上光荣。

第二部分(第4~5段):揭露国民党反动派的虚弱本质,指明敌人必然灭亡,人民必然胜利的历史规律,鼓舞群众的斗志。

第三部分(第6~10段):鼓舞群众发扬光荣传统,为争取民主和平而斗争,表达自己勇往直前、不怕牺牲的坚强意志和决心。

2. 每个部分运用了哪些褒贬分明的词语?运用哪些句式和修辞手法来表达强烈的爱憎感情的?讲演者感情的浪涛又是怎样向前推进的?

这篇讲演单刀直入,一开口就点出要说的中心事件——李公朴先生惨遭暗害的事件。词的分量用得极重:"最卑劣最无耻"。"李先生究竟犯了什么罪,竟遭此毒手?"一个反问,激起听众共鸣。接着大声呵斥,挥戈直指蒋介石集团。"光明正大"与"偷偷摸摸"一褒一贬形成鲜明的对照,揭露反动派是道道地地的黑暗动物。

闻先生情绪激动,不可抑制,因此讲演的第2段突然改换人称,厉声怒喝:"这里有没有特务?你站出来,是好汉的站出来!你出来讲!"运用感叹句和反复的修辞手法,把特务揪出来示众。"……又……还……"的句子,揭露了贼喊捉贼,嫁祸于人的无耻行径。"无耻""光荣",贬得痛快,褒得正确,长人民志气,灭敌人威风。

两个"献出了最宝贵的生命",讴歌反对内战、争取民主的两代爱国者,讴歌昆明的光荣传统。

第二部分讲演者从揭露敌人的卑劣行径进入剖析他们色厉内荏的心理状态。"什么想法","什么状态","怎么长的",不仅揭露深刻,而且启发听众展开想象,认识这群丑类的蛇蝎心肠。"慌""害怕""恐怖",一步一步揭穿敌人的阴暗心理,"完了,快完了",把他们必然灭亡的本质暴露在光天化日之下。这部分阐述了李公朴殉难的意义,用斩钉截铁的语句说明人民必胜,真理永存。充满激越的感情,充满胜利的信念。

请学生齐声朗读:"人民的力量是要胜利的,真理是永远存在的。历史上没有一个反人民的势力不被人民毁灭的。""我们有力量打破这个黑暗,争到光明!我们的光明,就是反动派的末日!"

第三部分着重阐述正义是杀不完的,因为"真理是永远存在的",集中表现了闻一多先生视死如归、义无反顾的大无畏精神。

三个部分贯串了强烈的爱憎,讨伐敌人,似钢刀利剑直指敌人心窝;伸张正义,如催征的战鼓,进军的号角,激励革命者踏着烈士的血迹前进。感情的浪涛在褒贬扬抑中向前推进,由悲痛而愤怒而充满必胜的信心。表达时运用了短促有力的句式,时而感叹,时而责问,时而反诘,形成了一泻千里的气势,极其畅达地表达了极其愤慨的感情,对比、排比、反复等修辞手法加强了表达的气势。

三、指导朗读

1. 合上书本,再听录音,体味讲演的气势与感情,体味长短句的交错运用。

2. 读好反问句,排比句,突出感情色彩强烈的词。

3. 阐述真理与正义的句子要读得字字清晰,铿锵有力。

4. 注意括号里的现场情况记录,感情奔放地朗读有关语句。

5. 掌握节奏与气势。叙述的语言读得较为缓慢,热烈歌颂与愤怒斥责的语句要读得泾渭分明。要注意把握讲演的始而悲愤,继而愤怒,最后充满必胜信念的感情。

6. 根据以上要求反复朗读,奋力口诛蒋介石反动统治。

四、讲演训练

1. 明确写讲演稿的要求。

讲演,也叫演说或演讲,是在大庭广众中就某个问题、某一些问题发表自己的见解与主张。写这类稿子目中要有听众,要根据实际需要,有的放矢;观点要鲜明,不含糊其词,不可这可那;内容要具体,不泛泛而谈,不说空话;语言明白流畅,口语化,不说佶屈聱牙、别人听不懂的话。

2. 课后写一篇声讨"四人帮"祸国殃民罪行的演说稿,要求:① 旗帜鲜明;② 感情强烈;③ 运用感叹句、设问句、反问句和褒贬色彩分明的词语表达愤慨的感情。

3. 读熟稿子,下一节课脱稿讲演,并开展评论。

【板书设计】

最后一次讲演

斥敌人卑劣行径	（暗杀）	贬
赞民主战士献身光荣	（献出）	褒
揭敌人色厉内荏	（慌、害怕、恐怖）	贬
颂人民力量必胜	（大、强）	褒
表自己不怕牺牲的决心	（不怕死）	

一泻千里的气势

视死如归，义无反顾————大无畏的革命精神

【教 后】

1. 课起始学生就被《红烛·序诗》与《闻一多传》深深吸引，迅速进入学习轨道。学生很快背出了诗，一下课就围着我借《闻一多传》看。

2. 充分运用朗读手段激发学生感情。先放录音，学生再自己读，反复读，沉浸在激昂慷慨的气氛之中，效果是好的。

3. 词的感情色彩与不同句式的运用放在朗读训练中点拨，效果比较好。原想拎出来讲，如果拎出来讲，可能就会破坏气氛，反不见佳。

《冯婉贞》

【教学目的】

1. 理解并学习中国人民反抗外来侵略的斗争精神，继承和发扬反对侵略的光荣革命传统。

2. 学习本文剪裁得当，运用对照方法突出人物形象的写法。掌握"以"的一般用法。

【教学时数】

三课时。

【教学步骤】

一、引入课文

学《拿来主义》时，说到自英国枪炮打开中国大门后，中国碰了一连串钉子。帝国主义列强如狼似虎要吞噬中国，灭亡中国，而中国始终未能被灭掉，原因何在呢？

正如毛泽东同志所说的："中国人民，百年以来，不屈不挠、再接再厉的英勇斗争，使得帝国主义至今不能灭亡中国，也永远不能灭亡中国。"这就是说，我们有反对外来侵略的光荣革命传统。

《冯婉贞》这篇文章从一个侧面，有力地表现了伟大的中国人民不甘屈服于帝国主义侵略的反抗精神。

二、指导自学文言文的方法

1. 弄懂词句含义。

(1) 通读一遍,粗知文章大意。

(2) 运用工具书,逐字逐句理解推敲。

识字,通假字;实词含义,虚词用法;句式。(通假字、异读字、词义演变、实词活用,虚词、词序、句子成分的省略等)

2. 在理解文字的基础上分析内容与表达上的特点。

3. 朗读成诵,句读分明。

三、**逐段讲读、理解**

第一部分(第1～2段):写在英法联军入侵的危急形势下,谢庄办起了团练,准备抗击敌人。

骚然:骚乱起来。　　以:因为。

推为长:推做头领。　　要隘(ài):险要的地方。

交代时间、地点、人物。(1856—1860年第二次鸦片战争,英法联军火烧圆明园)

第二部分(第3～4段):写谢庄人民首战告捷,在取得初步胜利的情况下,冯婉贞冷静地分析形势,提出对策,组织群众,准备迎击敌人的再次进犯。

旋:不久。　　督:指挥。　　英将:即前句的"白酋"。

不少动:一动不动。　　何以为计:介宾倒装,即"以何为计"。

村亡:村子毁掉。

与其……孰若……;与其……哪如……

敌我双方的情况交代得一清二楚;

第一次反击战取胜;

取胜后父女之间的争议;

刻画冯婉贞的智慧与胆略。

第三部分(第5段):写冯婉贞率领青少年们,运用伏击近战的战术,击退了敌人第二次进攻,保卫了谢庄的安全。

结束：与现代汉语中"结束"不同，指整好装束。

舁（yú）：抬。　　盖：大概。

便捷猛鸷：灵活迅速、勇猛。　　斫（zhuó）：用刀砍。

远我："远"，形容词作动词用，远离我们。

有组织，有领导，准备充分，动作敏捷；取胜后头脑清醒，识破敌人阴谋，利用敌人短处，克敌制胜。

四、学生朗读全文，同桌对译，然后分析写作特点

中心：颂扬冯三保父女及谢庄民众反抗侵略者的英勇斗争的精神。

剪裁：写谢庄人民抗击，以冯氏父女为主；写冯氏父女，以女为主。重点突出。写敌我双方，以我方为主，详写。详略得当。

对照：① 谢庄人民与清统治集团；

　　　② 两次战斗中，敌我对照；

　　　③ 冯氏父女对照。

处处对照，使谢庄人民、冯氏父女形象鲜明突出。

《冯婉贞》原题为"冯婉贞胜英人于谢庄"。作者选取了最能表现冯婉贞有胆有识的这件事来写，扣住一个"胜"字，展开情节。

五、阅读全文

要求学生对以下文言虚词、一词多义及句式作归纳。

1. "以"

（1）连词，相当于"因为"。（以三保勇而多艺）

（2）介词，相当于"用"，表凭借。（莫如以吾所长……）

（3）连词，无义，表明后一行为是前一行为的目的。（吾必尽吾力以拯吾村）

2. "之"

（1）代词（人称代词，相当于"他们"）

——"与之竞火器。"

（2）音节助词（与动词结合，构成双音节，作调整音节用）——"慎之"。

3."然"

作形容词词尾，或作谓语，或作状语，相当于"……样子"——"隆然""骚然""戚然""瞿然"。

4."盖"

（1）发语词，承接上文说明原因时，常用在句子开头，无具体意义，属于音节助词。（盖借寨墙为蔽也）

（2）副词，相当于"大概"。（盖五六百人也）

一词多义：

长 ① 以三保勇而多艺，推为长（zhǎng）。（头领）
　　② 莫如以吾所长攻敌所短。（长处）
　　③ 西人长火器而短技击。（擅长）

文言句式：

① 疑问代词作宾语，前置。如"何以为计？""何异以孤羊投群狼？"
② 介词结构后置，作补语。如"筑石寨土堡于要隘"。
③ 介词结构后置，作补语，但省略介词，如："无益（于）吾事"，"火器利（于）袭远……"
④ "如……"后置，作补语。如"剽疾如猿猴"。

六、练习

1. 给每段内容加小标题。

第1段　形势危急　谢庄办团

第2段　首战告捷　婉贞献计

第3段　埋伏袭击　近战胜敌

2. 给弟弟、妹妹或其他小朋友讲述冯婉贞抗英的故事，可根据课文中的材料适当加工，要讲得生动、具体。

3. 课外阅读《从林则徐到孙中山》。

【板书设计】

冯 婉 贞

京洛骚然　　谢庄办团

冯三保　　　冯婉贞

勇而多艺　　习无不精

敌势可乘

自喜　　　　拯 { 诏众 / 伏击 / 急逐

克敌制胜,智慧与胆略

【教　后】

1. 生字较多,加强领读。要求学生辨别形、音、义。

如：庚(gēng)　糜(mí)　蹯(quán)　迩(ěr)　堕(duò)　骛(wù)　
　　 齑(jī)　瞿(jù)然　猱(náo)　鸷(zhì)　拯(zhěng)　飘(piāo)

2. 要求学生熟读文中注释,积累文言词语。

3. 男生对打仗有兴趣,同学试译时插嘴很多,我未加阻止。七嘴八舌也可互相补充,达到帮助理解的目的。

《范进中举》

【教学目的】

1. 认识科举制度的罪恶、封建社会的腐败,体会反对封建制度、肃清封建思想流毒的必要。

2. 学习文中鲜明的对照手法和高度的讽刺艺术。

【教学时数】

两课时。

【教学步骤】

一、布置预习

1. 按范进中举前后的内容划分段落,编写每个段落的材料提纲。

2. 列表或列提纲表明范进中举前后的"今非昔比",抓住关键词语就范进本人、胡屠户、张乡绅三人前后变化进行对照。

3. 查字典,质疑。

二、指导阅读

1. 与《孔乙己》的写作意图类似,均是控诉封建社会、控诉科举制度的罪恶。孔乙己是科举考试的败北者,范进是中了举,发了迹。皆是热衷功名,一个爬上去,一个被吞噬。皆是中毒极深,一个被吞噬而仍然麻木不仁,一个中了举欢喜得发了疯。

2. 理解范进中举后发疯的丑态,治疯的妙药。

语言:"噫!好了!我中了!"

外形:散着头发,满脸污泥,一身水,鞋跑掉了一只。

动作:拍,笑,叫,疯疯傻傻。作者运用妙笔把这个人物丧魂落魄的丑态、狂态刻画得淋漓尽致,入木三分。范进长期遭白眼,一旦考中,如发生天旋地转的变化,感情上承受不了。绝大多数知识分子听任封建统治者摆布,背后隐藏的是悲剧,既可怜又可悲。

3. 段落与材料。

第一部分(第1~2段)

1. 范进进学,胡屠户带大肠与酒祝贺,"教导"了范进一顿。

2. 范进向胡屠户借盘费参加乡试,被胡骂得狗血喷头;后向同案商议,赴城考试。

第二部分(第3~12段)

1. 范进发疯(疯前卖鸡与报喜)。

2. 胡屠户为范进治病。

3. 张乡绅拜谒,送钱送房;胡屠户受赠。

4. 列表要点:

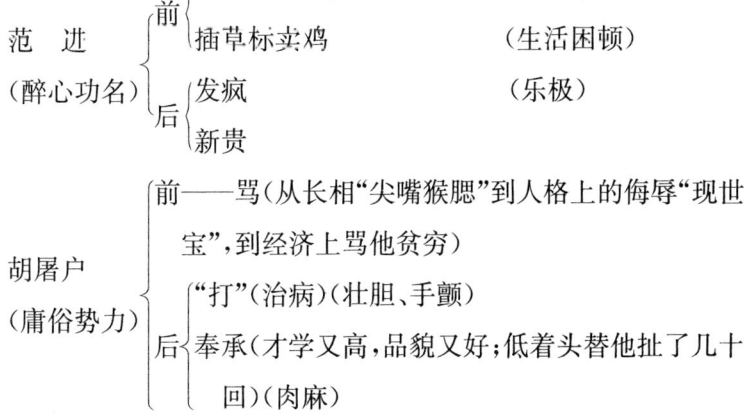

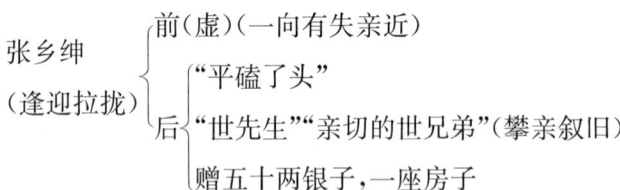

前后对照,三个人物的内心世界毕现,极其深刻地表现出世态炎凉。世情奸似鬼,人面逐高低,讽刺矛头直刺封建科举制度与封建社会的脏腑。

5. 简介与范进有关情节。

周进与范进遭遇相似,科场考了几十次,秀才也未捞到,受尽困顿与屈辱,后来在一群商人资助下,侥幸中了举人、后来成了进士,做上了"广东学道"。(曾两眼发直,号啕大哭)

主持考试那天,见考场上有一个"面黄肌瘦,胡子花白,头上戴一顶破毡帽"的老童生,十二月天气,"还穿着麻布直裰,冻得乞乞缩缩",动了怜悯之情,未阅完卷,就把范取为第一名,并面嘱他参加选拔举人的考试。

6. 鲁迅对《儒林外史》的推崇。

"迨吴敬梓《儒林外史》出,乃秉持公心,指擿时弊,机锋所向,尤在士林,其文又戚而能谐,婉而多讽:于是说部中乃始有足称讽刺之书。"(《中国小说史略》)

"'讽刺'的生命是真实。""它所写的事情是公然的,也是常见的,平时是谁都不以为奇的,而且自然是谁都毫不注意的。不过这事情在那时却已经是不合理,可笑,可鄙,甚而至于可恶。但这么行下来了,习惯了,虽在大庭广众之间,谁也不觉得奇怪,现在给它特别一提,就动人。"(《什么是"讽刺"?》)

"戚而能谐,婉而多讽",作者出之沉痛愤激,而能诙谐风趣,文笔曲折而饶有讽刺意味。这两方面构成了该小说的思想艺术风格。

写范进可笑可怜,写胡屠户庸俗势利,既诙谐又辛辣,而实质上充满了血和泪的控诉。

三、放录音唱片

要求学生:

1. 掌握生字难词。

作揖(yī)　带挈(qiè)　腆(tiǎn)　兀(wù)自　啐(cuì)
拙(zhuō)　斋(zhāi)　桑梓(zǐ)　绾(wǎn)　攥(zuàn)
锭(dìng)子

2. 体会人物语言、动作、神情的描绘。

3. 体会从巧妙的对比中表现出来的高超的讽刺艺术。

除了人物本身的前后对照外,还可以从以下角度理解:

①"言"与"行"的对比。

②"言"与"言"的对比。

③"言"与"意"的对比。

要求学生各举一二例说明。

四、学习成果交流

1. 交流列表或列提纲的情况。(两学生板书,其他交换看)(内容略)

2. 口述"言与行""言与言""言与意"对照一二例。

如:范进口述"噫!好了!我中了!"一语三叹,欢乐之情从口涌出。接着是"往后一跤跌倒,牙关咬紧,不省人事",这是乐而发狂的"行",两相对比,产生强烈的讽刺效果。

又如:胡屠户两次贺喜的表演,同一地点,对同一对象,评价截然不同。前面是说"我自倒运,把个女儿嫁与你这现世宝,历年以来,不知累了我多少";后来"现世宝"成了举人,成了老爷,语言立刻变化,说"……我自己觉得女儿像有些福气的,毕竟要嫁与个老爷,今日果然不错"。

言与言强烈对比,鞭挞得入木三分。

再如:张乡绅开口亲热,"世兄弟""亲切的世兄弟""至亲骨肉一般的"兄弟,这是"言"。而言中之意是"适才看见题名录,贵房师高要县汤公,就是先祖的门生",意思是你的中举,还带有我家的一份功劳。抬一抬,拉一拉,"言"与"意"对照,揭示该人物丑恶的灵魂。

五、课后作业

1. 根据对提纲和列表讲评的情况修改自己的课内作业。

2. 练习三。

3. 练笔参考题:"势利小议""两副面孔"。

【教　后】

1. 听录音效果好,使无声的文字变成有声的语言,加强了讽刺效果。

2. 学生自己阅读时,感到生字多,有的话不顺口,加强了这方面的指导。

3. 人物前后对照的表列得较好。有的学生烦琐了一点。

开发学生智力的宝库

《记一辆纺车》

【教学目的】

1. 继承和发扬艰苦奋斗的光荣传统,培养敢于同困难做斗争的革命精神。

2. 理解本文巧妙的构思,体会比喻的大量运用在表情达意上的重要作用。

【教学时数】

两课时。

【教学步骤】

一、出示纺车图画,引入课文

今天学习《记一辆纺车》,作者吴伯箫。箫,是洞箫的"箫"。请学生一起分析字形。字头"竹",下半部分"肃"。姓"萧"的"萧"、"萧瑟秋风"的"萧"是草字头。

这是一篇回忆性的叙事散文。纺车,对今天生活在大城市的学生来说,十分陌生。它是什么样子呢?请学生看图(出示)。结构简单,车架、轮子、锭子。可是,就是这普通的、简单的纺车,在革命战争年代,在最艰苦的年月,它发挥了巨大作用,创造了物质和精神上的财富。

现在齐读第1段,思考回答:

作者对他使用的一辆纺车充满了怎样的感情?而这种感情又是怎

样表达的呢?

学生回答后,教师小结:

充满了深切的怀念。怎样深切?像怀念朝夕相处的旅伴,像怀念并肩战斗的战友。三个"想",充分表现了车留心系,一往情深。作者用了一唱三叹的方法,叩击读者的心扉。

二、讲读课文的第二部分(第2~10段)

1. 学习第一层次(第2~4段)。

(1)为什么作者对纺车会有如此的深情呢?请学生朗读第3、4两段,找出关键性的语句来回答。

把纺车放在延安大生产运动的历史背景上,叙述它在当时的重要作用。

① 在经济上保证了边区军民的丰衣,在政治上军事上粉碎了敌人妄图困死我们的阴谋,就像前线杀敌的枪炮一样,比喻贴切,恰如其分。(三五九旅南泥湾大生产)

② 改变了人们的精神面貌,培养了延安军民艰苦朴素的思想作风。从人们的精神面貌着笔,深刻阐明劳动的思想教育意义。

(2)为了突出其思想教育意义,作者是怎样具体描绘的?采用了怎样的写法?

先铺写,再对比,然后上升到世界观的高度。先写对自力更生的劳动成果的感情,用四个"一"铺开写;然后着眼于破旧,用一个成语"敝帚自珍"表达爱惜、珍贵之情;再写洗、补,四个"了"两个"又",运用叠词,在有节奏感的语言之中,表爱惜之情;最后以一个条件关系的复句收束,突出"称心"的喜悦之情。这样铺写,突出一个"情"字,这种"情"是大生产运动中形成的高尚的思想感情,以艰苦朴素为荣的思想感情。这样铺写,看得见,摸得着。

为了突出其思想意义,突出艰苦朴素好思想已扎根在人们心中,又在铺写之后,添上重重的一笔来对比,最后上升到审美观,以哲理性的语言结束,令人深思,引人回味。

(3) 既然第3、4两段已从纺车的重要作用说明"深切的怀念"的原因,为何要写第2段?第2段文字着重述说这辆纺车什么特点?找出一个关键词语。

着重写其"普通",从外形构造、数量、使用范围来说明。故意宕开一笔,写其普通,是为了表述革命圣地的纺车有其特殊的重要作用,很不普通。这样先轻点,后重描,先抑后扬,文章有波澜,感情表达得十分真切。

(4) 读、背。

朗读第1~4段。

背诵第1段、第4段的最后一句。

2. 学习第二层次(第5~7段)。

写纺车,不能离开摇纺车的人。

第二层次抓住纺线,把纺车和摇纺车的人结合起来写。

(1) 作者对纺线劳动是怎样认识的?是苦还是乐?用怎样的语言来形容这个"乐"的?又从哪两个角度来具体描绘的?

苦中有乐,"腰酸胳膊疼""很有兴趣"。用"不过"突出精神上的愉快,喜悦。乐到"简直有艺术创作的快感"。把简单的劳动视为艺术创作,渗透了热爱劳动、热爱生活的深情。而这深情又来源于对其重要作用的深刻理解。

从视觉上写,描绘出一幅优美的纺线图;从听觉上写,谱写出一支动人的纺线曲,不仅声色相生,互相促进,而且刻画出物解人意,用"抽""争"给纺线人增添无穷的乐趣。这个"乐"表达得淋漓尽致。

朗读第5段。

(2) 然而,要把纺线劳动当作一种高尚的艺术享受并不是轻而易举的;有这样高尚的革命情怀,须经过一段艰苦的磨炼,要熟练地掌握技术,需解决一对什么矛盾?

快慢"配合恰当",简单的劳动不简单。

(3) 初学纺线的人怎样?车怎样?熟练的纺手纺线时,人怎样?车怎样?

请两个学生对照起来读。说明:

初学的人什么特点?不得要领,焦急。熟练的纺手怎样?从容自如,指挥若定,得心应手,从心所欲,驾轻就熟,不慌不忙。

车怎样呢?找出与"急"相对照的词。

安安稳稳待在那里,等待等待。真是车解人意,体谅初学人的心情。等到什么时候呢?

找出纺线人心情的前后变化,动作变化(情态)

心情 { 急、躁
　　　　心平气和

动作 { (断头,拧绳,打结)不知劲往哪儿使
　　　　动作协调,用力适当,快慢均匀

由生手转变为熟手,突出劳动实践对人的意志的磨炼,使人增长才干,思想感情发生深刻的变化。

(4) 有了这个变化,获得丰硕的成果。原来断头,拧绳,打结,现在怎样?

"像魔术家帽子里的彩绸一样无穷无尽地抽出来",比得极妙。"像成熟了的肥桃",很形象。

有了这个变化,就会产生怎样的感情?

愉快,任何物质享受不能比拟。

骑士爱战马,射手爱良弓。

人与物感情交流。由于精雕细刻,纺车、棉纱、毛线等静物描绘得

惟妙惟肖,活灵活现;由于精雕细刻,人对纺车的珍爱,劳动后的喜悦,奋斗的高尚情操跃然纸上。

(5) 第7段写纺线姿势,是就姿势介绍姿势,还是写姿势另寓其意?

透过姿势写纺手的精神境界。描绘富有诗意,字里行间洋溢着劳动的无限乐趣。与"艺术创作的快感""任何物质享受都不能比拟"呼应,热情歌颂延安军民艰苦奋斗的高尚情操与创造精神。

(6) 朗读,体会。

3. 学习第三层次(第8、9段)。

上一层次是从个别纺手的角度着笔,这一层次给我们展开了波澜壮阔的纺线运动的场面。

在描绘热火朝天的竞赛场面之前,先简述为提高生产率而进行技术改革,点明劳动长智慧,实践出真知,为下一节面描绘做准备。

读第8、9两段,思考回答:作者是怎样描绘纺线竞赛场面的?怎样用妙笔尽情渲染?为什么要这样描绘、渲染?

先用简洁的文字把竞赛的目的、手法,地点一一交代清楚,然后以抒情的笔触,运用各种修辞手法,着力歌颂坪坝上的竞赛场面。先以古代"沙场秋点兵"一比,刻画壮阔气势;然后立即否定,喻为盛大的节日赛会,突出其热闹的特点,弥补沙场点兵严肃有余,热闹不足。这是第二笔渲染。第三笔以夸张的手法,极力渲染规模宏大。想象丰富,比喻形象。接着以比喻绘气势,"机群起飞""万马奔腾",把竞赛推向扣人心弦的高潮。最后以竞赛结束为结,照应竞赛目的,突出劳动的欢乐。

这样尽情渲染,满怀昂扬的激情展开亲切的回忆,把读者带到如火如荼的劳动场面。

有没有这样的渲染与描绘,效果不一样。气势更盛,情意更真切,韵味更浓烈,使上文表现的对劳动的高尚情操更饱满,更高昂。

4. 学习第四层次(第10段)。

经过精雕细刻的描摹,挥洒自如的渲染,第10段顺势小结。

以精辟的议论总结纺线劳动的意义,引用马克思、列宁的话,言简意赅,富有说服力。再次把思想提到幸福观,世界观的高度,(为个人、为集体鲜明对照)歌颂延安光荣传统,艰苦奋斗精神。

三、讲读课文的第三部分(第11~12段)

最后两段总结全文。

结尾与开头一段有何异同?不是简单的重复,而使内容更广阔,主题更鲜明。为何对纺车充满深切的怀念?为什么纺线的场景久久难忘?因为那是延安精神的反映,延安面貌的缩影。延安生活是艰苦的,但精神生活无限丰富——崇高的理想,豪迈的气概,乐观的志趣,跟困难作斗争的精神。

结尾格调高昂,思想含蓄,余味无穷。最后是革命感情的高峰,也是哲理的涌现。

最后一句是附记文后的文章标题,起强调作用,以表示念念不忘。

四、全文总结

1. 这是一篇回忆性的叙事散文,线索清楚,构思精巧。写的是纺车,而又远远不止纺车。从自己的那辆纺车,引出大生产运动中的成千上万辆纺车,再扩展开去引出与纺车有关的纺线劳动,透过纺线劳动的描绘渲染,展现与歌颂延安精神。内容虽广泛,但紧扣题旨,既不局限于"纺车",又不离开"纺车",放得开,收得拢,挥洒自如。(于朴实中见精神)

从"物"的实处落笔,怀念精神,歌颂精神,永葆精神;从"小"入手,因小见大,见远,见深。(托物叙事见精神)

1961年三年自然灾害时,作者以饱满的无产阶级革命激情写了这篇洋溢革命乐观主义的优秀散文,以激励人们继承和发扬延安光荣传统与革命精神,发挥了战斗作用。在经受"十年浩劫"的今天,问题成山,困难成山,这种延安精神,这种共产主义情操对我们不更是十分需要吗?

2. 语言富有特色。

大量运用比喻,增加文章的生动性,使文章真切动人。

有单用,有连用;有着眼于形,有着眼于声,有着眼于性能,有着眼于感情,各尽其妙。

五、作业

1. 朗读全文,就以上两个方面认真体会。

2. 背诵开头、结尾和第9段中"在坪坝上……在共同完成一项战斗任务"。

3. 练习三。

【板书设计】

记一辆纺车

深切的怀念　　　　　　一唱三叹

纺车——普通又不普通　　先抑后扬

纺线 { 从个别纺手角度　　精雕细刻
　　　集体劳动场面　　　尽情渲染、浓笔渲染

深切的怀念——延安光荣传统　言简意赅

【教　后】

1. 课前估计错误。学生比较喜欢散文,一上课我说了这样一句话:昨天课后请同学们预习,这篇课文大家喜不喜欢?谁知这一说,课堂上像开了锅,好多学生说"不喜欢"。我只好就势询问"不喜欢"的原因,有的说既不像回忆录,又不像说明文,也不是叙事文;有的说既是散文,就应有文采,而这篇读起来"干"。结论是不喜欢。我就势引导,说明抒情散文与叙事散文的异同,而后者我们只是第一次接触,对其中美妙处尚不能体会,学后,就会喜欢了。这样一讲,学生的兴趣被激发出来了。

2. 一学生问:既然珍惜,为何不像"一件珍贵的衬衫"那样藏起来。开展议论,原因在不体会艰苦的岁月中吃穿的艰难。抓住这一点进行教育。

3. 教学实践证明,出示纺车图画是必要的,生长在大城市的孩子没见过纺车,教具一出示,学生注意力立刻集中。有一个在郊区住过的学生看得十分仔细,说纺车上少画了一个螺丝。学生真是可爱!

《藤野先生》

【教学目的】

1. 体会鲁迅先生强烈的爱国主义感情，学习鲁迅先生"我以我血荐轩辕"的爱国主义精神。
2. 学习本文抓住主要特征刻画人物的写作方法，领会各组材料之间的内在联系和文章语言的感情色彩。

【教学时数】

两课时。

【教学步骤】

一、启发兴趣，引入课文

今天学习鲁迅先生的散文《藤野先生》。这篇文章选自散文集《朝花夕拾》。"朝花夕拾"是什么意思？请学生试解。

《从百草园到三味书屋》是回忆儿童时期的生活。这一篇回忆青年时候东渡日本留学的生活片段，写于1926年。写的是青年时候的事（1904年）。出示鲁迅先生在日本留学时的照片和1926年在厦门大学任教时的照片，使学生加深对"朝花夕拾"的理解。

这篇文章如作者自己所说，是从"记忆中抄出来"的。

二、检查预习

1. 请学生质疑。
2. 这篇散文以什么为顺序来记叙的？以什么为中心来记叙的？以

什么为线索来记叙的?

以时间为顺序,以藤野先生为记叙的中心,以作者思想感情的变化为线索。放在20世纪初广阔的时代背景下写人、叙事,把对藤野先生的深沉怀念跟抒发强烈的爱国主义激情紧密地交织在一起,写作手法很出色。

3. 以藤野先生为记叙中心,全文可划分为几大部分?

按地点来说,第一部分写哪里?第二部分?第三部分?

(1) 东京所见所感;(2) 仙台学医生活;(3) 离开仙台以后(对藤野先生的深切怀念)。

三、讲读第一部分(第1～3段)

既然文章以藤野先生为记叙的中心,为什么要写东京"留学生"的情况?"清国留学生"是怎样的情况呢?作者对此充满了怎样的感情?

1. 朗读。

2. 清国留学生腐败堕落,对国家前途、人民命运置若罔闻。白天迷恋于观景看花,精心摆弄象征民族压迫与封建统治的辫子;晚上醉心于学跳舞。

3. 语言的感情色彩。

"无非":作者满怀寻找救国救民道理的希望,离开自己的国土,但东京所见与国内一样,他感到失望、愤懑、厌恶。"油光可鉴""实在标致极了":鉴,镜子、照、借鉴。如"前车之覆,后车之鉴"。要求学生找出"标致"的同义词、反义词,体会"实在""极"的作用。

4. 对东京的失望,对新鲜环境的追求。

文章从清国留学生的情况入笔,交代离开东京的原因,为下文的展开在思想和结构上做了铺垫。

四、讲读第二部分(第4～35段)

1. 第二部分是文章的主体,着重写对藤野先生的怀念,可是又未立刻下笔,而是先写赴仙台途中见闻和初至仙台的情况,这是为什么?

(1) 朗读第二部分中第4、5段。

(2) "水户"的牢记表明先生的爱国主义思想。"日暮里"照"本证"来说,原因不知。无可靠的旁证,不能臆断。做学问要严谨。考证事物首先求"本证",本证最能说明问题。凭空推断与寄寓的含义是两码事。

(3) 从仙台的受优待表现日本人民对中国留学生的友谊与关心。(与下文"爱国青年"对照)

(4) 与主题不游离。由食宿下劣引出仙台医专教职员对他的关注,为藤野的出场做铺垫。在层层铺垫之中表露出鲁迅强烈的爱国主义思想。

2. 在关心"我"的教职员中,最难忘的是"藤野先生"。藤野先生经过铺垫终于出现在读者眼前。他是怎样的一个人呢!

(1) 阅读第6～23段。

(2) 先看他的外貌,再说明抓住哪几件事来刻画他的思想性格。

(3) 外形,用白描手法,鲁迅惯用的手法,几笔勾勒,显现特征。

(4) 事:回忆的几件事。

第一节课;看"我"的讲义;指导画图;

询问裹脚事。

(5) 思想,性格,作风。

正直的学者:纯朴,生活节俭;治学严谨,学识渊博;对鲁迅热情关怀,不倦教诲,待人诚恳,无民族偏见。在日本帝国主义恶浊空气泛滥的情况下,更突出藤野先生对中国人民的真诚友谊。

(6) 重点朗读第15段,"添改"讲义的情节饱含着一位日本学者对中国人民的友谊,平凡中见深情,不是字面,句子,不是一般的知识。一个"添改"两颗"心",心心相通。对这样的老师,鲁迅怎不尊敬和感激呢?

3. 藤野先生对中国留学生赤诚以待,可受日本军国主义思想毒害的日本青年如何呢?作者满怀愤慨和内心的痛楚写下了这些片段。

第一件,受侮辱(翻检、讽刺、流言)。

第二件,受刺激(包围)。

(1) 作者对受侮辱这件事发表了怎样的议论?表露了怎样的感情?(不是低能儿,关键在"弱")

反语、讽刺、揭露,一个热血沸腾很有抱负的青年怎不愤慨?怎么承受得了这种耻辱?然而使作者内心更痛楚的事接连发生。

这是一个怎样令人窒息、令人愤怒、难以言表的场面!影片里,中国人麻木落后,讲堂上受歧视、包围。民族自尊心受到践踏,热爱祖国的炽热感情如火山一样要喷射,而这种自尊心,这种热情化作深思,化作对生活道路的抉择,弃医从文了。这是生活道路上的转折点。(读注释③)

"刺耳",不是对声音的反映,而是心灵的痛楚。实际上是"刺心"。

(2) 作者怎样写告别藤野先生的情景的呢?着重写脸色,进一步表现他对中国学生的深切关怀。这一部分写在仙台医专学医的经过,忆藤野对他的关怀、教育、帮助和师生间的情谊,以及作者思想的重大变化。

五、讲读第三部分(第36~38段)

这一部分叙述作者对藤野先生的深切怀念。有两点值得注意:

1. 作者怀念、敬爱先生,不仅因为先生尽心尽力教,更由于有一颗为中国为学术的伟大之心,故"时时"记起。说明师生友谊很不寻常。

2. 叙述先生对自己的深远影响,巧妙地再现先生音容笑貌,把旧事与时事结合起来,表示继续战斗的决心。使这篇散文具有强烈的现实意义。

六、本文的写作特色

1. 选择典型事例,抓住主要特征表现人物。从外貌、语言、动作到精神品质,无不刻画入微,形神毕肖。从侧面烘托、映衬,形象突出。

2. 各组材料(生活事件、世态人情、历史材料、科学知识及现实斗争)如此丰富有机地组合在一起,是由于思想内容的内在联系。贯串全文的内在线索是作者崇高的爱国主义思想。放得开,收得拢,形散而神不散。

3. 语言富有感情色彩。

七、作业

1. 朗读全文。读顺口,读正确。

2. 在书上依次画出表现作者爱国感情的句子与段落,并分析它们是从什么角度来表现的。

【板书设计】

寻求 —→ 失望 —→ 学医 —→ 弃医从文 —→ 继续战斗

【教　后】

这次教《藤野先生》,好几个学生问了这样的问题:文章既然是写藤野先生,为什么好多笔墨不是写他?前几段文字好像与藤野先生联系不起来,似乎不搭界,是不是废笔?文章到底是写鲁迅自己还是写藤野先生,简直弄不清楚。学生质疑突破词句的局限,进入选材、谋篇的探索,思考问题能力加强。

原打算该课文两课时授完,课堂上小周同学提出关于"日暮里"的问题,引起了争论,临时改变计划放手开展讨论,授课延长一课时。小周认为"思考和练习"的第二个题目有欠妥之处。"为什么一直记得'日暮里''水户'两个地点",后者可理解,表露了鲁迅强烈的爱国主义思想感情,而前者难以解释,拉扯不到爱国主义思想感情上。有学生认为文中的话不一定每个句子都包含什么意思,法国大作家雨果就曾这样说过;有学生表示异议,认为长篇小说尚可这样说,短篇小说,篇幅短的散文,如是好文章,就不应如此。小章说:鲁迅先生自己说"不知怎地,我到现在还记得这名目",没有什么理由,不应该外加。此时,小曾用期待的眼光看着我,我立刻请他发言。他说:"'日暮'象征着国家的衰败。鲁迅东渡日本为的是寻求救国救民的道理,可是到了东京看到清国留学生如此醉生梦死,感到前途茫茫然。旅途中一看到'日暮里'这个地名,触景生情,故而记得。因此,记得这个地名同样是表露鲁迅先生爱国主义的感情。"他一口气讲得那么流畅,同学用带着惊异的眼光看着他,我也有些愕然。这个不轻易发言、说话常嗫在喉咙里的学生不是不会发言,不是不会响亮地发表自己的意见,只要真正拨动他的心弦,心中的话儿就会顺畅地流淌。我对他的了解深了一层,为他口头表达的进步而高兴。

抓住了这个有争议的问题,就势对做学问的方法进行了指导。向学生指出:考证事物应注意本证,不能牵强附会。鲁迅先生说"不知怎地"是最可靠的证明。推论要有根据,不能建筑在臆断的基础上。

过去教《藤野先生》,一开头就讲"东京也无非是这样",总讲不好,"无非"这个词的意味出不来。这次先引导学生弄清东京"清国留学生"精神空虚、堕落腐败的情况,回过来再教这一句,"无非"就有着落,学生能比较具体地领会其中饱含的厌恶之情。同时,能更为顺妥地过渡到下文:"东京也无非是这样","到别的地方去看看,如何呢",由中国到东京,由东京到仙台,贯串了对救国救民真理的寻求,厌倦的心情与追求的愿望跃然纸上。

《果树园》

【教学目的】

1. 了解土地改革运动时农村斗争的情况,认识这一运动的历史意义。

2. 理解景物描写对塑造人物和表达中心所起的作用,学习人物描写中刻画心理活动的写作方法。

【教学重点与难点】

重点:景物描写和心理描写在文中的作用。

难点:生字难词;人物的思想感情。

【教学用具】

油画一幅。

【教学时数】

三课时。

第 一 课 时

一、预习要求

1. 查字典。把不认识的字、词注上音,理解其含义。

2. 思考回答:

(1) 节选部分着重写了几个人物? 根据情节的发展与人物的安排

可划分为几个部分?

(2) 开头部分的景物描写采用了怎样的方法?取得怎样的艺术效果?

二、检查预习情况

1. 请学生读板书的下列字词,并解释其含义。

(1) 晨曦(xī):曦,阳光。早晨的阳光。

(2) 蠕(rú)动:像蚯蚓那样慢慢地行动。

(3) 罅隙(xià xì):缝隙。隙,裂缝。

(4) 逡(qūn)巡:有所顾虑而徘徊或不敢前进。

(5) 踱(duó):慢步行走。

(6) 睒(shǎn):眼睛很快地开闭。

2. 质疑。

三、解题与作者

1. 本文节选自长篇小说《太阳照在桑干河上》。这本书是一部土地改革运动的史诗。作品生动地描写了在党的领导下群众的觉醒和劳动人民新的感情,新的品质,成功地塑造了许多不同阶层的人物形象。同周立波的《暴风骤雨》一起,在1951年获得斯大林文学奖金。并被译成10余种外文。然而,这本书与读者隔绝了20余年。为什么这本书一下子被禁锢了20多年呢?这是由于1957年作者被错划为右派分子,作品也就随之而不见天日。现已平反纠正。

作者丁玲,现代著名女作家。原名蒋冰之,丁冰之。曾用名蒋伟、蒋玮、冰之,1904年生,湖南临澧县人。其处女作为《梦珂》,1927年由叶圣陶先生推荐,发表于《小说月报》。后又发表《莎菲女士日记》《暑假中》《阿毛姑娘》等。早期作品大都反映大革命失败后生活的苦闷,进而去探索、寻求生活出路,表现对群众运动、革命斗争的热烈向往之情。50年来,写了140多篇文章(前30年写,后20年为空白)。《太阳照在桑干河上》是她创作道路上的里程碑,其特点是善于挖掘人物的内心世界来塑造文学形象。目前正在创作该书的姐妹篇《在严寒的日子里》。

本文节选自小说的第37章《果树园闹腾起来了》的前半部分。(全书共58章)

2. 请学生看注释,回答:(1)故事发生的地点;(2)反映的矛盾;(3)主要敌人的情况。

故事发生的地点是华北地区的一个村子,叫暖水屯。描写的是1946年华北地区土地改革中错综复杂的矛盾斗争。

土改开始,干部进屯,地主阶级感到暴风雨来了。钱文贵是恶霸地主,地主八大奸中第一个,有谋力,有心计,与日伪势力、国民党反动派有勾结。土改前一年他送子参军,成了军属;将女儿嫁给干部、嫁给村治安员张正典;名义上把土地分给两个儿子,各25亩。把侄女黑妮当作钓饵,去勾引农会主任程仁。由于他手段狡猾,蒙骗了土改组长,被错划为中农。群众顾虑重重,情绪不高,以致暖水屯的土改工作总展不开,直至县委宣传部长章晶到暖水屯了解情况,纠正工作中的差错,反奸反霸的斗争才进一步深入展开。

李子俊也是地主,但无能。土改开始,他就雇工出卖果子,和农民抢夺胜利果实,故先封他果园,成立分果子委员会。课文就是从这儿开始的。

3. 节选部分的中心事件是什么呢?请学生用一个动宾词组加以概括。

学生回答:统制果园。节选部分是整篇小说揭示矛盾与斗争的焦点的一个缩影。

四、划分段落

要求学生运用词与词组的语法知识。

1. 提问:本文着力刻画了几个人物?根据人物描绘的先后顺序可

分为几个段落?

2. 概括段意的要求:

(1) 每个段落先用一个形容词概括;

(2) 扩成偏正词组;

(3) 再增添为动宾结构;

(4) 最后扩成句子。

3. 统一认识:

第一部分(第1~9段):乐。欢乐。农民的欢乐。描写农民的欢乐。第一部分描写果树园里翻身作主人的农民喜摘胜利果实的欢乐情景。

第二部分(第10~22段):仇。仇恨。地主的仇恨。刻画或揭示地主的仇恨。第二部分刻画被打倒的地主阶级对土改运动的仇恨与反抗。

五、讲读第一部分

1. 提问思考:这部分怎么写"乐"的?

请学生用浏览的速度读"这是谁家的园子呀!……同时又把它装进篓子里",画出写"笑"的句子,说明谁乐,怎么乐。

2. 明确:

大笑,伴随着"扔"与"接"的动作。

玩笑,伴随着"说"与"喊"。

哄笑。

"这边笑","那边又传来一阵笑",树上笑,树下笑。直接写"乐",满面喜悦;间接写"乐",热得透不进一点风,"却并没有人说热",满心喜悦。喜气洋洋,欢声笑语,此起彼伏。为什么会出现如此欢乐的海洋?土地改革了。过去,果园是属于地主的,贫苦农民不仅没有果园,就连一棵果树也没有。现在,党领导的土改运动展开了,分土地,统制地主果园,农民第一次收摘胜利果实,故而一片欢腾,打心眼里发出笑声。

3. 提问思考:在欢腾的场面中着重写了翻身农民的代表人物李宝堂。他是怎样的一个人呢?

请学生阅读"这是谁家的园子呀"至第9段,简介李宝堂的身世,并紧扣一个"变"字说明他前后精神面貌的不同。

4. 学生回答,明确:在欢乐的人群里,李宝堂这个人物显得最突出。他是替地主看了20年果园的老雇农、老光棍,长期受剥削受压迫的痛苦生活使他沉默寡言,平时"像无所动于衷的不断工作",对那整日伴着他的又香又甜的果子,也好像是对土块、砖石似的"毫无喜悦之感"。"清闲自在"一词反映了这位老雇农无家无业、一贫如洗。如今,他那在旧社会里受压抑的心灵突然发光了。土地改革促使他"和大地一同苏醒了过来",他第一次发现他生活和工作了20年的果树园是那样的美丽。如同乞丐发现金元的比喻,生动地描绘他对生活对工作充满了热爱的感情。他热情地跑来跑去,滔滔不绝地说这说那,介绍果树园的历史,说笑逗趣,无限憧憬未来的新生活。作者用了前后对照的方法突出人物的思想性格,歌颂党所领导的土改运动解放生产力的巨大作用。

5. 指名学生扼要板书李宝堂思想感情的前后变化。

　　　(昔日)　　　　(今日)

总是不爱说话　　滔滔不绝　　(诙谐,风趣,欢声笑语中包含了在旧社会的无限辛酸)

毫无喜悦之感　　　　　苏醒　　发现

　　　　土地改革促使他觉醒

6. 朗读"这是谁家的园子呀"至第9段。

(1) 注意字音、字义。

嗅(xiù)　丐(gài)　葱郁：草木青翠茂盛的样子。

(2) 体会语言的幽默、诙谐，体会人物的思想感情——无限辛酸与无限向往。（"哈"开头；"哈"结尾，读出气氛。）

六、作业

1. 积累词语。

2. 朗读第3～7段，体会语言特色。

第 二 课 时

一、复习检查

1. 默写：

曦　蠕　罅隙　逡巡　葱郁　眳

2. 请两名学生朗读。

二、继续学习文章的第一部分

1. 启发思考：农民翻身后收摘胜利果实的具体环境是果树园，作者对这一自然环境是怎样描绘的呢？

2. 请带着这个问题朗读文章的第1段写景部分。读时理解下列词语的含义：

薄明：薄，迫近。接近天明，黎明。

肃穆：严肃而恭敬。此处指肃静，带有庄严的气氛。

流荡：流动荡漾。

欢噪：欢乐的鸟叫声。噪，虫或鸟叫。

3. 思考回答：

(1) 作者笔下的果树园景色犹如一幅优美绚丽的油画，请用四个字为它题名。

学生回答,"果园晨色"。以此为题,点明时间与地点。一个"晨"字十分重要。

(2) 这幅画描绘时有何特色?

细腻明快,富有诗意。例如写露珠,写它"偶尔闪光"。为什么是"偶尔"呢?"浓密的树叶"被晨风吹得"微微蠕动",树叶上的露珠当然也会随着树叶微微蠕动,"偶尔"被晨光所映照,故而"偶尔闪光"。这里,作者抓住了露珠的具体特性来描写,时间是早晨,条件是微风,环境是树丛,细腻生动。再以"星星"作喻,以"雾夜"限制,特点鲜明。

这幅画描绘时,作者把绘色、状物、摹声有机地结合起来,整个画面充满生机。尤其应注意的是画的光感与质感,过去景物描写中我们未接触过。"透过""回映""晨曦"等描绘给人以光感;"茸毛""薄霜",柔软而润湿,给人以质感。运用了拟人与衬托等手法描绘,做到了动静结合,使人仿佛感受到晨风拂面,看到小甲虫四方乱闯,累累硕果,闪光的露珠,金色的彩霞,一缕一缕透明的淡紫色、淡黄色的薄光,仿佛置身于肃穆的、清凉的果树园里,听到笑声,闻到果香。

(3) 这样描写自然环境意图何在呢?

彩笔绘景的目的是写人,写人的情绪。给人物出场安排了诗意的环境,衬托翻身农民欢乐的心情。自然环境的明快色彩与人物翻身做主人的心情十分协调。以"乐"托"乐",一个"笑"字引出下面一连串的"笑",景色美好,笑声荡漾。

4. 用描述性的语言朗读,体会用词的准确与寓含的感情色彩。

5. 小结。

茅盾说过:"一段风景描写不论写得多么动人,如果作家就在他自己的角度来欣赏,而不是通过人物的眼睛,从人物当时的思想情绪,写出人物对风景的感受,那就变成没有意义的点缀。"文中的景物描写正是由于和人物的思想行动紧密相连,所以不是外加的"点缀",而是文中不可少的有机部分。

丁玲说:"我是写完全不觉悟——→开始觉悟——→开始掌权的贫雇农形象。"李宝堂形象的描绘就是如此。

三、讲读第二部分

在满园欢乐、满园笑声中"走来了"李子俊的女人。李子俊胆小无能,可这个女人呢? 是个不简单的反面人物。

这个女人出场也是"满脸堆上笑",对人说话也是"笑着道"。然而,此笑非那笑,翻身农民是欢乐的笑,而她的"笑"的后面隐藏着见不得人的东西。

1. 请学生先找出她外表变化的关键词句。

(1) 变得小心了:堆上笑,怯生生,瑟瑟缩缩。

怯(qiè):胆小。瑟(sè):瑟瑟缩缩,犹豫不决,畏首畏尾的样子。

(2) 变得大方了:送、借、谈、做。

(3) 变得和气了:串街、拉话。

(4) 变得勤劳了:干家里活,拔草,打场。

总之,"从去年她娘家被清算起",她"就感到风暴要来,就感到大厦将倾的危机"。于是,她的外表大变样了。

2. 思考回答:她为什么变? 变的目的何在?

她施展出一种女性的千依百顺,以博得翻身农民对她的疏忽与宽大。

反面人物之所以为反面人物,不在于她的外表,而在于思想、性格、灵魂、精神世界的丑恶。请学生看她善变的外表背后是些什么丑恶的东西。

3. 揭示其丑恶的内心世界。

她留恋失去的"天堂",舍不得离开果树园,要尽力维护那岌岌可危的地位,她怨恨和仇视翻身农民。当面称李宝堂是"宝堂叔",心里想的却是"好,连李宝堂这老家伙也反对咱了,这多年的饭都喂了狗啦";她仇视翻了身的农民,认为他们"任意上她的树,践踏她的土地"是一群"劫掠者"。她心口不一,表面"千依百顺",内心包藏着复仇的火焰,她"不相信世界将会永远这样下去"。作者抓住变与不变的矛盾深入刻画:描绘大大变化的外表,刻画了不变的阶级本性,把土改中地主阶级的某种典型栩栩如生地表现出来。

4. 朗读第10～14段,注意刻画心理活动的词句。

5. 小结。

这是第二部分中的第一个层次,把李子俊的女人放在与贫雇农的矛盾中刻画,揭示她的善于伪装和两面三刀的伎俩,塑造了地主婆的形象。

四、作业

1. 朗读第1段,对照油画,体会表现光感与质感的语句。

2. 阅读第10～14段,进一步体会心理描写的方法。

第 三 课 时

一、检查朗读

指名学生朗读第10～14段。

二、继续学习第二部分

1. 过渡:第10～14段是把李子俊的女人放在与贫雇农的矛盾中来刻画的。然而,斗争错综复杂,为了深刻揭示她的内心世界,作者又把她放到与顾老二、钱文贵家的矛盾中刻画。

2. 阅读"到中午时候"至"有朝一日总要问问你这个道理"。思考回答:作者着重描绘了李子俊女人怎样的心理状态?暴露了地主阶级怎样的本性?

3. 讨论后明确:

(1)卖给顾涌家园子,她过去认为可惜,现在觉得"好",三亩半园子被统制了,为顾涌得不到果子而幸灾乐祸,"要卖果子就谁的也卖,要分地就分个乱七八糟吧"。这样刻画内心活动,揭露了地主阶级自私自利、尔虞我诈的本性。

(2)与地主钱文贵的矛盾。插叙了钱文贵果园未被统制的情节,描写了钱文贵一家的高兴,从而更突出李子俊老婆的仇恨。她既嫉妒又恼恨,于是恶毒咒骂共产党。

(3)作者写顾涌的错划(应是富裕中农)、钱文贵的漏划,既为了塑造李子俊女人这个形象,也为了透露出土改斗争的尖锐复杂。

4. 朗读最后一段,请学生分析用了哪些关键词语来刻画人物的心理与动作的。

点明:这一段写李子俊女人像一个挨了打的狗,夹着尾巴逃跑了。文中用一连串的动作刻画她无法抑制而又终于抑制的仇恨心理。"跑""冲""逃"这一系列动作,极其准确地揭示了这个女人的心理状态,她的绝望、仇视、怨恨、妒忌、不平交织在一起,但慑于群众的威力,又不敢发泄。她痛苦、仇恨的感情要冲出体腔爆发,然而她知道暴露真情就"前功尽弃",于是,她"忍",再"忍",痛苦地"收敛"。最后是"落荒而逃"。描绘得细腻、准确、深刻,告诉读者:逃跑不是投降,而是预示着一场更激烈的搏斗。

5. 小结。

(1)李子俊女人有心机、有手段,预感到本阶级的灭亡,但又不甘心它的灭亡,然而又不得不无可奈何地看着它渐渐灭亡。这个反面形象之所以成功,得力于细腻深刻的心理描写。有直接写人物内心活动的,有从行为举止中透露的。这种写法既接受西方文学的影响,又继承我国古典文学的传统。

（2）整篇课文围绕统制果园的中心事件,抓住一个"变"字,描写了翻身农民李宝堂与地主李子俊女人在果树园里截然相反的心理状态,对比强烈,性格鲜明。

（3）景物描写在文中起重要作用。写得越欢乐,"哀"就越突出。故景物描写有正反两面的衬托作用。

三、请学生在理解全文的基础上概括主题思想

通过翻身农民在欢腾的果园里收获果实的热烈场面的描写及李子俊女人的心理刻画,歌颂了农村伟大的变革,反映了土地改革运动中阶级斗争的尖锐复杂。

四、当堂练习

1. 找一句直接描绘李子俊女人心理状态的语句,说说它在塑造人物中的作用。

如:"这个女人便走到远一点的地方坐下来。她望着树,望着那缀在绿树上的红色的珍宝。这原是自己的东西。以前,谁要从树下走,她只要望一眼,人家就会赔着笑脸来解释。怎么如今这些人都不认识她了?……她好像一个不相干的讨饭婆子,谁也不会施舍她一个果子。她忍着被侮辱了的心情,一个一个地打量着这些人的欢快和对她的傲慢。"这样的心理描绘传神地揭示了失去"天堂"的地主婆的内心世界,怨恨、感慨、妒忌、怀念,使人物形象活生生地展现在读者眼前。

2. 写一段话,直接描写人物的心理状态。

五、作业

1. 积累词语。

2. 练习四。

3. 练笔参考题:(1)"晨读";(2)"夕照";(3)"秋色";(4)"从李宝堂的俏皮话说起";(5)"谈反面人物的刻画";(6)"对照在作品中的妙用"。

【板书设计】

果 树 园

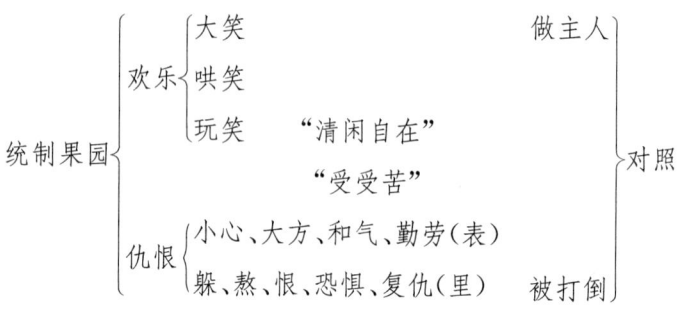

【教　后】

长文短教的方法须进一步探索。

划分段落的效果与课前设计吻合。把语法知识融合于段意的概括之中，由单音词而双音词，而偏正词组，而动宾结构，而扩展为完整的句子。如此概括段意，既巩固旧知，启发学生学习兴趣，又节约课堂教学时间。学生反应快，未及指名回答，已齐声说出。

第一部分"农民的欢乐"，第二部分"地主的仇恨"，两相比较，前者教得活，时间又节约，后者有些琐碎。究其原因，前一部分问题设计得较好，紧紧扣住"笑"字作了取舍详略的处理，引导学生理解作品怎样从一个"笑"字引出下面一连串的"笑"，由于重点突出，课堂上欢声笑语，此起彼落。后一部分毛病出在舍不得割爱，再加上学生的生活实际与作品中反映的生活距离很远，一下子不容易有真切的体会。

学生对景物描写部分发表了自己的看法。认为景物虽描绘得细腻，但"肃穆""蠕动"用得不够恰当。经过讨论、点拨，觉得"蠕动"尚可以理解，绘出"浓密的树叶"在晨风吹拂下"在伸展开去的枝条上"的动态，比喻含寓其中，而"肃穆"难以理解，总觉得不及"宁静"好。学生的看法不无道理。

学生对描写景物的"细"又理解又不完全理解,对诉诸视觉、听觉的景与物看得出来,而对这些景物的静与动的安排,光感与质感的描绘缺乏认识,课中着重进行指导。为了让学生增添一些感性知识,课外指导学生看了一幅油画,领会"林子中回映出一缕一缕的透明的淡紫色的、浅黄色的薄光"。学生兴趣甚浓,对油画所绘景色展开争议,有的说早晨的树林,有的说夕阳西下的时候。

为了训练学生描写景物的能力,出了几个题目供学生练笔时作参考,如:"晨读""夕照""秋色"。学生很欢迎。

《海燕》

【教学目的】

1. 学习无产阶级革命先驱英勇无畏的战斗精神,鄙弃害怕困难、逃避斗争、明哲保身的庸人哲学。

2. 理解并学习象征、烘托、对比的写作方法及多种修辞手法的运用。

【教学时数】

两课时。

【教学步骤】

一、复习《雪》,引入新课

齐读《雪》。

鲁迅先生为了表达难以直说的思想感情,是运用了什么方法来写的?(学生答:象征的艺术手法)

本文也是采用了这种艺术手法。

看注释,回答:

高尔基是什么人?主要作品有哪些?

《海燕》原题是什么?它发表后起了怎样的作用?为何起如此大的作用?看有关时代背景的介绍。

19 世纪末叶,西欧经济危机蔓延到俄国,大批工厂倒闭,工人失业,生活贫困。那时,正处于俄国第一次革命的前夜,马克思主义已在工人中传播,工人运动此起彼伏,阶级矛盾空前激化。这首散文诗就描绘了这种山雨欲来风满楼的时代面貌,生动地塑造了海燕的艺术形象。

高尔基为何能塑造出这样的艺术形象呢?高尔基亲自参加了火热的革命斗争,有真切的生活感受。1901年3月他参加了彼得堡青年学生反对沙皇的斗争,目睹反动军警殴打、屠杀学生的罪行,于是满腔义愤地写了《春天的旋律》。这篇作品的大部分因革命观点鲜明,沙皇书报审查机关不准出版,只有结尾部分才得以在《生活》杂志上发表,这就是《海燕》。为什么能发表呢?

看作者是怎样高超地运用了象征的手法来表情达意的吧。作品展现了俄国无产阶级革命运动风起云涌的壮丽图景,成功地塑造了海燕的光辉形象,鼓舞人们迎接暴风雨的到来。

二、朗读全文

识字,划分段落,归纳段意

1. 这首散文诗由几幅画面组成?
2. 每幅画面表现了什么内容?

第一部分:暴风雨孕育之时海上景象——海燕高傲地飞翔,海鸥等仓皇逃避。

第二部分:暴风雨迅速迫近,海上变化——海燕奋勇战斗,深信"乌云遮不住太阳"。

第三部分:暴风雨即刻来临,海上剧变,海燕呼唤暴风雨,迎接胜利。

三幅画面既相对独立,又紧密联系。

三、讲读第一幅画面

诗一开始以极其简练的笔法给海燕的出现勾画了一幅令人深思的背景。

1. 为海燕的出现勾画了怎样一幅背景?

在苍茫的大海上,狂风卷集着乌云。

2. 它具有怎样矫健的姿态？哪些词准确、生动地把这种姿态刻画出来？

在阴霾弥天的恶劣环境里，眼前出现了生气勃勃的形象。它像黑色的闪电，高傲地飞翔。碰，冲，叫喊。

3. 写姿态的意图何在？

表现了敢于搏击风云，藐视恶劣环境的英雄气概。

比喻的妙用：昏暗的背景上出现了亮光，带来了光明，使人眼前豁然一亮。

4. 又"欢乐"又"愤怒"，矛盾不矛盾？

对暴风雨渴望，欢乐；对乌云愤怒。故用热情的火焰迎接暴风雨，充满信心。

角度：正面描写与侧面描写结合，写出海燕的愿望、精神、感情。（鸟儿"叫"，乌云"听"）

5. 矫健的姿态，叫喊声里寓含极其丰富的内容，使人如闻其声，如见其形。

高大、无畏、欢乐、坚定的形象完整地活生生地展现在我们眼前。它象征着什么呢？

6. 有比较才能有鉴别，其他的鸟呢？分分高低。（要带着鄙视、嘲笑的口吻朗读）

找出比声音、比动作、比精神面貌的词。绘声绘形。

把当时俄国资产阶级各阶层人物害怕革命、逃避革命的慌乱心理和狼狈丑态刻画得惟妙惟肖。

列宁以"愚笨的企鹅"比喻立宪民主党人的怯懦。鄙视的目的在于赞颂革命者的崇高。

7. 用省略号后立即转换语气，赞颂。

最后一句的作用何在？

（1）从内容上说，进一步表现主人翁精神。

（2）从结构上说，首尾呼应，为下文做细微的铺垫。

8. 破折号的作用：注释、强调、递进。

9. 表情朗读，注意强调关键词语。

四、讲读第二幅画面

1. 背景发生怎样的变化？增添了哪些景物？象征什么？

环境更险恶。云压，雷响，浪啸，风鸣。象征了斗争更为剧烈。

2. 哪些动词突出斗争的尖锐剧烈？哪些附加语增强感情色彩？

"抱""甩""摔"；"在愤怒的飞沫中""紧紧""恶狠狠地"。

生死搏斗，垂死挣扎。

3. 两幅画比较，后者具有怎样的特点？

色调浓，音响大，革命与反革命短兵相接。

4. 海燕形象有何发展变化？

异与同。找出共同点，可更清晰看到其发展变化。

变换几个词语使海燕形象更为高大、丰满。

写其矫健的姿态，战斗的召唤，蔑视敌人的革命豪情。写其变，又写其不变。

在云压、雷响、浪啸、风鸣的激烈斗争情况下，海燕为何能如此英勇无畏，积极乐观，奋发向前呢？这就要由表及里地认识其心灵深处的坚强信念。

困乏：表雷声的外强中干。

早就：表预言家，报信者，先驱。

深信：以马克思主义认识世界；客观规律不以人的意志为转移。

"是的，遮不住的"，字字铿锵有力。英勇无畏精神的源泉所在。

5. 其他的鸟呢？

不见了，销声匿迹了。

五、讲读第三幅画面

紧接着,诗进入高潮。

暴风雨来临的一刹那间,海上呈现出怎样瞬息万变的奇观?

1. 教师读,学生想:耳边仿佛听到什么?眼前仿佛见到什么?脑中有怎样一幅由声、光、色等交织起来的壮丽景象?

强烈的音响 ⎫
刀光剑影　⎭ 句句紧逼,出现排山倒海的气势,象征革命前夜社会的大动荡,各种力量进行尖锐剧烈的斗争。

云海相接,斗争白热化,难解难分。

2. 在斗争白热化的情况下,海燕又是如何呢?

形与声。三次重复出现。(反复朗读)

70多年来,这时代的强音一直回荡在人们耳际,海燕的形象与精神激励革命者去战斗,摧毁旧世界,夺取新胜利。

六、总结

1. 主题思想深刻,艺术形象鲜明。

2. 运用了象征的手法,寄深意于象征物之中。

象征的手法是用具体事物表现某种社会意义的修辞手法。高尔基说:"在象征下面,可以巧妙地把讽刺和大胆的语言掩藏起来,在象征中可以注入很大的思想内容。"

3. 与《雷雨前》比较异同

同:(1)暴风雨来临之前;

(2)对黑暗憎恨,对光明追求;

(3)象征手法;

(4)层层深入。

异:(1)侧重写天气的沉闷,揭露;无主要形象。

　　　侧重写海燕的表现,歌颂;有主要形象。

(2)"蚊蝇"等着墨不多。

对比鲜明。

（3）散文。

散文诗。

【板书设计】

<pre>
              海   燕
       乌云   大海   狂风   雷声   闪电
黑色的闪电   高傲   飞翔   碰   冲   叫喊   （渴望）
敏感的精灵   高傲   飞舞   穿   掠   大笑   号叫   （深信）
胜利的预言家 高傲   飞翔   叫喊   （呼唤）
</pre>

【教　后】

1. 学生对黑色的闪电这个比喻提出异议，认为海燕是苍白色，怎么是黑色。

2. 第三个画面为何先绘其声，是因为扣紧"胜利的预言家"而写。

3. 较多地运用朗读手段，学生受感染。

《聪明人和傻子和奴才》

【教学目的】

1. 理解和学习通过人物对话揭示思想性格的写作方法。(个性化的语言)

2. 培养辨别真、善、美与假、恶、丑的能力,鄙视伪君子与奴才,做英勇投入战斗的实干者。

【教学时数】

两课时。

【教学步骤】

一、布置预习,思考题

1. 这篇散文诗写了几个典型人物?主要通过什么方法来刻画的?用恰当的词概括他们特有的思想性格。

2. 作者写这些人时分别倾注了怎样的感情?是褒还是贬?作具体分析。

二、**激发兴趣**,引入课文

京剧讲究脸谱,颜色、线条,均有学问。如红脸表示赤胆忠心,黑脸表示憨直无私,白脸表示内心奸险。观众一看舞台上人物的脸,就能猜测其好坏,猜测其思想性格。这说明肖像描写是为人物性格服务的。

孔乙己第一次出场的肖像描写是:高大身材,青白脸色,花白胡子,活画出一个下层知识分子穷困潦倒,自命清高,好喝懒做的性格。最后一次出场,黑瘦,破夹袄,蒲包,草绳,用手爬着走来,突出地塑造了这个受欺凌受摧残的苦人儿形象。可见外貌描写在刻画人物形象中十分重要。

然而,艺术高手有时不用外貌描写,只用人物语言的表达方法,也同样能深刻地揭示人物思想性格,塑造出鲜明的形象。鲁迅先生这篇散文诗就有此妙处。

三、理清段落

思考回答:课文通过三场对话描绘三个有典型意义的人物。哪三场对话?请划分一下。第一场谁与谁对话?第二场?第三场?用浏览速度看一遍。

1. 奴才与聪明人。
2. 奴才与傻子。
3. 奴才与聪明人。

四、分场朗读,理解内容

第一场对话:奴才与聪明人。奴才,诉苦。为悲惨生活而唉声叹气,不知反抗,不想反抗。由于安于现状,心灵深处有自我安慰,因而易为廉价的"同情"所满足。"诉""舒坦",准确地披露了内心的活动,深刻地揭示了奴才的奴性、软骨,"只要这样,也只能这样"。——概括精要,入木三分。

聪明人,故作姿态,顺奴才的话,听话音,接话头,敷衍,不负责任。说了三句话,叹了一口气,故作"惨然"和"叹息"的样子。第三句话分明是叫奴才安于奴才的地位。

对话中省略号有妙用,给读者以充分想象的余地。

第二场对话:奴才与傻子。奴才,诉苦。不思反抗,不敢反抗,反对反抗。"恭敬"驯服,卑躬屈膝,奴颜媚骨,向主人请功。"首先""得胜"

揭露深刻。

傻子,实干,正直。他义愤填膺,热情勇敢,英勇战斗。具有毁坏铁屋子的精神。(《呐喊》自序)

然而,他不明事理,鲁莽从事,孤军作战,脱离群众,不考虑方法。

第三场对话:奴才与聪明人。奴才,安于做奴才,居功自诩,为得到主子的夸奖而洋洋自得,十足的奴才本性。不仅奴颜,而且脊梁骨是弯的,骨头是软的,拍马,发臭。

聪明人,敷衍。仍然接话,顺着奴才的意思,赞扬奴才安于奴才的地位,叫奴才永远做奴才。至此,灵魂深处的世界进一步暴露,原来是主子的帮凶。

五、表情朗读

1. 只读对话部分,连贯起来理解领会:没有服饰,外貌的描写,而是用对话揭示人物的心灵。为什么对话描写能揭示人物的心灵呢?言为心声,作者抓住了反映不同人物内心深处的关键性语言来表现,做到了语言个性化,使人听其声如见其人。要做到这点,须有很深的功力,对生活有深刻的理解与感受,善于敏锐地捕捉。这种描写方法在古典小说中早已运用,如《红楼梦》中王熙凤的出场,就是听其声如见其人。

对话描写。

言为心声。

听其声如见其人。

2. 进行对话描写时伴以简洁的叙述与神情描绘,轻轻一笔,画龙点睛,如闻其声,如见其态。

3. 不是孤立的几场对话,而是鲜明的对照,照出奴才的奴性,聪明人的伪善,傻子的憨直与莽撞。在比较中使假、恶、丑的可憎面目暴露在光天化日之下。

六、理解作者褒贬的感情

1. 对维护旧社会的奴才、聪明人揭露，讽刺，对毁坏旧社会的傻子既赞扬，又指出不足，激励人们更好的战斗。

《野草》，1920年9月—1926年4月时作品，共23篇。作者在《题辞》中说："我自爱我的野草，但我憎恶这以野草作装饰的地面。""地面"就是产生野草的社会背景。1924年，国共两党结成反帝反封建的统一战线，1925年"五卅"运动掀起全国反帝高潮，革命形势蓬勃发展。但北方依然是军阀的黑暗统治。鲁迅对封建势力、买办思想深恶痛绝，展开英勇的战斗。在这种思想指导下，勾画、塑造这三种人，（社会上确实存在）寄寓褒贬的感情。

2. 奴才与穷人、奴隶不同，此文中的"聪明人"与通常说的耳聪目明的人不同，概念不能混淆。

七、思想意义

三种人具有典型意义，历史意义，不是张三、李四、王五，而是这一种，那一类，高度概括。可作为镜子对照，照到灵魂深处，教育人们认清，看穿"聪明人"与奴才的面目与本性，激励人们反抗，战斗，向旧社会旧势力进击。进击时要寻找合适的方法。今天仍有现实意义，仍有艺术的生命力。

八、作业

写一段对话揭示人物性格。

【板书设计】

聪明人和傻子和奴才

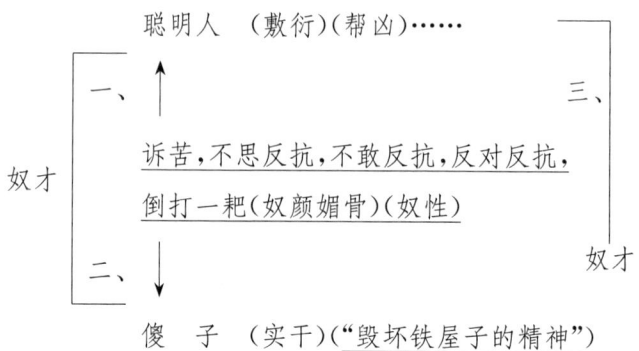

【教　后】

1. 学生质疑有质量。一学生问：聪明人说的话不阴不阳，到底是什么意思？又一学生问："聪明人和傻子和奴才"为何用两个"和"，不用顿号？另一学生说：最好讲讲时代背景，否则不懂。一个学生问："代为高兴似的"，"似"起何作用？什么叫"头钱"？

2. 一个学生说："奴才毕竟是奴才。"

3. 第一场对话，聪明人的思想性格暂不下结论，引起悬念；时代背景放在后面讲，可突出思想意义。

《百合花》

【教学目的】

1. 引导学生学习通讯员为人民英勇牺牲的革命精神和新媳妇热爱解放军的可贵品质,体会军民之间鱼水的深情。
2. 学习本文细致严密,错落有致的结构安排和运用对比、衬托、细节描写等多种刻画人物性格的写作方法。

【教学重点与难点】

重点:情节结构细致严密,错落有致;细节描写。

难点:从远到近,由淡而浓塑造人物形象的方法;人物之间的互相映衬。

【教学时数】

三课时。

第 一 课 时

一、推荐作家与作品,引入课文学习

一个有成就的作家,他的作品总有其独特的风格;而这种独特的风格又总是在其代表作中得到清晰、完美的反映。

茹志鹃是一个有独特风格的著名女作家。早在文化大革命前,她的小说集《高高的白杨树》《静静的产院》就以其清新隽永、匠心独运的风采,吸引了广大读者。她那情致宛曲、意旨深远的散文,尤其深得青年学生喜爱。可是,这样一位有才华的作家,"十年浩劫"中,同许多作家一样,历尽坎坷,备尝辛楚。"度过冰天雪地的人,更懂得春天的温暖"。粉碎"四人帮"后,茹志鹃又用她那支带彩的笔,接连写了《出山》《冰灯》《剪辑错了的故事》等许多小说、散文,以她特有的细腻手法,塑造出一个个艺术形象,拨动读者的心弦,鼓舞人民热爱生活,为"四化"建设贡献聪明才智。

小说《百合花》是她的代表作,享有盛誉。风格清新、俊逸。今天,让我们一起细细咀嚼,体会其中的佳妙。

二、出示教具,检查预习,初步揭示主题

1. 出示"百合花"挂图。教师板书:百合花。

2. 提问检查:这幅画是按照作品中所描绘的语句绘制的。请学生注意:画的底色是什么?花纹是什么?作品中写它象征什么?围绕"百合花"被,作者描述了怎样一个感人的故事?

学生回答后教师归纳:这幅图底色"枣红",上面撒满白色的百合花。百合花,色泽雅致、香气清幽,它洁白、质朴。"枣红"色,浓烈、鲜艳。红底白花相映,象征着"纯洁与感情"。小说围绕着美丽的"百合花"被,描叙了通讯员献身、新媳妇献被的感人故事,颂扬了伟大纯洁的军民鱼水情。

3. 提问检查:小说着力刻画了哪几个人物?贯串全文的线索是什么?

学生回答后教师点明:在这篇独具风采的小说中,作者着力塑造了小通讯员和新媳妇两个人物。

小说以"我"为线索,通过"我"从团部到前沿包扎所的所见所闻所思,自然而巧妙地把故事串联起来,描"我"眼中之景,抒"我"心中之情。

三、理清情节,划分段落,讲述细致严密、错落有致的结构特点

1. 提问:小说一般按照人物活动,事件发生、发展、高潮、结局安排故事情节。全文可划分为几个部分？每个部分的大意请用一句话概括或分别加上小标题。指导学生阅读课文，教师巡回，对学生提出的字、词正音、解析。

珠烁(shuò)晶莹　　点缀(zhuì)　　讷讷(nè 或 nà)

忸怩(ní)　　　　　执拗(niù)　　　讪讪(shàn)

鹿砦(zhài 同"寨")　耽(dān)搁　　　撂(liào)

虔(qián)诚

学生就分段进行讨论，教师小结。要点：

全文分五部分。

第一部分，开头到"跟通讯员走了"。"我"和通讯员出发，准备到前沿包扎所去。

第二部分，"早上下过一阵小雨"到"这都怪我了"。"我"和通讯员去包扎所路上。（故事开端）

第三部分，"我们到包扎所已是下午两点钟了"到"至少他要裸露一晚上的肩膀了"。"我"和通讯员到新媳妇那儿借被。（故事发展）

第四部分，"包扎所的工作人员很少"到"不过只答应做我的下手"。"我"和新媳妇在包扎所救护伤员。（故事继续发展）

第五部分，"前面的枪声已响得稀落了"到结束。通讯员为革命献身；新媳妇怀着对解放军的热爱慷慨献被。（故事高潮、结局）

（教师板书：出发—路上—借被—救护—献身、献被）

2. 这些小标题把全文脉络简单地勾勒了出来。文章脉络清晰，构思精巧。由"我"引线，带出通讯员。一路上，"我"和通讯员你追我赶，行行止止，着力刻画通讯员的神情、动作、思想性格。行文如潺潺细流，缓缓而行。"我"和通讯员去借被，又引出新媳妇。作者笔锋一转，细腻地描绘新媳妇的形态，揭示其内心的思想变化，有如深谷流泉，又曲折，又清澈。在叙述"我"和新媳妇在包扎所救护伤员时，始终扣住对小通讯员的悬念来写,情节步步深化,进入扣人心弦的高潮。结尾意味深长,余音袅袅。全篇脉络贯通,跌宕起伏,错落有致。

四、学习第一部分

文章一落笔就勾画出典型环境,但平平起笔中有小波澜。平平起笔中怎样有小波澜呢?学生朗读、回答。明确:

小说开头简洁自然,点明故事背景——1946年中秋,我军攻打海岸的部队晚上总攻。

在平平起笔中写团长分配"我"工作时抓了"半天后脑勺",因为"我"是女同志。这一个"女同志"就惊起下文,使故事轻舟竞川,意趣盎然。

五、布置作业

重点预习第二、三部分。思考:小通讯员具有怎样的思想性格?作者是怎样描绘这些思想性格的?

第 二 课 时

一、学习第二部分

1. 启发思考:这部分开始,作者精心刻画小通讯员的形象。然而,下笔却从景色描绘入手。这段景色描写放在这儿合不合适?为什么要这样描写?

学生自由朗读后回答,教师归纳。要点:

此处景物描写清新隽永。在激烈的战斗前夕,作者不写残垣断壁,枯枝败叶,却写"青翠水绿""珠烁晶莹"的庄稼,"清新湿润"的空气,把战士的乐观情绪与美好景色交融在一起,形象地表现了革命战士对生活的热爱。通过对生意盎然的景色的描绘,又反衬出敌人发动战争的罪恶。小说的思想境界和艺术境界得到升华。

2. 启发思考：小通讯员在这样的环境中是怎样护送"我"的？他走路有什么特点？为什么要这样走？表现了他怎样的思想性格？

① 朗读课文——从"通讯员撒开大步"到"我不禁对这通讯员发生了兴趣"。

② 学生回答后，强调：小通讯员走路很"怪"，快快慢慢，走走停停。先是"撒开大步"把"我"撩几丈远；当"我"怎么努力也赶不上、在"生气"的时候，他又"在路边站下了"；当"我"紧走慢赶接近他时，他又"蹬蹬蹬的自个儿向前走了"。怪就怪在他背后好像长了眼睛，始终与"我"保持"丈把远的距离"。

小通讯员所以这样走路，是因为他不善于跟女同志接触。作者通过这一追一赶的描写，在意趣横生之中初步揭示了小通讯员的腼腆性格。

3. 启发思考：由于小通讯员走路特别，引起了"我"的兴趣，于是仔细观察起来。是怎样观察的呢？选取了哪些不同的角度？

① 自由朗读课文——从"刚才在团部我没注意看他"到"这都怪我了"。

② 学生回答，教师归纳补充：

观察很有特色，是从背部到正面。先从背后观察：高挑的"个子"，厚实的"肩膀"，洗淡了的"黄军装"，肩上的步枪筒里稀疏地插了"几根树枝"。一个生机勃勃的形象。接着，由背部转到正面，用"张惶""局促不安""讷讷半响"等词语和两个形象的比喻，活生生地勾勒出小通讯员窘状毕露的神情。然后，借助想象，交代通讯员的身世，刻画其勤劳朴实的品质。这样通过"我"的观察来描写，犹如电影镜头的推动，由背面而正面，虚虚实实，使通讯员的形象栩栩如生。与此同时，又通过"我"的情绪前后的变化，烘托通讯员的腼腆性格，形象丰满生动。

4. 作者刻画人物不惜用笔墨细琢细磨。为了突出小通讯员的腼腆性格,作者又在两个地方下了功夫,下在哪里?

学生阅读从"我又问"到"这都怪我了",思考后回答:

① 当问他"你还没娶媳妇吧?"作者细笔细绘了他一连串的表情与动作:飞红了脸、更加忸怩、不停地数摸、低下了头、憨憨地笑、摇了摇头。

② 当我站起来要走的时候,作者又细绘了他"摘了帽子,偷偷地在用毛巾拭汗"的神态。

这两笔绝非多余,而是深入地刻画通讯员的腼腆性格和忸怩状态,使读者如见其人。

二、学习第三部分

1. 启发思考:到包扎所后,小通讯员第一次去借被,结果两手空空而回。由"借被"引出新媳妇出场。新媳妇的出场和通讯员的出场有什么不同?

① 朗读课文——从"我们走进老乡的院子里"到"她转身进去抱被子了"。

② 学生回答,教师归纳:

两人出场各有风采。写通讯员出场是在"走路"上做文章,只看到他的动作,不见其肖像。写新媳妇出场,用的是"千呼万唤始出来"的手法:"门帘一挑,露出一个年轻媳妇来。"然后对她的外貌浓墨点染,并着力描绘了新媳妇笑的神情"好像忍了一肚子的笑料没笑完"。作者在这里娴熟地运用了绘人的写法,人物出场形象鲜明,十分可爱。

2. 自由朗读课文——从"通讯员乘这机会,颇不服气地对我说道"到"大踏步地走了"。思考回答:新媳妇起初为什么不肯借被?通讯员拿到这床被的前前后后情态如何?表现了他怎样的思想性格?

① "这原来是一条里外全新的花被子,被面是假洋缎的,枣红底,上面撒满白色百合花";这条被子是"刚过门三天的新娘子"的"唯一的嫁

妆"。

②小通讯员先是"装作没看见";接着"接过被子"慌慌张张地转身就走;其结果是衣服挂住了门钩,"嘶"的一声,在肩膀处挂下一片布;当知道这被子来之不易,想送回去又不能送回去时,神态是"认真""为难"的样子;最后下决心"用了给她好好洗洗"。作者这样描绘,既再现了他腼腆、纯真的性格,又赞颂他关心群众,以群众利益为重的可贵品质。

3. 小通讯员完成任务,离开包扎所回团部时,留给读者是怎样一个生动活泼的形象呢?

①学生齐读从"回到包扎所以后"到"他至少要裸露一晚上的肩膀了"。

②明确:小通讯员枪筒里插的野菊花与树枝一起在他耳边颤动,肩上撕下来的布在风里不停地飘忽,多生机勃勃的小伙子啊,他越走越远了。再见到他时,是怎样的形象呢?下一节课我们再细细研究。

三、布置作业

(1)比较通讯员和新媳妇的不同出场。
(2)预习第四、五两部分,熟悉该两部分的内容。

第 三 课 时

一、学习第四部分

1. 启发思考:这一部分通讯员没有出场,只有几位妇女在包扎所帮"我"工作,其中包括新媳妇。在故事情节发展的过程中,作者连续地设置了三个悬念,吸引读者关心小通讯员的情况。请同学们思考:有哪三个悬念?在形成悬念时采用了怎样不同的手法?

2. 学生自由朗读课文。从"那位同志弟到哪里去了?"到"我不知道自己为什么要问这些没意思的问题"。

学生回答，教师补充、归纳：

（1）由新媳妇对同志弟的关切引出悬念。刚到包扎所，新媳妇就问我："那位同志弟到哪里去了？"接着，又不好意思地说出了"刚才借被子，他可受我的气了！"此处作者匠心独运，既巧妙照应借被时的波折，又把新媳妇的关切，把通讯员的身影维系在读者的心头。

（2）用插叙手法回忆故乡中秋节的情景，来造成对通讯员的悬念。作者选用"中秋"这个我国人民传统的象征团圆的佳节，用细致感人的笔调描绘孩子们欢乐的情景，从而引出对小通讯员的思念。接着又由"饼"及"人"，用"也许""大概""或者"促使读者展开种种联想，引起悬念，有力地突出了小通讯员为了革命，为了家家能够团圆，正警惕地"趴在工事里"，正"在团指挥所里"，正紧张地走在"弯弯曲曲的交通沟里"。"趴""在""走"这些词活生生地牵动读者的心。一个省略号用在这儿，更使读者进一步展开丰富的想象。这段插叙情景交融，虚实结合，给小通讯员的形象染上富有诗意的英雄主义色彩。

（3）从"我"看到"通讯员"三个字时的感觉、意想引出悬念。"我"在登记伤员时，突然看到一个重伤员衣襟上写着"通讯员"三个字。一个"寒战"，一个"想问"，表达了"我"的关切。通过"我"的想象又造成悬念：营部的通讯员受伤了，团部的呢？

三个悬念的安排，各有巧妙。从三个悬念中看到：新媳妇的心挂在小通讯员身上，"我"的心挂在小通讯员身上，因此，读者的心也就随着"我"和新媳妇始终挂在前线小通讯员的身上。鼓越敲越紧，人人关心他的命运，这就为小通讯员的最后出场做了极好的渲染与铺垫。

二、学习第五部分

1. 朗读从"前面的枪声"到"他自己就一下扑在那个东西上了"。

2. 启发思考：小通讯员又出现了。他在怎样的情况下出现的？出现时形象怎样？作者用什么写作手法对他进一步加深刻画的？

学生回答后,明确:小通讯员是在枪声稀落、明月高悬似乎天快要亮的时候出现的。这一笔颇有深意。

用"我"的看见来勾勒通讯员形象:他已经不会言语;那张稚气的"圆脸"上,脸色由"棕红"变得"灰黄";"安详地合着眼",肩头上的"一片布"还挂在那里。此情此景与他鲜蹦活跳时对比,引人回忆与深思。

小通讯员怎么负伤的呢?作者用侧面描写,通过担架队员的赞美,揭示他崇高的心灵:"这时这位同志叫我们快趴下,他自己就一下扑在那个东西上了。"这一"趴"一"扑",极其深刻地表现了小通讯员把生的希望让给别人,把死的威胁留给自己,这种勇于自我牺牲的高贵品质在皎洁的月光下散发出更加耀眼的光芒。作者又用担架队伍苦苦恳求"我""无论如何"要治好他,要给"我"挂匾这样一种老百姓非常朴素的语言,道出对通讯员发自肺腑的爱戴与崇敬。

3. 回顾全篇可以看到,作者塑造通讯员形象,不是一下子展开,而是从远到近、由淡而浓,逐层展现。究竟怎样从远而近,由淡而浓,逐层展现的呢?请学生紧扣描绘的要点有条理地回答。

回答要点:作者写通讯员,先写他"撒开大步一直走在我前面",远看;再"从背后看去",写他外表,逐步由远而近;然后从正面绘描肖像,更近了;又放在"借被"事件中写其动作、语言、神态;最后用担架队员追叙,进行侧面烘托。这样从远到近、由淡而浓,从外表到内心,逐层展现,一位腼腆、纯真、关心群众、关心同志的小通讯员的形象就栩栩如生地映现在我们眼前。他临危不惧,舍己救人,心灵高尚美丽,这样一位小战士突然倒下去,怎不使人悲痛欲绝呢?

4. 此时此刻,新媳妇怎样呢?朗读从"新媳妇又短促地'啊'了一声"到结尾,细细体会:小通讯员牺牲后,新媳妇有哪些异乎寻常的表现?"我"在这里起了什么作用?

学生回答,教师或肯定或补充。要点:

这一部分文字饱含着作者的强烈感情。作者抓住新媳妇三个异乎寻常的表现,着意渲染,有力地展现了新媳妇真挚、纯朴的精神世界。

(1) 新媳妇"庄严而虔诚"地给通讯员"拭着身子"。

上文一再细细铺垫,写新媳妇是才过门三天的新娘子,羞涩,忸怩;叫她给战士们拭洗身上的污泥血迹,她"又羞又怕";经"我"说了半天,才"红着脸"答应做下手。前后一对照,就可体会,这个"拭"绝非一般的用布擦身,而是凝聚着新媳妇对英勇献身的小战士无限真挚的感情。

(2) 新媳妇"一针一针""细细地、密密地"缝着"破洞"。

作者从新媳妇三次为牺牲者默默缝补的细节中,发掘这位羞涩的农家少妇纯洁、晶莹的精神世界。她不是用悲恸欲绝,号啕哭泣来表达自己的哀思,而是用深沉的默默缝缀吞饮腌心的泪水,使读者强烈感觉到:新媳妇不是用针在"缝",而是用心在细细密密地"缝"。她把老百姓对解放军战士的无比深厚的阶级感情,无比真挚而纯朴的爱,细细密密地"缝"进去,缝织出感人肺腑的军民之间的鱼水深情。

(3) 新媳妇用"夺""瞪""嚷"一系列异乎寻常的动作、表情,倾注自己对小通讯员牺牲的无比悲痛。

回顾新媳妇的出场、借被、在包扎所帮忙,她给人的印象始终是那么温和、笑眯眯的。情节发展至此,她却一反常态,做出一连串任性不羁的动作。为什么呢?这正是她哀思如潮,按捺不住自己的情态。当她眼里流着"晶莹发光"的泪水,以俨然不可动摇的神情给小通讯员铺上"那条枣红底色上洒满白色百合花"的被子时,她献上的何止是一条棉被?她献上的是革命人民对革命事业,对革命战士的赤诚的心。

在故事高潮的重要情节中,"我"巧妙地起了烘托作用。既衬托了新媳妇对小战士庄严的崇敬、无比的悲痛,又有力烘托小通讯员为人民利益舍生忘死的革命精神,还直接表达了自己深深的哀思。用三个"我想",再现小战士英姿勃勃的形象,使读者感觉到:小战士虽死犹生。一个人倒下了,千万个人站起来。

三、表情朗读第五部分,深入体会思想意义及写作特色

四、总结全文

　　这篇颂扬军民鱼水情的作品十分感人,小通讯员的崇高革命思想感人,新媳妇诚挚的情谊感人。其实,在推翻旧世界的艰苦战斗岁月中,像小通讯员那样热爱生活的年轻战士,为了新中国的诞生慷慨献身的何止千万?像新媳妇那样,为了革命的胜利献被,献粮,甚至献出自己亲人的又何止千万?新中国就是由无数革命者的热血和生命缔造的。那象征"纯洁与感情"的"百合花"是进行革命传统教育的好教材,愿它永远铭刻在我们心中。

　　当然,作品之所以感人,与它独到的艺术特色也紧密相连。请学生试说其一二。

　　学生回答后择其要加以肯定。如:

　　(1) 针脚绵密。作者善于从生活中截取富于特征的横断面,深入剖析,发掘。写情节,起承转合、呼应陪衬,丝丝入扣;绘人物,把笔触伸向人物心灵深处,精细刻画心理和感情变化,由于针脚绵密,细致入微,故能深深打动读者的心。

　　(2) 细节传神。全篇细节很多。通过这些细节,不但绘出人物风貌,还绘出人物精神。全篇精彩的细节有三:新媳妇的"百合花"被;通讯员肩头上的"破洞";新媳妇三次细细密密的缝。那条枣红底色白色花纹的"百合花"被子贯串全篇。它是新媳妇的"唯一"嫁妆,围绕这条被,展示两位主人公的性格、心灵、精神,写了小战士英勇献身、新媳妇深情献被,揭示全篇的主题。

　　(3) 对比映衬,意味隽永。全篇人与人之间,人与景之间,多处对比映衬。有自身对比,如通讯员在"我"面前,显得腼腆、忸怩;在战场上,却是勇敢、坚决,临危不惧,舍生忘死。新媳妇最初不愿借被,最后又亲

手献上自己的"唯一"嫁妆。也有互相映衬,写通讯员的腼腆、纯真,映衬新媳妇的羞涩、纯朴;写新媳妇的深情缝缀,又突出小通讯员浴血战场,舍身救人的品质。人物与景物映衬,也颇精妙。如,当通讯员牺牲时,用"明月"高悬、枣红底色上洒满白色百合花的被子给他铺垫,收到强烈的艺术效果。

五、布置作业

1. 熟读第5段。
2. 具体分析本文细节描写在塑造人物形象中的作用。

【板书设计】

百 合 花

清新、俊逸

1. 出发	珠烁(shuò)晶莹	讷(nè 或 nà)
2. 路上	执拗(niù)	忸怩(ní)
3. 借被	讪(shàn)	砦(zhài)
4. 救护	耽(dān)搁	撂(liào)
5. 献身,献被	虔(qián)诚	

小 通 讯 员

腼腆 纯真　　　　从远到近

关心群众　　　　由淡而浓

热爱生活　　　　逐层展现

舍身救人,英勇献身

新 媳 妇

笑　　　夺、瞪、嚷

　　　　羞涩　　拭、缝、铺、盖

　　　　艺术特点：

　　　　1. 针脚绵密

　　　　2. 细节传神

　　　　3. 对比映衬、意味隽永

【教　　后】

　　1. 学生感动了,特别是细节描写部分产生了强烈的感染作用。有的学生说,这不是一般的细节描写,而是倾注了作者由衷的赞颂与不尽的哀思。

　　2. 朗读很重要,一些精彩的段落反复朗读,可把无声的文字变成有声的语言,既作用于学生的目,又作用于学生的耳,增强文章的感染力。

　　3. 课后学生与电影《百合花》进行比较,分析异同,兴趣甚浓。

作文讲评
——《献上一支心中的歌》

一、题目
献上一支心中的歌

二、要求
1. 选准歌颂的对象。
2. 托物言志,借物抒情。
3. 在记叙中夹以议论和抒情。

三、讲评

这个作文题目难度较大,部分学生能扣住题意写,内容具体,有真情实感;部分学生写得大而空,或不十分切题。

怎么写才会具体、充实、形象、生动呢?

1. 首先对题目咬文嚼字一番。

(1) 请学生就语法角度分析

思考回答:题目是什么结构的词组?谁"献"?"献"给谁?弄明白:句子中省略主语和状语。向谁献呢?向亲爱的党,向伟大的祖国,向革命先烈,向英雄人物,向高尚的人等。

(2) 请学生就含义的角度分析

"歌",是否就是音乐课上课的歌呢?不是引吭高歌的"歌",而是象征性的。

引用一位学生作文开头的话:"歌,是从口中唱出的;而心中的歌,却是从心灵发出的,是世界上最美最富有旋律的歌。我要把心中的歌献给心中最崇敬的人——对越自卫反击战的英雄们。"

因此,"心中的"歌,是发自肺腑的心声,"献",表示无比的崇敬,情要真,意要深。

(3) 审清题意,可判断这篇作文应写成抒情散文,记叙中夹以议论和抒情,向党、向祖国、向英雄抒发热爱之情,赞美之情,颂扬之情。

这些情该怎么抒发呢?是不是用许多概念化的词句,什么"伟大啊""壮丽啊"等凌空地抒情呢?不是。

2. 情寄于物,借物抒情。

把真挚深厚的感情寄寓描绘的"物"中,借托"物"具体细致地表露发自肺腑的深情。因此,"物"要选得好,写得好。

怎么选?怎么写?

3. 剖析一位学生的作文,指导观察与启发想象。

(1) 出示《少年文艺》第7期封底的放大彩色图。

(2) 请学生观察彩色图,说明画了哪些景物。

(3) 发一位学生的作文,阅读,评析,对照。

请这位学生说明怎样选"物",怎样观察"物",怎样描绘"物",又怎样借"物"抒情的。

请学生将自己观察所得与这位同学说的写的比较一番。指出:写时应——

(4) 目注神驰,观此思彼。

观察,贵在细致、准确,讲究先后有序,用眼睛看,用心灵体会。这篇作文表明:小作者观察画面细致入微,准确无误。画中主体是祖国的儿女西藏姑娘,身披霞光,行进在肥沃的草原上。背景远近分明,色彩绚烂。细小的部分看得真切,如:"那涓涓的雪水在无声地淌着,闪着耀眼的红波""让霞光为她镶上金环"等,不仅有画意,而且有诗情。祖国明朗的天,祖国肥沃的大地,祖国的儿女,奏一曲伟大祖国的颂歌。观察得"深",热爱之情就可表达得畅达。

想象,从观察实物出发,开展想象,浮想联翩,由视觉而引出听觉,由色彩到有旋律的歌声,使画面"活"起来,"动"起来,味道浓郁起来。由画内到画外,再由画外回到画内。放开去,神思飞越,驰骋万里;收回来,紧扣关键,突出主题。画面有限度,然而小作者未受此限制,开展想象,开拓意境,内容充实丰满,收尺幅天涯之效。开展想象又以画面为依据,离开了画面的主体去乱想,不叫想象,叫想入非非。想入非非写下的文章就会成为"游谈无根"。

4. 作业。

就观察与想象方面的要求评析自己的作文,写简短的评语。

【教　后】

1. 学生颇有兴趣,感到一节课不够,希望增加一节课,再评析其他同学的作文。满足了他们的要求。

2. 从画内到画外开展想象的方法,一位学生后来口头练习介绍一幅画时,明显地加以运用。

【附学生作文】

献上一支心中的歌
章　引

《少年文艺》1980年第7期的封底刊登着一幅别具一格的抒情风俗画《高原的歌》。夕阳西下,红光晃漾,晚霞满天,一位藏族姑娘骑着牦牛,行进在霞光中,脚下是撒满小红花的草地,远处被夕阳映红的皑皑雪山连绵不断,若隐若现。整个画面和谐地统一在一个橙红的基调中。

有道是:"色彩是绘画的语言,它能奏出旋律,能产生感情。"果真不假,《高原的歌》那红色的韵味,使人心情豁然开朗,精神为之大振。旋律响起,你似乎就可看到无垠的草原上,乌黑的牦牛在悠闲地散步、吃草;那涓涓的雪水在无声地淌着,闪着耀眼的红波,灌溉草原,滋润暮色。作者以洗练粗犷的笔触,高亢热烈的旋律,描绘了这幅"世界屋脊"的绚丽的彩画。

画的"潜台词"更在那位姑娘的身上。作者给予她粗犷爽朗的性格,但又使她置身于霞光之中,让霞光为她镶上金环,这就使人感觉到她还有温柔恬静的一面。看那姑娘,深邃的目光一直射向画外,使画的意境跃然跳离了画面的束缚。她在看什么呢?在看她放牧的牛群?在看阿爸种植青稞?在看喷泉边的电站?还是在看织毯厂里双手灵巧的姐妹?……啊,姑娘都看到了,她看得很多很多,她看到了意气风发的人民在建设中大显身手,看到了美丽的祖国正奔跑在"四化"大道上。你看,姑娘笑了,仿佛看到母亲久病初愈,笑得那样甜哩!从那画上传来的何止是笑声?还有歌声——姑娘心中的歌:"我爱你,中国!我爱你青松气质,我爱你红梅品格,我要把最美的歌儿献给你,我要把最美好的青春献给你,我的母亲,我的祖国!"

合上眼睑,那轻轻的、优美的歌声会在你耳边萦绕。"心有灵犀一点通",这时呈现在你眼前的就不仅仅是暮色中的高原了,还有那碧波滚滚的南海,白雪飘舞的北国,景色宜人的江南……你听着,想着,欣赏着,你的心弦也一定会被拨动的,你也会情不自禁地随着那位藏族姑娘唱起来。唱啊,唱啊,你会深深地感到这正是你心中的歌,正是每一个中国青年献给年轻的母亲——朝气蓬勃的祖国的赞歌,当然,也是我,一个共青团员献给祖国最美好的赞歌。

祖国啊,我们的母亲,请接受您的儿女们由衷的赞美吧!

《给青年的一封信》

【教学目的】

1. 理解巴甫洛夫对青年科学工作者提出的三点希望的含义及重要性，激励自己端正学习态度，培养良好的学风。

2. 体会比喻和条件关系复句在说理中的运用，背诵文中警句。

【教学时数】

两课时。

【教学步骤】

一、导入课文

"信"，是日常生活中的应用文，用以达到交际的目的。今天学习的《给青年的一封信》不是一封普通的信，而是一位86岁高龄的苏联著名生理学家伊凡·彼得诺维奇·巴甫洛夫在临终前几个月写给苏联广大的青年科学工作者的、富有深刻教育意义的信。这封信语重心长，向青年科学工作者提出殷切的期望，倾注了对青年的无限深情；这封信言简意赅，凝聚了这位曾获得诺贝尔奖的科学家的60年来从事科学研究的宝贵经验，警句汇集，寓意深刻。

学这封信采用三读的方法。

二、一读，理解文章主要内容，体会语重心长

1. 学生阅读全文，思考回答：作者向青年科学工作者提出了哪几点希望，说明进行科学研究要怎样，不该怎样。

2. 明确：要循序渐进。前面的东西如果没有领会，就决不要动手去搞后面的，决不要企图掩饰自己知识上的缺陷。

要虚心。不要让骄傲支配了你们，不要以为自己已经知道了一切。

要有热情。科学需要一个人贡献出毕生的精力。

3. 全文分两个部分。第一部分是第 1~10 段，提出对青年科学工作者的三点希望。第二部分是第 11~12 段，说明社会主义国家发展科学的目的，国家对青年科学家的期望，勉励他们为国争光。

4. 朗读第 1~10 段，体会言词的恳切，情意的深远。

读时注意正音：卓(zhuó)　饰(shì)　奥(ào)　辜(gū)

三、二读，抓住重点段落推敲，体会言简意赅

1. 再次阅读第 2~6 段，画出警句，阐述其中寓含的深刻含义。
2. 在阅读理解的基础上，就下列问题开展讨论。

(1) 什么叫"循序渐进"？

按照一定的步骤逐步深入或提高。循，顺着，按照。先通晓(明白、熟悉、贯通)初步知识，才可能攀登高峰。不能好高骛远，不能掩饰缺陷，要老老实实，来不得半点虚假。

(2) 为什么要"循序渐进"？

作者再三强调循序渐进，而且"一谈到"，"心情就不能不激动"。这是由于作者对此有极深刻的感受；"循序渐进"是使科学工作能取得"卓著成效"的"最重要的条件"，离开这一点，科学研究难以有成果。为了强调这个条件，文中运用了反复的修辞手法，连用了三个"循序渐进"，后面再加一个要"养成严格的循序渐进的习惯"。

(3) 怎么"循序渐进"？

"先通晓科学的初步知识"，然后"要研究事实，对比事实，积累事实"，最后"要洞悉事实发生的奥秘"，"寻求那些支配事实的规律"。这样阐述由浅入深，由事实到理论，由现象到实质，说理清楚，本身就是符

合循序渐进原则的。

科学家高士其说过:"科学知识都是由浅而深、由近而远、由简单而复杂,由低级而高级,一步一步发展起来的,所以,我们必须依照认识发展的规律,一步一步地学,扎扎实实地学。"说的也就是循序渐进的道理。

(4)为了阐明道理,文中运用了比喻的方法。文中是怎样运用比喻来说明道理的呢?请思考回答。

用人们熟知的鸟的翅膀离开空气不能高飞的事实作比喻,阐述从事科学工作"研究事实、对比事实、积累事实"的重要性。鸟儿凭借空气才能高飞,科学家凭借事实才能探讨科学的奥秘,这样用比喻来阐述,就把抽象的道理写得生动形象,增强说服力。

3. 这部分是论述的重点。从事科学研究,离开扎实的基础,任何美好的理想只不过是水中月、镜中花。这个道理,平时我们常说,请学生引用名言或比喻、俗语说明,加深印象。(如:万丈高楼平地起;千里之行,始于足下;根深叶茂;脚踏实地;一步一个脚印;一锹铲不出一个金銮殿,一步不能登天等。)

四、三读,体会说理的透辟,感情的充沛

1. 阅读时画出表示"无条件"关系的复句和排比句,体会它们在表达情意中的作用。

2. 阐述循序渐进的原则清楚、透辟,阐述第二点、第三点希望时也是如此。请学生举例说明。

作者先用"无论……也……""不管……总要……"等表示"无条件"关系的复句,强调说明青年科学工作者不管在什么条件下都要有勇气对自己说"我是个毫无知识的人",这是从正面提要求,提希望。接着告诫青年科学工作者"不要让骄傲支配了你们"。为了把道理说透,文中用"由于骄傲……""由于骄傲……""由于骄傲……"的排比句反复说明骄傲的危害性，这是从反面说明"要虚心"的道理。最后以自己领导的集体中互助的事实进一步阐明"要虚心"的道理。这样，正反论述，有事实有道理，说理性强，令人信服。

3. 文中字里行间洋溢着充沛的感情，读后不仅令人信服，而且受到感染，请举例说明。

如"要有热情"这一段。"毕生的精力""两次生命""非常紧张地工作""高度的热情""热情地工作""热情地探讨"在短短四句话中接连出现，老科学家的激情洋溢纸上。这些话是对青年的谆谆教导，更是他长期从事科学实践的写照。他曾经说过："我愿意用我全部的生命，从事研究科学，来贡献给生育我、栽培我的祖国和人民。"他86岁时，身患重病，仍不忘观察和记录自己的病象，临终前，还不断地自言自语说："起来！我要起来了！"这种对祖国科学事业的高度热情感人至深。

（补充巴甫洛夫一次试验失败后所表现的勇气和信心的事迹。三十只大狗，半年时间，手术失败。）

总之，作者的谆谆教导放射着哲理的感人的光辉。尽管他是在彼时彼地对苏联青年人说的，但今天读来，仍然很有借鉴作用。科学家有自己的祖国，应无比热爱自己的祖国，但他献身科学的正直的心，对科学做出的卓越贡献又是超越国界，超越时间限制的。

五、作业

1. 归纳本文中心思想。

2. 就学习态度、学习方法、学习习惯等问题造两个条件关系的复句。

3. 写一篇《读"信"有感》的短文，要求抓住体会最深的一点深入阐发，针对自己的学习实际进行分析，摆事实，讲道理，正反论述。

【板书设计】

给青年的一封信

语重心长
言简意赅

- 要循序渐进
  - 通晓初步知识
  - 研究事实,对比事实,积累事实
  - 寻求规律
- 要虚心　"无论……也……""不管……总要……"
- 要有热情　贡献毕生精力

巴甫洛夫名言:科学的未来只能是属于勤奋而又谦虚的年轻一代!

【教　后】

1. 有些学生认为"最大限度"用得不恰当,理由是客观事物在发展,科学在发展,文中的提法不合适。讨论结果是:这样用虽是溢美之词,但也无不可。

2. 针对青年人容易"好高骛远""眼高手低"的弱点,引导学生联系自己的实际进行思考。

3. 学生纠正了我教学用语中不准确之处。介绍巴甫洛夫科学上成就时,我说:"他多次获得诺贝尔奖。"学生立即纠正说:"是一次获得诺贝尔奖。"提得好!应牢记:教学用语必须准确。

读写相长　意在创造

《卖油翁》

【教学目的】

1. 理解熟能生巧的道理，激励学生为实现"四化"勤学苦练。
2. 学习通过具体记事说明道理的写作方法。
3. 懂得文言虚词"而"的连接作用及其他用法。

【教学时数】

两课时。

【教学步骤】

　　一、检查旧课

背诵《卖炭翁》。

　　二、作者介绍

1. 复习欧阳修的七绝《丰乐亭游春》。

　　　　红树青山日欲斜，长郊草色绿无涯。

　　　　游人不管春将老，来往亭前踏落花。

2. 欧阳修（1007—1072），字永叔，自号醉翁，又号六一居士，北宋吉州永丰人。他是当时公认的文坛领袖，是一个在散文、诗、词各方面都成就卓著的作家。他团结和培养了许多著名作者，领导了北宋的诗文革新运动。以往所说"唐宋八大家",就有六大家属于这个时期的这批作家里的。八大家是:唐的韩愈、柳宗元,宋的欧阳修、王安石、曾巩、苏洵、苏轼和苏辙。韩、苏、王的绝句我们曾学过一些。

欧阳修是北宋古文运动的领袖,一生写了大量散文作品。他的文章简洁明畅,说理透辟,状物抒情挥洒自如,语言精练而不奇崛,文辞婉转曲折,具有潇洒的风格和浓厚的抒情气息。下学期我们要学习他的名篇《醉翁亭记》,更可领略其妙处。

本文仅135字,可算散文中的小品,选自《归田录》。该书是一部记载朝廷轶事和士大夫诙谐之言的书。

请同学试答:本文主要记叙了怎样的一件事?写了哪几个人?这个故事告诉我们怎样一个道理?

三、领读全文,注意句读,注意句中停顿

四、讲读第1段

第1段写一射一看。

思考:

1. 故事中先出现的陈尧咨这个人物有何特点?(射者)

2. 卖油翁是在怎样场景中出现的?动作、神态如何?

静中有动

3. 要求学生对照注释逐字逐句讲解。

指点:

(1) 把句中省略的主语补上。

(2) "以""于""而""但""之""中"等词的词性词义辨清楚。

(3) 比较:

举世无双,当世无双,首屈一指;

睥睨,正视,注视;

微颔,赞许,喝彩。

(4)射者与观者评价不一,有矛盾。

4. 学生读熟第1段,注意人物的语气。

五、讲读第2段

写射者与看者引人深思的对话。

1. 先看问与答的第一个回合。

(1)"问"由何引起?"微颔""自矜"——主观与客观评价有矛盾。"问"是逼出来的。

(2)"问"是进攻性的,有火气,不服气。射:箭法。精:精良、精妙、精湛。

(3)答者招架,沉着回答。"无他,但手熟尔"。轻描淡写一句。这一句更有损陈的自信自矜心理,于是引出问与答的第二个回合。

2. 问与答的第二个回合。

① "问"者火冒三尺,"忿";语气是责问"安敢"。

② "答"者摆事实,不仅说,而且当场表演,表演了再说,胸有成竹,从容自若。注意:"我亦",并未因自己的绝技而自夸。

3. 在事实面前,康肃"笑而遣之"。由"忿"而"笑",心中信服。

4. 学生对读,体会语气。(轮流)

六、提问,分析

1. 本文写了怎样一件事?说明了一个什么道理?(运用文中现成语句)

记述了卖油翁自钱孔沥油这件事,说明了熟能生巧的道理。

2. 为何如此短的篇幅,作者未发表一点议论,就把道理说得明白生动,引人深思?这是因为:

(1)剪裁合理。(宾主分明,繁简得当)

把生活中的素材做了合理的详略处理。主角是卖油翁,写陈的善射,只为了陪衬卖油翁的善酌。因此,写陈射技之精只作概括交代,不加渲染。主要笔墨放在酌油的现场操作,采用白描手法,细腻传神。该略,惜墨如金;该详,泼墨如水。细部清晰,动作、神态、手艺和议论,均写得精确。

一段详,一段略,略中有详,详中有略,详略交叉运用,服从于突出中心的要求。(这是由于作者有敏锐的观察力,对生活中现象烂熟于心)

(2) 对比鲜明。

课文始终把两个人对比着写。

	陈尧咨	卖油翁
技艺:	善射(十中八九)	善酌(绝技)
见地:	自矜	大巧若拙(无他……)
态度:	浮躁	从容、沉着

(3) 语言精练。

高明的猎手一枪能击落飞鸟,语言运用也如此。反复锤炼,把细心观察所得用精确的词句表现、刻画,就可生动传神。如绘动作、神态及心理活动的动词、形容词等。

七、作业

1. 口译全文。

2. 练习三。

3. 练习四(以问答形式说明本文主题的意义)。

把五句话用现代汉语连缀成一段话,题目是《为文之道》,要求:

① 句与句之间稍加补充,词的解释可稍加变化。

② 不超过200字。

4. 补充练习:

① 区别下列各组中加点的词在意义或语气上的不同。

$\begin{cases}以此自矜\\以我酌油知之\end{cases}$ $\begin{cases}但手熟尔\\尔安敢轻吾射\end{cases}$

$\begin{cases}汝亦知射乎\\尔安敢轻吾射\end{cases}$

② 解释下面加点的词的意义：

善射　　　自矜

尝　　　　释担

发矢　　　无他

【板书设计】

卖　油　翁

	（略）	（详）
技艺	善射（十中八九）	善酌（自钱孔入而钱不湿，堪称绝技）
	自矜	我亦无他，惟手熟尔
态度	安敢轻吾射	取，置，覆，（徐），酌，沥（胸有成竹，从容不迫）

【教　后】

1. 教第2段时，我说："下面是二人精彩的对话。"学生认为用得不恰当，我立即改正，换了"引人深思"四个字作附加语。教学用语须精当，不可马虎。

2. 教卖油翁的"沥"油绝技时，出示了铜钱，学生情不自禁地"呀"了一声，收到了预期的效果。

3.《为文之道》短文当堂进行了交流，既加深对课文的理解，又激发了学生的写作兴趣。

《在烈日和暴雨下》

【教学目的】

1. 通过祥子的遭遇认识旧社会的黑暗,加深对新社会的热爱。
2. 理解景物描写在组织情节、表现主题中的重要作用。

【教学时数】

两课时。

【教学步骤】

一、作者介绍

《在烈日和暴雨下》选自《骆驼祥子》第 18 章,标题是编者加的。作者老舍。老舍原名舒庆春,字舍予,北京人,现代作家。他出身贫苦,当过小学教员,过清苦的生活,长期与打拳的、卖唱的、人力车夫等穷苦人来往,不仅熟悉他们,而且建立了深厚的友谊。

他从 1924 年开始创作,主要写小说。受"五四"运动宣传的革命民主主义的影响,多取材于下层社会受压迫的苦人们的生活,反映旧社会劳动人民的不幸,并以独特的幽默和辛辣的笔调,无情揭露旧社会的罪恶。最早的小说有《老张的哲学》《赵子曰》《二马》,长篇《猫城记》《离婚》等,其中以描写旧社会城市洋车夫生活的长篇小说《骆驼祥子》最为著名。

1949 年以后,老舍获得新的艺术生命,他致力于戏剧、曲艺等方面的创作,取得优异成绩。从 1950 年至 1966 年,他配合党的各项重大政治运动,前后共写了23个剧本,热情歌颂新中国的巨大变化。其中《龙须沟》《方珍珠》《茶馆》《女店员》《全家福》等,赢得广泛赞扬。为此,1951年获得"人民艺术家"的光荣称号。

然而,就是这样一位"五四"以来成就卓著的小说家和剧作家,在"十年动乱"中被迫害致死。

二、作品简介

《骆驼祥子》写于1935年,是老舍的作品,也是"五四"以来的名著之一。

小说的主人公是祥子,是一个受压迫受奴役但一时又尚未觉醒的劳动者典型。他走的是一条自我奋斗的道路,但这条道路失败了。围绕买车,祥子三起三落。他生长在农村,在封建势力压迫下失去了仅有的几亩薄地,又死了父母,无以度日,便跑到北洋军阀统治下的北京谋生。靠着年轻力壮,选定了拉人力车这个行业。他只求拉上自己的车,不受拴车的人的气,凭力气自食其力。为了买辆车,他咬紧牙关,拼死拼活干了整整三年,积蓄一百块钱,买了一辆新车。然而不料遇上军阀混战,连人带车被抓去当夫。后来人虽逃了出来,车却丢了。混乱中从军阀队伍中拉走了几匹骆驼,卖了几十块钱,跑回北京。因而,在同伴中获得了"骆驼祥子"的外号。第一次奋斗失败了。第二次到曹家拉包车,省吃俭用积蓄下来的钱又被侦探诈骗了去,买车又成了泡影。他走投无路,只得又回到车厂。第三次是用车厂老板女儿虎妞的钱买了车,但不久虎妞难产而死,又不得不把赖以糊口的人力车卖掉,重新租车来拉。

祥子原是一个年轻力壮、精力充沛、有强烈进取心的人,只想自食其力,然而种种恶势力逼迫他性格起了变化,他心灰意懒,消极颓唐,染上烟酒恶习,偷懒、油滑,乃至完全沉沦下去。

作者通过祥子的悲惨遭遇的描绘,通过样子大半生的血和泪,艰辛和屈辱乃至堕落，无情揭露那阴森可怖的旧社会强取豪夺的血淋淋的吃人制度，也揭示了"干苦活儿的想独自混好，比登天还难"的道理。

三、学习课文

节选部分的情节是：祥子已经成了家，有了家庭负担，而且妻子怀了孕，他不得不更加卖力地拉车挣钱，维持两口人的生活，并且准备小生命的出世。祥子的心理和生活的急遽变化，痛切感到生活的无聊、无望，就是从这场暴雨开始的。《骆驼祥子》中大段描写景物的有四处，选文是最后也是最长的一处。

1. 文章分两部分。

第一部分（第1~6段）：写烈日下的祥子。

第二部分（第7~16段）：写暴雨下的祥子。

2. 怎样描写烈日的？从哪些角度？运用了哪些方法？

（1）先总写"发了狂""下了火"，真是赤日炎炎。

（2）继写"街上""马路""便道"，用排比句突出阳光之烈，一个比喻，使人如临其境。

（3）再细写，从五个方面铺写，侧面烘托烈日炎炎。

总之，有概貌，有细写；有静物，有动物，有人（重点写车夫的活动）；有正面写，有侧面写。

在铺陈中运用白描、拟人、比喻、夸张等手法，处处从"烈日"落笔，细致地、多方面地渲染天气闷热难当，为下文写祥子做铺垫。

3. 作者是怎样着意刻画祥子的矛盾心情的？抓住哪一细节刻画在烈日下为生活受煎熬？

矛盾心情："有些胆怯""可是见了座儿他还想拉"，深刻揭示在饥饿线上挣扎的难言苦楚。幻想；跑；不跑；拉到地方，不敢再动，却又坐不住；出去试试，又觉得自己错了——在这矛盾的心情之中，饱含着多少辛酸,承受着多少痛苦!

然而,痛苦还在加深,作者从祥子的感受出发,着力写阳光的暴烈,从"空中""屋顶""墙壁""地上""从上至下"写烈日的威力无处不在,充分表达了祥子心理上的畏缩与烦躁。

第5段着重写太阳,从大地如"火镜",从白光下的声、色、味写,把炎热描绘得淋漓尽致。这样是在写人,又在写景,使人痛楚地感受到:祥子是在为生活而卖命。

作者还紧紧抓住"出汗"突出了天气的炎热。拉空车也流汗;拉到地方,裤褂全裹在了身上;茶进汗出,似乎身子不会再储藏一点;脚心跟鞋袜粘在一块。

最后写病态,痛苦溢于言外。

第一部分小结:

写烈日,突出祥子如何在酷暑下煎熬。此处景物描写不是一般的烘托、渲染,而是反映人物心理和性格,推动情节发展,揭示主题思想。这一部分写早晨到中午,第二部分写午后。

4. 第二部分由学生独立分析:

(1) 作者描绘暴雨情景,从哪儿落笔?具体说明其描绘的顺序。

① 从"热"写到凉风的出现,过渡到对暴雨的描写。

② 俗话说"风是雨头",写雨正是从写风入手的。"山雨欲来风满楼",气势非凡。

③ 写风既写静物,又写人的找风,惊惶失措,慌手忙脚。

④ 写风、土、云,再写风、土、云、电闪,终于写到了雨。反复之中有发展,有推进,不是简单的重复。

⑤ 写雨,先雨星、雨点,然后雨又停了;再写风,风雨交加;最后写风过去,"一个水世界"。

描绘了华北一带夏季暴雨的特点,细致生动,富有生活实感。这样的描绘扣人心弦,使人不得不关注在这样环境中的主人公的命运。狂风、暴雨、乌云、电闪、飞扬的尘土、狂舞的柳条混合着写,有条不紊,有声有色,曲折多变,动人心魄。

(2) 作者怎样描绘祥子在暴雨中拉车的情景?坐车的怎样?拉车的怎样?

坐车的仿佛"死"在车上,拉车的在水里"挣命";坐车的申斥拉车的,拉车的欲躲避风雨不得;坐车的连一个铜板也没多给,拉车的已顾不过命来。

最后以"像风雨中的树叶"作结,绘出劳动者的毫无保障,脆弱可怜,使人心酸泪下。

四、总结

本文重点在描绘景物,观察细致,描写具体、准确、生动。多角度,多种方法写。语言节奏感很强。

乍看是"烈日""暴雨"折磨祥子,但不是为写景而写景。什么驱使祥子在奔走挣扎?造成劳动人民生活痛苦的根本原因在于社会制度而不在于天气。因此这个风雨不仅是自然界的风雨,也是时代的风雨。劳动人民不如骡狗,不如树叶。

这一章的结尾说:"雨下给富人,也下给穷人;下给义人,也下给不义的人。其实,雨并不公道,因为下落在一个没有公道的世界上。"这正说明通过景物描绘揭示了一个深刻的主题。

打这以后,祥子生了一场重病,歇了一个月,再也强不起来了,一蹶不振了。

五、作业

1. 朗读全文。
2. 练习一、三。

【板书设计】

在烈日和暴雨下

在烈日下　　　　　　　　　　　　在暴雨下（学生分析）

总写　"发了狂""下了火"

分写　"街上""马路""便道"

　　　——"整个老城像烧透了的砖窑"

细写　"吐""张""不敢吆喝""晒化"

　　　"寂静""丁丁当当"

　　　"打盹""喝茶""看看""走""灌""栽"

【教　后】

1. 放手让学生独立分析，学生兴趣甚浓。由于第一部分做了样子，独立分析时困难不大，未走弯路。

2. 抓住"烈"和"暴"推敲，学生能透过自然现象看社会本质。

3. 学生说"坐车的"也不过是小资产阶级，为生计奔忙。如果真是有钱的，就会有包车、轿子，而不去雇车了。说得有一定道理。

4. 告诉学生老舍在《我怎样写〈骆驼祥子〉》一文中说，"这是一本最使我自己满意的作品"，在写作时，"笔尖上便能涌出血和泪来"。

《故乡》

【教学目的】

1. 认识旧中国在帝国主义、封建主义双重压迫下,农村衰败、农民日益贫困的痛苦情况,加深对新社会的热爱。学习鲁迅反帝反封建的彻底革命精神。

2. 学习运用对照的方法刻画人物,领会景物描写对表达中心的作用。

【教学时数】

四课时。

【教学步骤】

一、解题

本篇文章写于1921年1月,最初发表于同年5月1日出版的《新青年》第九卷第一号,后编入小说集《呐喊》。它深刻地反映了辛亥革命后我国农村的凋敝和农民遭受残酷剥削压迫的社会情景。

1840年鸦片战争以后,中国日益半殖民地半封建化,帝国主义列强的入侵及其势力范围的划分,给人民造成种种苦难。在帝国主义支持下的皖、直、奉等各系军阀连年混战,酿成横征暴敛,农业凋敝,农民破产。1911年辛亥革命,虽推翻了皇帝的专制政权,但代之而起的是地主阶级的军阀官僚的统治和帝国主义的压迫,兵(军阀混战)、匪(盗贼横行)、官(官僚统治)、绅(地主盘剥)相互勾结。这种半殖民地半封建的社会制度是苦难之源。

对辛亥革命的不彻底性,鲁迅很是不满,一度陷入孤独和苦闷之中。十月革命的胜利和"五四运动"的爆发,使他受到极大鼓舞。这时他在北京,以彻底反帝反封建精神高举文化革命的大旗,用小说和杂文解剖旧社会,向反动势力斗争,支持学生爱国运动。

1919年12月,他回故乡绍兴接母亲赴北京,目睹故乡残破景象,农民日益贫困,感到十分悲痛,一年后以这次经历为题材创作了小说《故乡》。

二、边听录音边理清故事情节

1. 听录音要求:

(1) 识字、积词。

(2) 体会语气。

2. 理清故事情节,要求:

(1) 用一两句话概括全文的内容。

以"我"的活动为线索,记叙"我"回故乡卖屋接母赴北京的事。

(2) 按时间、地点的转换列情节提纲。

情节安排:

第一部分 (开头……异地去) 回　故　乡	时间(严寒的深冬) 地点(相隔二千里路,北京—绍兴) 事由(卖屋,搬家到谋食的异地去)
第二部分 (第二日…… 一扫而空了) 在　故　乡	到家那天(……出去了)——回忆 (插)少年闰土和见到杨二嫂 三四天后(……回去了)——会见闰土 又过了九日(……而空了)——离别闰土与故乡

361

第三部分 ｛抒发对现实生活的愤慨
（……结束）｛表达对农民的同情与焦虑
离　故　乡 ｛探求新的生活道路

故事情节就是按回故乡、在故乡、离故乡的顺序结构而成。回故乡一段稍写景色；在故乡一段简记人物；离故乡一段则略抒情怀。小说的典型环境与典型人物，就是借助此故事情节来精心描绘的。

三、典型人物

1. 作品从社会现实出发，经过艺术提炼，塑造了令人难忘的典型艺术形象，请学生在第 86 段中寻找三个词组来表明三种人物的形象。（三个典型人物）

　　　　辛苦展转——"我"

　　　　辛苦麻木——闰土

　　　　辛苦恣睢——杨二嫂

2. 少年闰土是怎样一个人？中年闰土又是怎样一个人？从他的前后变化反映了怎样的社会现实？（外形、语言、动作）

（1）读第 12～30 段，读第 54～76 段。

（2）少年闰土：

健康、纯朴、热情、聪明、活泼，农村生活知识丰富。农村的广阔天地，是他生活的场所；开朗乐观，"心里有无穷无尽的稀奇的事"。与"只看见院子里高墙上的四角的天空"的小少爷相比，更显得活泼动人。生气勃勃，少年英雄。

出现时的背景，那"瓜田月下刺猬图"的美好形象，珍藏在"我"的记忆中，20 年来，没有褪色。

(3) 中年闰土：

自卑、衰老、迷信，像个木偶人了。脸色灰黄，很深的皱纹，眼肿，手开裂如松树皮，脸上全然不动，如石像一般，只觉得苦，又形容不出。生活艰辛，处境穷困。

他从旧物中拣出来的东西中，不仅有日用的长桌、椅子、抬秤，而且还有一副香炉和烛台。见"我"时，不再是天真幼稚，友谊真挚；而是"动着嘴唇"（尽管有"欢喜"的冲动），"却没有作声"（"凄凉"的处境造成）。神态是"终于恭敬起来了"，叫道："老爷……"

(4) 反映怎样的社会现实？

残酷的阶级压迫和民族压迫，多子、饥荒、税、兵、匪、官、绅，把一个活泼泼的少年英雄折磨成凄惨的苦人儿。

鲁迅在这个人物的前后对比中，不仅从经济上、政治上刻画了闰土的痛苦，而且十分深刻地从精神上揭示了闰土的痛苦。封建思想意识给他加上精神枷锁，尊卑观念愚弄纯朴的农民。见"我"时，强自按熄霎时间闪现出来的真挚友谊的火花；见面时一系列精神变化细致入微地刻画了尊卑观念给闰土心灵深处留下的创伤。对香炉与烛台细节的描写，进一步揭示内心世界，他虔诚地渴望神灵赐福，摆脱贫困与苦难。封建统治者借助宗教对农民实行愚民政策，利用神权把广大农民牢牢束缚在迷信思想的囚笼内。通过这样的描绘可以清楚地看到：闰土对苦难根源有直觉，但不理解；希望改变现状，但又无可奈何；憧憬未来，却不懂得靠自己及阶级弟兄共同反抗来夺取，而是寄希望于渺茫的神佛保佑。

在鲜明的对比中，痛斥封建制度的罪恶，揭示农民的日益贫困，指出了听天由命、辛苦麻木的生活道路是一条死路、绝路。

（抓住表现力强的词句阅读、领会）

3. 杨二嫂是怎样的一个人？这一形象的社会意义是什么？（外形、

语言、行动、性格）

（1）读第39～52段。

（2）先闻其声，再见其人。"凸颧骨，薄嘴唇，五十岁上下的女人"，"像一个画图仪器里细脚伶仃的圆规"，形象地勾勒出人物的外形。

（3）年轻时，以涂脂抹粉增添姿色招徕主顾，得以谋生；人老珠黄，每况愈下。她的说话和动作表明了她尖嘴利舌，贪小泼辣的小市民习性和日趋贫困的生活。

（4）杨二嫂的前后变化，说明这个人在旧社会还是受损害的，从另一个侧面反映了官僚地主统治下农村的急剧破产，也是故乡衰败的一种标记。

（5）恣睢：放纵行为。杨二嫂是旧中国病态社会的产物，在旧社会严重腐蚀下，一面辛苦劳动，一面放纵自己，从招徕生意到连偷带摸，鞭挞了那个黑暗的时代环境和罪恶的社会制度，希望下一代不要走这一条路。

4. "我"是怎样的一个人呢？他的思想、情感有怎样曲折复杂的变化？

作品中的第一人称"我"，是艺术形象，作者虽运用了自己生活中的一部分材料，但"我"是个虚构人物。

"我"是小说中不可缺少的重要人物，对故乡和故乡人的变化，是通过"我"的观察和感受描写出来的。

（1）读第1～5段，读第78～88段。

（2）"我"是一个革命知识分子形象。由于"辛苦展转"，他回故乡的心情是怎样的？

"心情悲凉"。

故乡萧索的景色显示了当时农村的凋敝，衬托了我的"悲凉"心情。现实的故乡与记忆中的故乡距离太大，"我"感到非常失望与悲凉，从而抒发了对帝国主义、封建主义的无比憎恨的感情。"这不是我二十年来时时记得的故乡"这句话表现了"我"对故乡的热爱与怀念。

关键在"改变"。

怀着压抑的情感,用淡淡的抒情笔触,传出悲凉激愤的心情。

(3) 老屋的残破寂静,母亲凄凉的神情,故乡的萧索景象与"我"的悲凉心情一致。

(4) 闰土的巨大变化,与"我"的思想隔阂、阶级隔阂刺痛"我"的心,思想上有极大的震动、悲哀、愤慨。哀其不幸,寄予无限同情。

(5) 杨二嫂的变化,"我"讨厌。

(6) 离别故乡时复杂的思想感情:

气闷悲哀——从碗碟比较闰土与杨二嫂两种人物的不同,深感旧社会在物质上、精神上对人们的损害。

展开对未来新生活的希望——"我们的后辈还是一气",否定三个"辛苦",明确指出要追求一种新生活。从失望到希望,反映了作者要求推翻旧社会实现新生活的革命精神。

"忽然害怕起来了",因为想到希望,就会想到希望的实现,并想到当时社会有无实现的可能。表现了作者对现实的极端不满,认识改造它的艰巨复杂。

闰土崇拜的是神的偶像,只想眼前生活好一些,故"切近";"我自己手制的偶像"是希望后一代过新的生活,这不是轻而易举的,须经长期艰苦的实践,故"茫然"。这样写,表现了对革命任务艰巨性的深刻认识和实现理想的决心。

最后以"路"作比喻,充满了希望和理想必然实现的信心。这闪光的一笔,一扫全篇沉闷的气氛,反映积极谋求社会变革的进取精神,鼓舞人们为新社会的出现而斗争的信心,把小说的主题思想引上一个新高度。

感情曲折复杂,通过"我"的感想,抒发对现实生活的极度愤慨,表示对农民的深厚同情和焦虑,提出"新的生活"的伟大理想,并表达了实现理想的决心。(热切向往)

小结:

作者塑造人物形象时充分运用了对比手法,抒沉重压抑的哀愁,揭社会的病根,收鬼斧神工之效。

(1) 故乡前后情况的对比,描绘了日趋破产的惨景,揭示导致破产的根源。

(2) 少年闰土与成年闰土的对比,揭示了农民命运的日益悲惨,指出了听天由命、辛苦麻木的生活道路是一条死路和绝路。

(3) "我"和闰土之间关系前后变化的对比,揭示了在不同阶级之间存在着深深的隔阂。

(4) "我"和闰土之间的关系与宏儿和水生之间的关系的对比,反映了对未来生活前景的热切向往。

四、主题思想

通过对故乡景色和闰土前后变化的描绘,深刻揭露了旧中国在帝国主义、封建主义的残酷剥削和层层压榨下农村破产、农民日益贫困的社会情景,表达了作者对反动社会制度在物质上、精神上损害农民无比愤怒;对闰土精神上的麻木状态充满同情和焦虑,并表现了推翻旧社会,实现新生活的希望和信心,体现了鲁迅的彻底反帝反封建的革命精神。

鲁迅先生说:"选材要严,开掘要深。"

文章的主题思想十分深邃:(1) 揭露社会黑暗;(2) 指出贫穷的社会根源;(3) 批判三种态度;(4) 探索新的出路。

五、作业

1. 练习(二),练习(五)。

2. 练笔参考题:"故乡新貌""我可爱的故乡""故乡琐事"。

【教　　后】

1. 学生听录音全神贯注。听、读、看,对课文前前后后比较熟悉,综合分析时就大为方便。

2. 教学中充分运用对比的方法,让学生把有关段落对照起来读,加强对人物形象、主题思想和写作方法的理解。

3. 加强朗读,发挥文章的感染力。

《石壕吏》

【教学目的】

1. 了解安史之乱给唐代人民带来的巨大灾难,理解诗人复杂的思想感情。

2. 学习本诗以时间推移为顺序的叙事方法,理解它形象鲜明、寓意深沉的特点。

3. 培养学生改写的能力。

【教学时数】

两课时。

【教学步骤】

一、复习旧课,引入课文

1. 背诵杜甫的《七绝》《八阵图》和《咏怀古迹五首》中的第五首。

2. 上学期学这三首诗时曾介绍过我国唐代的伟大诗人杜甫。人们一向推崇他为诗圣,他的诗常被称为"诗史"。为什么说是诗史呢?因为从他许多诗里可以深刻而又具体地看到唐代安史之乱前后的现实生活和时代面貌。今天,我们就学习有关这方面内容的一首叙事诗——《石壕吏》。这首诗写于公元759年,安史之乱之中。请同学们阅读注释①,回答下列问题:

(1) 什么叫安史之乱?

(2) 杜甫目睹了怎样的情景才写下《石壕吏》等诗篇的?

(3) 题目的含义是什么？"石壕"是现在的什么地方？

二、教师范读课文，提出学习要求

1. 画出不认识的字和不理解的词。

2. 思考回答：这首诗写了怎样一个故事？按怎样的顺序来叙述的？可分为几个部分？

写的是暮投石壕村，有吏夜捉人的事情。以时间推移为顺序叙述故事，从第一天的"暮"、黄昏，到第二天的"天明"，天亮的时候。分四个部分。

第一部分(第1段)：故事的开端。

第二部分(第2段)：故事的发展。

第三部分(第3段)：故事的高潮。

第四部分(第4段)：故事的结束。

三、在理解词句含义的基础上，读读背背

1. 故事的开端。

(1) 诗一开始就点明故事发生的时间、地点，点明"有吏夜捉人"。为什么要"夜捉人"？复看注释①，简明扼要地回答。……由于史思明增援安庆绪，加上唐军内部矛盾重重，唐军全线崩溃，唐政府急于补充兵力，乃四出抽壮丁。"夜"晚捉人，乘人不备，就是反映当时唐政府抽丁的急切，使人感觉到敲门打户的喧嚣，兵荒马乱的紧张气氛。

(2) 尽管气氛十分紧张，但作者没有立即正面地描写差役捉人的情况，而是调转笔锋描写老翁一家。门一敲，屋内是怎样的情景呢？

"逾墙走""出门看"。动作迅速，可见在兵荒马乱之中，公差抓人是司空见惯的事，老百姓早有所准备，闻风而逃。"走"：逃跑。

(3) 读背第1段。

2. 故事的发展。

(1)"老翁逾墙走",老妇的命运如何呢?诗人在读者面前展现了"吏"与"妇"截然不同的形象。怎样不同的形象呢?请说说"点睛"的词。

"怒",抓人而不可得,火冒三丈,因此,气势汹汹,咆哮如雷。"苦",老妇人在凶狠的逼迫下哭得凄惨伤心。"一何",多么,加重语气,突出形象。一呼一啼,一怒一苦,对比鲜明,用极俭省的笔墨画出差役的凶暴和老妇的可怜。

(2)读背第2段。

3. 故事的高潮。

(1)"妇啼一何苦",为何如此凄苦呢?请一位学生朗读,请大家听一听老妇人走上前去诉说(前致词)的一家人的遭遇吧!

(2)老妇先说什么?再说什么?最后说什么?一学生用文中语句回答,一学生译成现代汉语。

(3)先说儿子的情况。"三男邺城戍"至"死者长已矣"。三个儿子早已全部拉走,死的死了,再没有指望,活着的也无保障。[戍(shù),辨析字音、字形、字义。]再说家中无人可以应征。"室中更无人"至"出入无完裙"。"更无""惟有"强调家里确实已无能服役的男丁。如要女的,衣裙破破烂烂的媳妇要哺育婴儿,万万去不得。最后说,迫不得已,老妇人只好自己去服役。"老妪力虽衰"至"犹得备晨炊"。"老妪",老妇自称。尽管"力衰",为了保全老老小小,保全新寡的媳妇,宁愿自己去受苦,去服役。真是一句句辛酸一声声泪,战争带给人们多么巨大的灾难啊!

(4)这部分是全诗的主干,借老妇人的口写出老妇一家的悲惨遭遇。在理解三层意思的基础上读读背背。

4. 故事的结局。

(1) 老妇被抓走,"急应河阳役"了。"语声绝",说话的声音没有了,还可听到什么呢?

(2) 齐读第4段,译成现代汉语。

(3) 说话的声音没有了,"如闻泣幽咽",凄楚幽咽的啜泣声隐约可以听到,想是那新寡的出入无完裙的媳妇吧? 天明登程,只与偷偷转回家来的老翁一人告别。"独",显示了故事的结局。[咽(yè),与咽喉的"咽"(yān)、咽食的"咽"(yàn)区别]

四、齐读、齐背全诗

五、对诗中的人物形象与诗人的感情进行探讨

这首诗从投宿石壕村开始,以独与老翁别结束,仅120字,就叙述了安史之乱中有吏夜捉人的完整故事,使人如临其境,耳闻目睹,深受感动。这是什么原因呢? 请学生发表意见。

根据学生发表的意见,指出两点:

1. 以虚实结合的方法塑造人物形象。

诗中活动着的人物有五六人之多,提到的更多,单靠实写不可能容纳得下,有的地方就用虚写。老妇人层层申诉是实,差吏步步紧逼为虚,虚实结合,既突出形象,又节省笔墨。尽管"吏"没有出现,但从老妇讲话中强烈感到吏在说话在行动。因三层意思一层进一层,有前言才有后语,吏的"呼""怒"必然贯串其中。

又如诗一开始的"有吏夜捉人",怎样叫骂,怎样打开,一笔未写,而实写屋内的动静,这就使人很快联想到石壕吏的凶横。

即使是"老翁",形象也很鲜明。一听到捉人就逃跑,而老妇说话中为掩护计一字不提;老妇应役,老翁又潜归,躲在哪儿,怎样悄悄回来,皆虚写,一笔不提。人物形象栩栩如生,给人以相当宽广的想象空间。

2. 叙事中寄寓深沉的感情。

诗人途经石壕村,耳闻抓人悲剧的全过程。在诗中虽不发一句议论,不加一句抒情,然而我们读后仍感受到诗人爱憎感情的脉搏。这是因为叙事中渗透着诗人深沉的感情,同情人民的苦难遭遇,抨击差吏的凶横。在末尾叙事中更是以情感人。"夜久",说明诗人彻夜未眠,关心事态发展。"如闻",是有人在哭泣,也是诗人心灵在哭泣。他同情这家人的悲惨遭遇,带着沉重的心情与老翁告别。

诗人的感情是复杂的,既对老百姓受战祸之苦寄予深切的同情,但又对政府的平定安史之乱寄予很大希望。安史之乱后,人民流离失所,处在水深火热之中,这个叛乱非平息不可;而要平息叛乱,人民就要受征兵之苦,付出代价。诗人矛盾、复杂的心情作用着自己的诗,写出了千古传诵的三吏三别(《新安吏》《潼关吏》《石壕吏》;《新婚别》《垂老别》《无家别》),这是杜诗中的杰作。要更深入地了解诗人复杂的心情和战乱中人民的苦痛,学生课外可阅读体会。

六、课堂练习

改写《石壕吏》。要求:

1. 用现代汉语改写成故事。

2. 根据情节发展需要,把有些虚写的地方改成实写。要合情合理,不走样。

3. 就改写的文章开展评论。

七、作业

1. 熟读、背诵。

2. 口述石壕村一家人悲惨的遭遇,并说明这样写反映了诗人怎样的思想感情。

3. 练习三。

【板书设计】

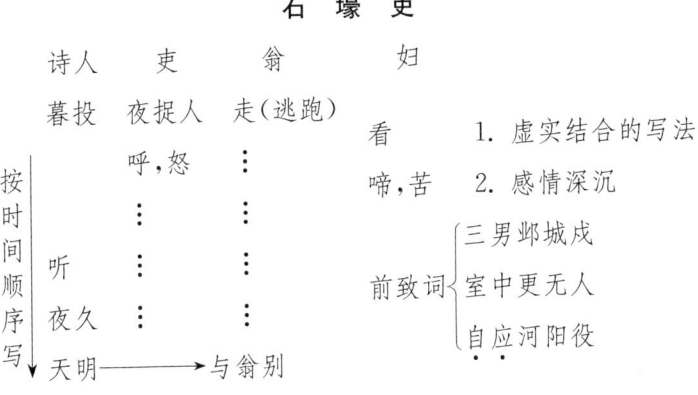

【教 后】

1. 学生当堂能背诵,能较为流利地译成现代汉语。

2. 重点评论了两篇改写的文章,围绕合不合情理的问题,展开了热烈的争论,涉及遣词造句、交代、照应、过渡,涉及相关的知识。如:有学生说"夜晚差役到石壕村抓兵"是错误的,是缺乏历史知识的表现。是抓丁当兵,不是抓逃兵。又如:有学生认为"老头儿听到老妇人走了悲伤得号啕大哭"的写法极不合理。男子不大会号啕大哭,尤其是老年人,不注意各种年龄的人的生活习惯才会这样乱写。再说,老头儿怎么听到的?怎么回家的?均未交代,给人以破墙而入的感觉。如果老妇人一走,老翁立即大哭,石壕吏肯定返回把老头儿也抓走了。诸如此类的问题,学生提了不少。既肯定改写得好的,又评说不足之处,加深了对课文的理解,锻炼了分析的能力。此类练习可多安排一点,学生很有兴趣。

《祖冲之》

【教学目的】

1. 学习祖冲之严谨的治学态度和顽强斗争的精神。
2. 学习精选材料表现人物品质和在记叙中进行议论的方法。

【教学时数】

两课时。

【教学步骤】

一、以听写一段话导入课文

阅读别人传记的人,他就度着不止是一个人的,而是很多人的生活。这是由于,通过在自己的生活经验之上添加旁人的经验,他就扩充了自己的生活经验……(引自《伟大科学家的生活传记》一书《导言》)

这个单元是两篇传记:《祖冲之》与《哥白尼》。学习之后,要在自己的生活经验之上添加他们的经验,扩充自己的经验。

能够扩充些什么呢!先读《祖冲之》这篇。

二、检查预习

1. 就你们所知,祖冲之最突出的成就是什么?为什么说是最突出的成就?

π 3.141 592 6—3.141 592 7 之间,数学上圆周率的计算攀登了当时数学的最高峰,在世界上领先了一千年。

2. 祖冲之的巨大贡献仅止于此吗?

不止。在天文学上同样有突出的贡献,那就是编制新的历法——《大明历》。"最好"一词表明了达到当时的最高水平。

三、讲读课文

1. 祖冲之在数学和天文学上有如此突出的成就,故传记一开始就作了十分明确的判断。

齐读第1段。要求:

(1) 先找出句子的主干。祖冲之是科学家。

(2) 说明两个附加语的作用。生活的时代——南北朝时代的南朝,经历宋、齐两朝代;杰出——超众。不但在成就,而且在精神。

(3) 说明这个句子在全文的作用。总拎全文。

2. 传记既介绍了他取得的成就,又介绍他怎么会取得如此突出成就的。文章怎么介绍的呢?

(1) 引用祖冲之自己的话。

朗读引文,明确:

① 学习　　专功(本领)数术

② 思考　　搜炼古今

③ 实践　　亲量,躬察,目尽、心穷(态度)

④ 斗争

理解下列词语:

严谨:谨严,谨慎严密,态度严肃,不苟且。

典籍:泛指古代图书。这里指古代法制图书。

考核:考察审核。

颁行:公布实行。

诬天背经:欺骗天子,违背圣人经典。

妄可穿凿：胡乱地非常牵强的解释。

引用本人的话来叙述比较有价值，真实可信。

（2）举突出的事例。举了哪些事例？

① 研究天文学等的态度与方法。（刻苦钻研，坚持真理）

② 对刘歆、张衡等学术成果的反复考核和创造性贡献。（在介绍事例的同时，赞扬治学态度）

③ 与权势者戴法兴辩论斗争。

祖冲之一生可写的事例很多，作者做了精当的选择。选材精当是为了更好地表达他的品质与精神。作者组织材料时，做到：

① 把引用的资料和介绍结合在一起。

② 引用资料后加以说明、解释。

在记叙的基础上议论。表明观点，加深读者对人物的认识。

（3）对祖冲之进行评论。

四、朗读全文

五、学了这篇课文后你们受到怎样的启发？"扩充"了些什么经验？开展讨论

1. 学现成的结论，还是学治学的精神、态度、方法？

2. 写传记有哪些须注意？

① 占有可信的材料（语言、事例），并精选材料。（不是不分巨细都写）

② 在占有材料的基础上表明观点。

③ 材料与观点统一。文章紧扣"杰出"二字进行记叙，适当加以议论，使中心突出，人物品质和精神面貌鲜明。材料组织一般按时间顺序。

④ 语言要准确、严密，实事求是，反映人物的真实情况。

【板书设计】

祖 冲 之

1. 引用历史资料 { 语言（学习、思索、实践）／事例 坚持真理／刻苦钻研／严谨治学 } 杰出 { 圆周率数值／《大明历》}

2. 直接评述人物

（观点）　　　精神面貌　　　具体成就

【教　后】

1. 一位学生问：祖冲之成就最突出的是圆周率计算，为何传记只一笔带过，而写与戴法兴的斗争？

2. 另一位学生问：最后一句为何用"才"，一是 7 位，一是 17 位，这样比较似乎不通。开展了讨论，意见一致，认为这样表达可以。

3. 拎出祖冲之的语言（引文）先教，突出重点、难点。

4. 学生分析文中事例，第 3、4、5 段易分析，第 2 段难分析。

5. 有学生说圆周率现已算到小数点后几百万位，有的不同意，说圆周率数值是无限不循环，电子计算机可算到无穷……学生的理解水平有差异。

《雷雨前》

【教学目的】

1. 理解和学习本文描写景物,隐寓寄托的写作方法;

2. 引导学生认真体会作者对旧社会无比憎恨和愤怒的感情;对"清凉干净"世界的急切盼望与深情向往。

【教学设想】

1. 本文的最大特点是以景寓意,借景寄托,通过象征的表现手法,来表达对旧社会的极端憎恶、对新世界的殷切期望的强烈感情。

2. 教学方法着重启发指导学生多朗读、思考,从分析图景入手,紧扣人的感受,进而体会其象征意义。

【教学重点】

1. 作者是如何真切、细致地描写雷雨前的景物、以及人的感受和期望。

2. 这些描写所包含的深刻象征意义。

【教学时数】

两课时。

第 一 课 时

【教学要点】

1. 简要介绍作者和本文的时代背景;

2. 讲清、理解第一、第二幅画面。

【教学内容和步骤】

一、复习旧课,用对比的方法引入新课

我们曾学过杨朔同志的优秀散文《茶花赋》,被它所描绘的二月南疆的优美意境所深深陶醉。请同学们用一个词或一个诗句来描绘一番。(学生回答:"春深似海";"花红水绿";"满园春色关不住";"生意盎然";"含露乍开"等等。)二月的南疆,画面明艳,色彩绚丽,这是由于作者描绘的是伟大社会主义祖国的大好风光。今天,我们学习茅盾同志的抒情散文《雷雨前》,色彩就截然不同,完全是另外一番情景,另外一个世界。究竟是怎样一个世界呢?我们细读课文后就能知道。

二、作者与时代背景介绍

茅盾,现代文学巨匠,我国现代进步文化的先驱者,伟大的革命文学家和中国共产党最早的党员之一。原名沈德鸿,字雁冰,"茅盾"是1927年9月发表第一部小说《幻灭》时用的笔名。1896年7月生于浙江桐乡县乌镇。1981年3月27日去世。《子夜》《林家铺子》等是他的代表作。

《雷雨前》写于1934年9月,那正是我国现代革命史上黎明前最黑暗的时期:国民党反动派对外屈服于日本帝国主义的侵略;对内加紧对革命根据地实行反革命的"围剿",对它统治地区的人民进行残酷的压榨和奴役。大片国土沦丧,民族灾难深重,贪官嚣张,污吏横行,人民被禁锢在黑暗的牢笼里,气都憋得透不过来。在这样恶劣的环境下,作者怀着强烈的爱憎写下了这篇散文,通过对雷雨前大自然的变化和人的感受,隐寓寄托了作者渴望革命高潮的到来,让大雷雨"冲洗出个干净清凉的世界"的迫切心情。

三、朗读课文,初步揭示课文主旨

1. 提问启发:文中哪句话点明了全文的要旨?

学生回答后教师点明：全文的主旨是"让大雷雨冲洗出个干净清凉的世界！"

为什么说这句话点明全文的主旨呢？我们暂且不说，学习以后就能理解。

2. 提问启发：作者希望"冲洗出个干净清凉的世界"，那么，雷雨前究竟是怎样一个世界呢？请学生就"干净清凉"这个词寻找两个反义词。

学生思考后回答："雷雨前是个肮脏闷热，龌龊窒息的罪恶世界。"

四、理清情节，划分段落，掌握文章概貌

提问启发：为了把雷雨前这肮脏闷热的世界生动逼真地展现在读者眼前，作者匠心独运，以时间推移的纵式结构，细描细绘了五幅画面。请学生划分段落并找出这五幅画面，用一句话加以概括。

学生讨论后回答，教师归纳：

第一部分（第1～4段）　第一幅画面：清早小石桥上。

第二部分（第5～6段）　第二幅画面：上午桥头。

第三部分（第7～10段）　第三幅画面：下午三时，石桥头。

（第11～16段）　第四幅画面：人和苍蝇、蚊子、蝉。

第四部分（第17～20段）　第五幅画面：电闪雷鸣，雷雨即将来临。

五、讲读理解第一幅画面

1. 学生朗读课文第1段。

2. 启发思考：雷雨前又闷又热。作者一下笔就在"热"和"闷"上做文章。作者从哪两个角度刻画天气的闷热？

学生回答后教师补充归纳。要点：

作者写天气"闷热"，很有特色。他让假想的主人公站在桥头，随着主人公由近及远的审视，通过对自然景物的描绘和主人公内心的感受两个方面，着意进行刻画。从自然景物角度看，河水枯竭，"连一

滴水也没有了";田地干裂,"裂成乌龟壳似的","像开了无数的小沟";"苍白色的泥土","跟水门汀差不多";天上直射的太阳和地下辐射的余热,使得土地"似乎有白烟一样的东西往上冒"。人的感受"毛孔全都闭住""心口泛淘淘""像要呕出什么来"。作者以精细的描绘,集中表现闷热。

3. 提问启发:从自然景物的角度看,对哪个景物的描绘最能突出"闷"?作者写"闷"的意图是什么?

学生回答后教师补充:"满天里张着个灰色的幔",把乌云密布笼罩大地的沉闷形态非常逼真地表现出来。"幔",就是帷幕,这里比喻灰暗的云层。"满天里"表明没有一丝儿透风的孔隙,气压低,沉闷异常。乌云笼罩,不正象征国民党统治区白色恐怖的笼罩吗?这哪里是写天气写景物,分明是反映当时社会的黑暗。

4. 提问思考:在这样的环境里,人的感受如何呢?找出表现"热"和"闷"的关键动词。

学生回答后教师点明:作者描写人的感受,精细入微。用"逼"表示热,用"闭"表示闷,一"逼"一"闭",把看不见的太阳的淫威,人被闷热所苦的难受程度形象地刻画了出来。而选择"清早"的时间,"小石桥上"的地点,更使人想象出雷雨前的闷热绝非寻常。

5. 提问思考:作者把描绘自然景物和写人的感受结合起来,其用意和作用是什么?

学生回答:教师或补充或肯定。要点:

作者采用工笔细描的方法,把自然景物和人的感受交织起来写,别开新境。写人,作者有意略去具体的形象,只以写意的手法去勾勒;写景,从人的感受去描写,使自然景物顿通灵性。物与人命运休戚相关。

作者这样写,更收到揭露环境恶劣、寄托憎恶感情的作用。这部分描绘的情景与诗歌《苦热行》颇有相似之处。请学生齐背王毂的《苦热行》。

祝融南来鞭火龙,火旗焰焰烧天红。

日轮当午凝不去,万国如在洪炉中。

五岳翠干云彩灭,阳侯海底愁波竭。

何当一夕金风发,为我扫却天下热。

六、讲读理解第二幅画面

1. 过渡:"何当一夕金风发,为我扫却天下热",如果一写闷热,立刻就祈望暴风雨来临,那就言不尽意,失之肤浅,也不成篇章。作者在这里稍稍开启一组画的卷头,下面就一步一步往深处推。请看第二幅画面。

2. 提问:第二幅画面与第一幅相比,人与景物有何异同?

学生自由朗读第2段后思考回答,教师补充:作者进一步写"闷热"。那"灰色的幔"依旧浓重,连鸡毛从桥头抛下去也不飘动;人受到热浪熏烤,尽管"用力行一次深呼吸",吸进的仍然是热辣辣的"闷"。用汗的"钻""胶""结",更形象地把"闷热"的深沉凝重展现出来。

与上面画面相比,人与景物基本不变,但已不是简单的重复。作者作了疏密详略的处理,该写的,写得更深。重点突出,功夫深厚。

七、布置作业

熟读、背诵第1~6段。

第 二 课 时

【教学要点】

1. 讲清、理解第三、第四、第五幅画面;

2. 引导学生深入理解本文的主题,以及隐寓寄托的写法。

【教学内容和步骤】

一、指名朗读、背诵第1～6段

二、讲读理解第三幅画面

1. 启发思考：就在持续的闷热侵袭人的肌体，使人们受煎熬之时，画面出现了波澜。

（1）画面出现了什么波澜？第二幅画面中哪句话透露了消息？请抓住关键的词句回答。

（2）作者是怎样描绘这个波澜的？

（3）作者描绘这个波澜的意图何在？

2. 学生自由朗读第7～10段，思考后回答，教师或补充或肯定。要点：

（1）第二幅画面，作者先渲染"幔"的浓重，没有"一点漏洞"。忽而笔锋一转"也许幔外边有的是风"，透露了起波澜的消息，稍露生机。第三幅画面，灰色的幔"裂"了一条缝，惊起波澜，人们悬念顿起，要求冲破禁锢的牢笼。幔外还有世界，有了一线希望。然而，幔又合拢"跟没有划过的时候一样"，裂了又合，仍然是"密不通风"的一张，刚起的希望顿然熄灭，似乎又成了泡影——"中什么用？"

（2）这一段描绘，作者精心运用了许多生动形象的比喻和拟人的手法。写灰色的幔裂了又合，把幔的顽固和窒息人于死地的情状活灵活现地表现出来；写巨人拿着明晃晃的大刀，咆哮发怒，透露出人们要挣脱桎梏的强烈欲望，非常富有想象力。作者笔锋转换，幔内幔外，互衬互托，写刀光人吼，电闪雷鸣，更是惟妙惟肖地描绘出巨人和乌云奋力搏斗的气氛，增强了文章隐寓寄托的意味。

3. 作者这样写，既展示冲破黑暗的可能，又进一步揭露黑暗的浓重，三个"加倍"使人们深感反动统治钳制得更紧，压迫得更深，剥削得更重，真是黑云压人人欲摧。此时此刻，人怎么样呢？作者用"人像快要干死的鱼"作比,人成了涸辙之鱼,灾难的深重可想而知。

三、讲读理解第四幅画面

1. 过渡:要求学生齐读第 10 段。把三个感叹句的味道读出来,体会作者对黑暗世界的无限愤怒之情。闷热何时能消除?灰幔何时能扯破?黑暗何时能结束?作者笔锋又宕开,既写幔外巨人,又写幔内受难之人。

2. 请学生朗读第 11 段。启发思考:作者把幔内幔外糅合起来写,目的是什么?找出糅合着写的关键动词。

学生回答,教师补充、归纳:作者用"猜想""断定"等几个动词把幔内幔外连接起来,巨人和受难之人心心相印。既深刻地表达了受难的人民渴望摆脱困境的急切心情,又渲染了幔外巨人为解除人民痛苦而准备更剧烈地开展搏斗的气氛。写幔外是为写幔内服务。这种写法,笔下生花,饶有深意,十分精妙。

3. 启发思考:人们等啊等,"急躁"地等,等来的不是清凉的风,不是去闷的雨,而是什么呢?画面上又增添了什么?它给人带来什么灾难?作者是怎样描绘其丑态的?意图何在?

学生朗读第 12~15 段。思考回答,教师补充:

画面上增添了苍蝇、蚊子、蝉等害人虫。不仅闷热,而且"龌龊"。

作者用"绕""钉""蹲""喝""唱"等词,不仅描绘这些丑类害人的丑态,而且揭示它们吃人的本质。作者这样写的意图不是停留在对自然界丑态的描写上,而是隐寓寄托着深意。写的是自然界丑类,指的是人世间黑暗的动物。作者在《时间的记录》一文的"后记"中指出:"……贪官污吏,多如夏日之蝇,文化掮客,帮闲篾片,嚣嚣然如秋夜之蚊,人民的呼声,闷在瓮底,微弱到不可得闻……"作者用曲折、含蓄、象征的方法抒发自己的爱憎,把贪官污吏,特务帮闲,吮吸民脂民膏的吸血鬼,压制民主、残害人民的刽子手,暴露在光天化日之下。闷热窒息,肮脏龌龊,这就是国民党统治区罪恶世界的写照。

4. 提问启发：在这个罪恶的世界里，人被坑害到什么程度呢？

学生齐读第 16 段。学生回答，教师点明：

人被坑害到濒临死亡的边缘。"你会觉得世界末日也不会比这再坏!"语言的分量重得惊人，好像千钧重锤。"末日"，意味着完蛋、毁灭，而害人虫统治的人世竟比"末日"还坏，可见黑暗罪恶到何等吓人的地步。

5. 提问启发：作者说这句话饱含着怎样的感情？

学生回答后教师补充：作者对国民党反动派统治下的社会现实无情的揭露，有力的鞭挞，以极大的愤慨诅咒和控诉这个黑暗社会，字字句句浸透了作者对吃人世界的仇和恨。

四、讲读理解第五幅画面

1. 过渡：然而，黑暗不会无边，总有尽头之日。物极必反，这是事物发展的必然规律。让我们一起看第五幅雷电交加、气势磅礴的壮阔画面吧。

2. 学生齐读第 17～20 段。朗读时要求响亮、高昂，有战斗激情。

3. 指导朗读：幔外的巨人猛烈进攻了，它声势巨大，威力无比，"一下子把那灰色的幔扯得粉碎了"。教师读主语，请学生齐读谓语部分。

这是胜利的前奏，有排山倒海的气势。声、光交织，电闪雷鸣；叠词、象声词制造强烈的音响，告诉人们，暴风雨的脚步已迫近眼前。

4. 提问：巨人猛烈进攻的结果怎么样呢？

学生回答，教师点明：其结果是丑类销声匿迹，人民绝处逢生。面对如此磅礴壮丽的画面，作者呼唤呐喊："让大雷雨冲洗出个干净清凉的世界!"这句话是全文的灵魂所在，精髓所在。

五、教师小结，引导学生深入理解主题

1. 提问："让大雷雨冲洗出个干净清凉的世界"这句话包含着怎样的深刻思想和丰富感情？

学生回答，教师补充：这句话表达了人们要求推翻旧世界，创建新世界的信念。对大雷雨渴望，对大雷雨来临的喜悦，既表明斗争的极端残酷，又预示着旧世界必将被人民摧毁。这是胜利的高呼，胜利的呐喊，充满对光明前途的向往，是乐观主义精神的体现。

2. 提问：为什么说"让大雷雨冲洗出个干净清凉的世界"这句话的出现有深厚扎实的基础？

学生回答后教师点明：这句话的出现，不是空穴来风，而是一步一步逼出来的。（请看板书）

正是由于作者精心描绘了一幅幅闷热、龌龊的图景，通过层层推进，步步进逼，笔笔加浓，人压得透不过气，压到了绝处，就在这刹那，人们从心灵深处爆发出这种强烈的呐喊，这是变更世界的最强音，如号角，催人上阵；如战鼓，振奋斗志。

倘若前面文章不写透，黑暗不写到最浓重的地步，就不能给人以豁然开朗的感觉，主题就会"飘"，文章就站不起来。

3. 提问：怎么理解本文隐寓寄托的手法？

学生回答后教师补充：这篇散文写的是自然景物，指的是现实社会，这就是隐寓寄托。闷热的天气孕育着大雷雨，象征着黑暗的不合理的社会孕育着革命的暴风雨，通过革命风暴的洗礼，就能创建出阳光灿烂，百花吐艳的新世界。这里，"冲洗"是文章的"眼睛"，我们仔细辨别咀嚼，意味无穷。

六、指名学生表情朗读全文

七、布置作业

1. 熟读全文，背诵第17~20段。

2. "大雷雨冲洗出个干净清凉的世界。"我们正享受着雷雨冲洗后的幸福，学习本文细笔细描的方法写一篇作文——《雷雨后》。

【板书设计】

雷 雨 前

闷热龌龊

1. 闷热(逼、闭)　　　　　↓　　干净清凉
2. 更闷热(钻、胶、结)　　↓
3. 加倍闷热(快要干死)　　↓　　冲洗
4. 苍蝇、蚊子、蝉(流尽、烧)↓
5. 电闪雷鸣(爽)　　　　　↓

　　　描写景物　　　　　　　隐寓寄托

【教　后】

1. 学生能迅速拎出全文的关键词句,理解能力有提高。

2. 教学思路与写作思路有区别。教文章不一定都用平推的办法。要在理解作者写作思路的基础上,根据教学目的的需要,构思布局。要考虑制订运用教材的最佳方案。教这一课文先拎最后一句,效果是好的。

3. 有的学生能联系阅读过的高尔基《海燕》中名句理解课文内容,有的剖析对暴风雨的渴望时,引用了郭沫若《屈原》中的"雷电颂"。课外阅读重要,能帮助与促进对课内精读作品的理解。

《歌声》

【教学目的】

1. 学习与继承延安革命精神,激励学生树立革命信念,意气风发,排除困难向前进。

2. 理解并学习本文以歌声为线索,开展联想,纵横交错地组合材料与铺排渲染的写作方法。

3. 咀嚼有关词句,体会语言的节奏感与音乐美。

【教学时数】

两课时。

【教学步骤】

一、复习旧课,引入新课

初二上学期,我们曾学过吴伯箫同志的一篇叙事散文《记一辆纺车》。那是他回忆延安生活的一组散文中的一篇,着重描绘的是延安物质生活,运用的写法是托物叙事见精神。见什么精神呢?是宣传、赞扬延安的革命精神。请背诵一下文章的结尾:凭着崇高的理想,豪迈的气概,乐观的志趣,克服困难不也是一种享受吗?跟困难作斗争,其乐无穷。

今天,我们再学这一组回忆散文中的一篇——《歌声》,它仍然写于1961年,三年困难时期。这篇散文着重写延安的精神生活,从歌声这一侧面热烈赞美延安"意气风发、斗志昂扬"的精神面貌和革命的乐观主义精神。两篇互为补充,对延安的革命传统和作风,作了较全面的反映。

这篇散文收在《北极星》一书中。

文章中描绘的歌声不是一般的歌声,它有鲜明的色彩,有美好的形象,有激越的感情,它反复回荡,发自心窝。今天,让我们通过语言文字塑造的形象,听一听:延安军民唱的是怎样的歌?为什么会唱这样的歌?

二、检查预习,学生质疑

三、学生议论后拎出表现主题的关键语句与线索

第3段:延安的歌声是革命的、战斗的、劳动的、极为广泛的、群众的。引用列宁对《国际歌》的评价,点明延安的歌声和《国际歌》是一个节拍,是无产阶级"共同的声音,共同的语言"。这是延安歌声的特点和本质。

线索:从歌声开始到歌声结束,贯串始终。歌声的转换就是场面的更替,意思的递进。

四、文章是从对歌声的议论着笔,论得很精彩

请学生思考:精彩在哪里?

先概说,再申说、发挥。

在"记"上写足,逐步渲染,逐步加深。

"深深地留在记忆里"、"烙印在记忆的深处"、"像在记忆里摄下了声音的影片一样"、"一幕幕放映起来"。

具体、形象,诱导我们去联想、体验。

(读第1段)

五、第二部分从一般的"感人的歌声",引向特殊的"延安的歌声"(第2~7段,第8~9段,第10~13段)

1. 哪个词组准确而深刻地表达了作者对延安的深厚感情?(无限恋念)

2. 哪个词拎出下文丰富而又零散的材料？（想）

3. 先对延安的歌声加以概述，从本质上高度评价与赞扬延安歌声，展示了延安军民崇高的精神境界——共产主义理想鼓舞他们生活，战斗。（第3段）

4. 概述后从三个方面对延安歌声的特点作了具体而形象的描述。哪三个方面？

（1）唱歌的热烈场面；

（2）唱歌的风气；

（3）唱歌的传统。

六、具体分析

1. 大合唱的热烈场面。

（1）唱前是怎样渲染的？

环境，天气，人物，色彩，感受，尤其是气氛的渲染。（说说笑笑，熙熙攘攘，酣醉）

欢乐来自"大家都是一条心"，争取抗日战争的胜利。（意气风发，斗志昂扬）

（2）唱前为何描绘场景？起何作用？

浓郁的诗情画意，语调亲切优美（形容词重叠，双声叠韵的运用），经过渲染，气氛加浓。

汤汤：《尚书·尧典》（汤汤洪水方割，荡荡怀山襄陵……）

（3）层层铺垫，千呼万唤始出来。——大合唱的场景终于展现在跟前。

怎样描写这动人的场景的？动人在哪里？

指挥者，歌唱者；心与口；歌声，浪声；群山，延河；前线，后方融为一体。是悠扬的歌声，是军民合力、龙腾虎跃的劳动景象，表达了不怕困难，抗战到底的不屈意志。

比喻,排句,虚实结合,语句变化,气势宏伟,激情洋溢。

2. 延安唱歌的风气。(面与点)

(1) 为什么说成为"风气"?

处处唱,时时唱。一比一问。

(2) 怎么唱?

不是介绍唱歌方法,而是渲染在革命集体中洋溢着互相激励,力争向前、昂扬奋发的革命乐观主义精神。(铺排,渲染)

(3) 作用:

团结群众,组织群众,是战斗前进的武器。(四个"一种")

3. 延安唱歌的传统。

(1) 延安歌声内容在新旧时代有何不同?

(2) 新的曲调,新的内容反映了、突出了怎样的精神?

是无产阶级的共同声音,共同的语言,四个"歌唱"。

(3) 以自己听歌的感受来加深渲染。

七、要求学生在理解全文的基础上归纳写作要点

这是一篇以回忆延安生活为题材的情文并茂的抒情散文。

它的特点是:一条线索几首歌,诗情画意联想多。

1. 构思精巧。

鲁迅先生说过,散文要有"漂亮而缜密的线索"。本文从歌声始,至歌声止,高亢昂扬的歌声就是统贯全文"漂亮而缜密的线索"。古今中外的材料由这个线索贯串,展现出一幅幅延安生活的历史画卷,给人以美的享受,引起人们对革命历史展开遐想。运用联想展现画面时点面结合,纵横交错,层层渲染,有很强的艺术感染力。

2. 感情淳厚。

通篇洋溢着对延安生活的无限眷念。歌声是思想感情的凝聚,画面是思想感情的体现。真挚、淳厚的感情植根于革命生活,观察细,理解深。有革命情怀才写得出洋溢革命精神的文章。由于感情浓烈,读该文以后,仍觉歌声缭绕在耳畔,激荡在心胸。

3. 修辞技巧高超。

为了达到娓娓动听的目的,文章综合运用了多种修辞手法。由于技巧高超,文章情思飞越,饶有趣味。

且不说比喻、拟人、排比、对比、对偶、反问、夸张、双关,就看顶真、拈连、倒装、示现的手法吧。(双关:像谆谆的教诲,又像娓娓的谈话——对偶、比喻中含双关。)

(1)拈连:"一直唱到人们心里,又从心里唱出来。"从前一句"唱"顺连一笔,使歌声心声融为一体,唤起强烈的共鸣。

拿适用于甲项事物的词语,顺便说乙项事物,这样的方法叫拈连。("拿原来说甲项事物的词语的反义词顺便说乙项事物或对甲项事物另作说明"暂不讲。)如:既炼钢,又炼人。在高原种下一株株树秧,也就是种下一个个美好的希望。

(2)顶真:"声浪碰到群山,群山发出回响;声浪越过延河,河水演出伴奏。"写延安唱歌气势壮观,对偶句中穿插顶真,形象生动,神采飞扬,熔写景、抒情于一炉。

用前一句的结尾做后一句的开头,使邻接的句子头尾蝉联而有上递下接的趣味。多见于歌曲。

(3)示现:把说话或写文章时看不见的事物鲜明生动地描绘出来的修辞方法,叫示现(有过去的示现,未来的示现,悬想的示现)。不计时间空间的隔阂,鲜明生动地描绘出来,使人如临其境,如见其物。

本文描绘指挥合唱的场面就是追述示现,加深文章的思想意义,表现深刻而丰富的主题。

纵观全文,巧妙的修辞手法俯拾皆是。运用时灵活多变,不拘一格,有时连用几种方法,有时在一种方式中套用几种方法,别开生面,妙趣横生,深化主题,加强文章的感染力。

八、推荐文章

《北京文艺》1977年第10期吴伯箫《就〈歌声〉答问》。

九、作业

学习"一条线索几首歌,诗情画意联想多"的写法,写一篇散文,题目自拟。

【板书设计】

歌　声

一条线索几首歌　诗情画意联想多

《国际歌》……《生产大合唱》……《三大纪律八项注意》……《东方红》——"共同的声音,共同的语言"　唱到心里,又从心里唱出来　仿佛队伍是群众,群众是队伍　从心里喜欢

一体 ⟨ 指挥者　歌声　群山　前线
　　　歌唱者　浪声　延河　后方 ⟩ 一体

【教　后】

1. 许多学生认为"说的这时候""……以后……的时候"表达不清,展开了议论。

2. 有些学生问为什么要写毛主席报告,和"歌声"有何联系?说明当时年代情景,学生能初步理解。

3. 有的学生认为"唱遍世界"的提法太夸张,不符合实际。

4. "歌声拖得很长很长,因此能听得很远很远,"认为"因此"用得不当;有的学生认为这是形容旋律婉转悠扬,用"因此"也可以,不用更好,"长"与"远"不一定是因果关系。

《第比利斯地下印刷所》

【教学目的】

1. 了解斯大林和他的同志们在沙皇统治下，英勇机智地开展革命斗争的情况。

2. 学习按照空间顺序、时间顺序说明建筑物的方法。

【教学时数】

两课时。

【教学步骤】

一、**激发兴趣，引入课文**

同学们每人手中都有一本语文教科书，谁能以最快的速度来说一说这本书是在什么印刷厂印刷的？（估计学生平时不注意，一经提问，必然引起兴趣，急于翻书。）一般说来，印刷所是在地面上的，而斯大林的故乡第比利斯有个印刷所却是在地下的。为什么会在地下的呢？谁能准确地解释一下《第比利斯地下印刷所》的"地下"一词的含义？

学生回答，明确两点："地下"的含义一是印刷所设在地面之下；二是比喻意义，指秘密的、不公开的。地下印刷所是当时的革命者为同沙皇统治者作斗争而创设的秘密机构。

这个印刷所在苏联，怎么是中国作家介绍的呢？

二、**介绍作者及有关背景**

1. 请学生读注释①。

2. 请学生谈自己所听到的、读过的茅盾同志的作品。

3. 补充：茅盾，原名沈德鸿，字雁冰。是"我国现代进步文化先驱者，伟大的革命文学家"。他 1916 年开始从事文学活动，始终不渝地歌颂人民，歌颂革命，抨击旧中国的黑暗势力。他的长篇小说《子夜》是他最著名的代表作，曾震动了 30 年代的文坛。中华人民共和国成立以后，他曾任文化部部长、中国作家协会主席、全国文联名誉主席等职务。1946 年底至 1947 年春，他应苏联对外文化协会的邀请去苏联参观访问，回国后，发表了许多篇访苏见闻，并收集为《苏联见闻录》，本文即从中选出。

三、学习文章的第一部分，理解说明的顺序

1. 第 1～8 段是文章的第一部分，说明地下印刷所的建筑结构与建筑经过。

2. 请学生仔细阅读第一部分，做三件工作：

（1）按照课文的介绍在练习本上画一张剖面结构图。

（2）说明作者按怎样的顺序介绍的。

（3）画一张建筑经过的简表，比较与介绍建筑结构的不同顺序。

阅读时注意识字，理解词语的含义。如：

栅栏(zhà lán)　凿(záo)

囱(cōng)　瞭(liào)望哨　穴(xué)

3. 放幻灯，以幻灯的剖面结构图为依据，要求学生先自行对照、修改，再开展讨论，教师对易错、易漏的地方重点指导。比如学生画图时容易忽略"十七米""四米""十米""三米"之间的比例，通过朗读第 5 段，帮助解决。

附：第比利斯地下印刷所剖面结构图

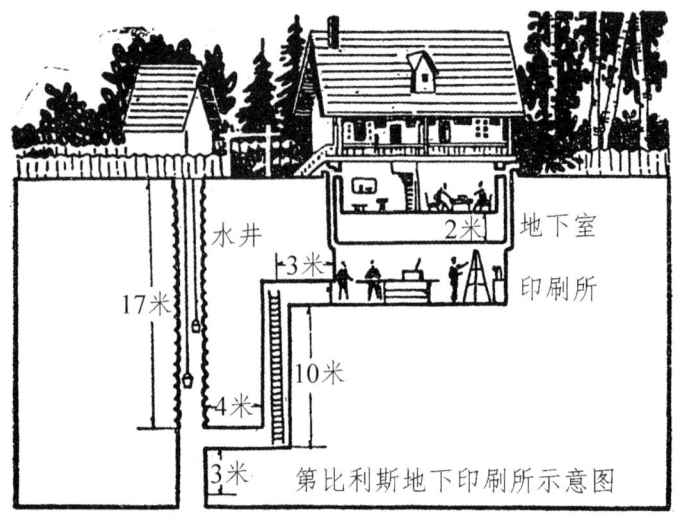

第比利斯地下印刷所示意图

4. 说明地下印刷所的结构按照空间的顺序：

从外至内：先写院子的外观（周围，左边，右边），再写屋里（正屋，地下室，水井）。突出"普普通通"。

从上至下：井壁的隧道—垂直隧道—横隧道—门—印刷所。突出内部结构的"秘密"。

5. 印刷所中的设备交代得一清二楚。

一架对开印刷机；一排四个人用的排字架；四个墙角都有通到地面的通气孔；靠近排字架的墙角还有一个小铁炉。

这样，就有条不紊地把印刷所的外观、内部结构、设备说得明明白白。

6. 地下印刷所的建筑经过是按照时间的顺序或工程开展的顺序来介绍的：由里到外，从下到上。

先买地皮，领执照—再雇工开地穴—辞退工人，自己运机器，凿隧道，封地穴—另请工人盖屋，开井—工人走后，自己在井壁凿隧道。

作者为什么要按这样的顺序来说明建筑的经过呢？为的是突出

"地下"的特点,赞扬革命者建造该印刷所计划的周密,表明当时斗争的艰苦。把建筑结构与建筑经过两部分的说明对照起来,地下印刷所的图像就如在眼前。

7. 在自己所画的剖面结构图上画两条带箭头的线,蓝线表明说明结构的顺序,红线表明说明建筑经过的顺序,画好后进行比较。

8. 在自己所画的剖面结构图下面写两段建筑结构的说明,一段写外观,一段写内部结构。要求语言简明,条理清楚。写好后进行交流。

四、学习第二部分,理解印刷所的破坏与重建

1. 第9～11段是文章的第二部分。

2. 学生自由朗读这一部分,并思考回答:这一部分介绍了什么内容?为什么在介绍结构以后要写这些内容?两部分内容是怎样组织在一起的?

明确:这部分介绍了印刷所的破坏与重建,介绍了它的革命史迹。介绍这部分内容既揭露沙皇统治对革命者的压迫,更表现了革命者的勇敢、智慧和对革命所做的贡献。两部分的内容组织在一起是为了表达一个中心。文章说明的对象是地下印刷所,第一部分介绍结构、经过,第二部分介绍史迹,都是为了表现在沙皇统治下斯大林和他的同志们从事革命工作的聪明才智和斗争精神。再者,作者参观的是重新修建起来的地下印刷所,有必要对它的破坏与重建作简要的说明。

五、需要说明的一个问题

本文主要说明地下印刷所的构造,是说明文。但说明文中常有记叙成分,比如文章的第二部分就是记叙,第一部分中也有不少记叙的成分,阅读的时候应该注意。下一课《人民英雄永垂不朽》也有类似情况。以后我们学到有关记叙、说明、描写等知识时再进行辨别。

六、作业

1. 仔细观察学校教学大楼的外观与内部结构,按一定的空间顺序写一篇说明的短文,要求语言准确,条理清晰。

2. 练习三。

【教　　后】

1. 学生对画图颇有兴趣,课文读得很仔细,画的结构图绝大部分都正确。欠缺的地方确实如课前所预料的,距离不对,"比例失调"。学生之所以画得比较正确,说明文章写得好,文字功夫深。

2. 学生看文作图比较容易,而看图作文却比较难,不是说得啰唆,就是说得疙瘩,方位词也不大能准确地掌握。初次训练说明的能力,此种现象不足为怪。以后要多多练习。

以有限拓无限　开阔教学天地

《人民英雄永垂不朽》

【教学目的】

1. 了解中国革命经过的艰苦道路,懂得中国人民为取得自由解放而付出的巨大代价,激励自己缅怀先烈心向党,继承先烈未竟的事业奋勇向前。

2. 学习按照空间顺序、方位顺序说明事物的方法。

3. 推荐有关的课外读物,了解革命先烈、革命前辈不屈不挠的革命精神。

【教学时数】

两课时。

【教学步骤】

一、引导观察,激发思考

同学们,当你们进入中学拿到语文课本翻开看时首先看到什么?这张彩色照片给你怎样的感觉?你联想到些什么?请试着说明它的结构与造型。

学生发表意见后,指出:

同学们希望自己能到天安门广场瞻仰人民英雄纪念碑,这种心愿是可以理解的,将来也是可以实现的。为什么我们今天对这座建筑物的结构、造型说不清楚呢?一是由于我们没有仔细观察过实物,照片上的题词、碑文、装饰等印得不清晰,二是由于我们还没有掌握按顺序说明事物的方法。今天学习《人民英雄永垂不朽》这篇课文,看看作者是怎样来介绍说明的。这篇文章是新华社记者周定舫同志瞻仰人民英雄纪念碑的纪实。

二、提问,检查预习

1. 文章的标题下面有个副题,副题起什么作用?

文章标题表明了作者要歌颂的对象,副题标明文章要具体介绍的建筑物。通过对纪念碑的介绍说明,讴歌革命先烈的丰功伟绩和前仆后继的革命精神。

2. "瞻仰"什么意思?能举出哪些同义词、近义词?为什么这儿必须用"瞻仰"?

恭敬地看,表示对革命先烈的万分崇敬。

3. 人民英雄纪念碑的特征作者用哪几个词来形容的?你能举出文章中的比喻、数字以及建筑材料来具体说明吗?作者为什么要举数字打比方呢?

人民英雄纪念碑"巍峨""雄伟""庄严"。它像顶天立地的巨人一样,是中国自古以来最大的一座纪念碑,从地面到碑顶高达37.94米。纪念碑用一万七千块坚硬的花岗石和洁白的汉白玉砌成,碑身四周围绕着双层双白玉栏杆。以上种种仅是稍加说明,已显示出纪念碑的巍峨、雄伟、庄严。

作者打比方、列数字,使读者对建筑物有了具体形象的认识,增强了实感。

4. 读下列词语,并按次序先后逐一解释它们的含义,看谁讲得正确,讲得迅速。(出示小黑板)

矗立　　遥遥相对　　徐徐　　兴建　　奠基　　执锹

镏金　　溯　　重幔　　庑殿　　挑衅　　旌旗　　慷慨激昂

怒形于色　　逾越　　天堑

5. 齐读开头与结尾,说明瞻仰时的心情与瞻仰后的感受。

了解中国革命的"艰苦道路",先烈的"光辉业绩",中国人民付出的"巨大代价"。带着万分崇敬的心情瞻仰,离开纪念碑时再一次"默默致敬",受到的教育是极其深刻的。

三、重点理解说明的顺序

通过预习与检查,大家对课文的内容与词句有了大体上的了解,现在重点要学习的是说明的顺序。作者要把自己的观察所得准确地、有条不紊地告诉读者,必须讲究说明的顺序。

1. 首先,从总体上看,作者是按照怎样的顺序把纪念碑一步步介绍到读者的面前来的?请同学阅读第2～5段,找出表明顺序的关键词语回答。

明确:按照作者的活动顺序把纪念碑介绍到读者的面前。先"进入广场",再"越过广场",进而"踏着石道",然后"走到碑前",接着"踏上台阶",而后"到了平台"。活动顺序清晰,由远而近,把纪念碑的位置、兴建经过以及整个形象介绍得明明白白。

2. 到了平台仔细瞻仰。请学生回答作者是按照怎样的顺序有条不紊地说明纪念碑的结构、题词、碑文和造型的?

明确:说明纪念碑的结构、题词等是按照空间的顺序:

由下而上:台阶—平台(双层汉白玉栏杆)—碑身—碑身东西两侧上部—碑顶

由正面而背面:题词—碑文

先四周后中间:碑身四周—碑身—碑心石

3. 请学生思考:既然按照由下而上的空间顺序,为什么"小碑座"不放在"碑身"前说明呢?"大碑座"又为什么不紧接着"平台""汉白玉栏杆"加以介绍呢?这样是否显得杂乱?

讨论后明确：说明纪念碑的结构基本上按照由低而高、由下到上的顺序，但为了表达内容的需要，把碑身东西两侧上部的装饰花纹和小碑座四周的雕刻花纹集中起来写，阐发花纹的象征意义，可以加深读者的印象，寄寓对先烈的崇敬。碑座总是在碑身的下面，这是众所周知的，不会引起误解。

大碑座四周的十块大浮雕是本文说明的重点，作者另列开来进行说明，为的是突出中国革命经过的艰苦道路，先烈们的光辉业绩和为了自由、解放，中国人民付出的巨大代价。

4. 十块汉白玉的大浮雕是按照什么顺序说明的？请按照文中写的顺序简要说明这些浮雕的主要内容。

十块大浮雕是按照方位的顺序加以说明的，从碑身的东面起，依次到南，到西，到北。这个顺序正好与浮雕中反映的历史事件的时间顺序相吻合。

学生口述十块浮雕的主要内容。学生复述碑身正面的三块浮雕时容易主次不分或次序颠倒，注意进行指导。

5. 剖析"五四运动"浮雕的记述，了解爱国青年在革命中发挥的先锋作用，理解背景与主体的记述和用词造句的恰当。引导学生根据上述要点仔细阅读介绍其他幅浮雕的段落。

6. 把上述的几种说明的顺序在脑子中过一遍，准备看图说明。

四、口头训练

看纪念碑的彩色照片，说明纪念碑的结构、造型、题词、碑文，要求：

1. 先按活动顺序，再按空间顺序，然后按方位顺序。

2. 把"大碑座""小碑座"的内容插入适当的位置说明，遵循由下而上的顺序。（可参阅板书）

3. 注意用比喻、数字说明纪念碑的巍峨、雄伟和庄严。

五、熟读题词与碑文,回答

1. 为什么文中三次提到"人民英雄永垂不朽"?
2. 学习了这篇课文以后,你对人民英雄纪念碑有了哪些新的或具体的认识?

六、布置作业,推荐课外读物

1. 按方位、时间、事件、意义等四个项目列表,把十幅浮雕的主要内容填写在内。
2. 背诵题词、碑文和第5段。
3. 课外阅读:《革命烈士诗抄》《王若飞在狱中》《可爱的中国》《烈火中永生》《红旗飘飘》和《从林则徐到孙中山》。

【板书设计】

人民英雄永垂不朽

说 明 的 顺 序

活动顺序　　广场—石道—碑前—台阶—平台
(由远而近)

空间顺序　　台阶—平台—(大小碑座)—碑身—
(由下而上)　东西两侧上部—碑顶

方位顺序　　东(2)—南(3)—西(2)—北(3)
(东—南—西—北)

〔艰苦道路　光辉业绩　巨大代价〕

【教　　后】

1. 在分析空间顺序时,未等我发问,学生已提出了问题,觉得碑座未按顺序介绍总是欠缺。经过讨论,统一了认识,懂得了说明的顺序并不是刻板的,无任何灵活的余地,只要表达得合理,读的人明白,可作适当的更动。

2. 作说明文教,重点放在说明的顺序上,纪念碑的意义相对削弱了。自己掌握得不好,二者糅合得不理想。通过背诵与课外阅读,弥补这方面的不足。

《一面》

【教学目的】

1. 学习鲁迅先生与劳苦大众呼吸相通、俯首甘为孺子牛的高贵品质,同黑暗势力进行艰苦卓绝斗争的革命精神。
2. 学习本文小中见大,以一当十,刻貌传神、形神兼备的写作方法。
3. 推荐鲁迅作品,扩大课外阅读范围,培养阅读鲁迅作品的兴趣,加深对鲁迅精神的理解与认识。

【教学时数】

两课时。

【教学步骤】

一、复习旧知,导入新课

在鲁迅先生逝世 13 周年的时候,诗人臧克家曾经写了一首十分著名的纪念鲁迅的诗,回忆一下,什么题目?《有的人》。去年我们学这首诗时,诗中许多哲理性的语言曾给我们以深深的启发,现在把它重温一下,大家背背看。

有的人活着,
他已经死了;
有的人死了
他还活着。

……
把名字刻在石头上的
名字比尸首烂得更早;
只要春风吹到的地方
到处是青青的野草。

他活着别人就不能活的人,
他的下场可以看到;
他活着为了多数人更好地活着的人,
群众把他抬举得很高、很高。

"给人民作牛马的,人民永远记住他。"鲁迅先生离开我们已经40多年了,可他仍然好像生活在我们中间,我们眼前常浮现他的音容笑貌,耳边常响起他鞭辟入里的名言,给我们以教育,以启发,以力量。今年是他诞生100周年,对这样一位"中国文化革命的主将""向着敌人冲锋陷阵的最正确、最勇敢、最坚决、最忠实、最热忱的空前的民族英雄",我们年轻人,革命的后来者应该向他奉献些什么呢?

这个问题暂且搁在一旁,先读一读40多年前一个年轻的穷工人写的怀念鲁迅先生的文章吧!

二、检查预习,点出文章关键之笔

1. 文章标题怎么读?正音。

一(yí)面(miàn)(第四声前"一"变调)。

2.《一面》这篇回忆性散文记叙了一件怎样的事?用动宾词组概括。"遇见鲁迅"。鲁迅对作者怎样呢?用主谓词组概括。"鲁迅赠书"。把这两个词组用联合结构的方式组合在一个句子里,说明这篇散文记叙了怎样一件事。注意时间、地点。

本文记叙了1932年秋天作者在内山书店遇见鲁迅先生并接受鲁迅赠书的动人情景。

3. 作者只见了鲁迅先生一面,鲁迅赠给一个素不相识的青年工人一本书,在鲁迅先生的一生中是极平常的;然而,这"一面",这"一本书"给予作者极其深刻的印象。请找出表达这深刻印象的关键语句。

"站在前进行列最前面的我们的同志、朋友、父亲和师傅!"——多么伟大的人物,多么由衷的赞颂。

而这样伟大的人物竟然是通过"一面"来描绘的,真是小中见大,少处见多,内容深刻而丰富。这"小"、这"少"是怎样描绘的呢?

三、精读第一部分的关于鲁迅的描写

1. 请学生在预习的基础上,用浏览的速度迅速找出集中描绘鲁迅外貌的段落。

第3、19、32段。

2. 请一个学生把这三段连缀起来读,读后思考回答:作者抓住了哪些特征来描绘的?运用了怎样的方法?三段之间是怎样的关系?

回答要点:抓住了鲁迅的脸色、头发、胡子等特征描绘,特别写到了他的"瘦",由于抓住特征描绘,疏疏几笔,形象酷似。

描写时还运用了以下的方法:

(1) 渲染铺垫,呼之欲出。未见形,先闻声。先写"谈笑""说""大笑",笑声中的"天真"与"非日本"的东西,层层渲染,笔笔铺垫,使读者急于要知道笑的、说的是什么人。

(2) 反复描写,形象鲜明。犹如歌曲中的主旋律一再出现,给人以强烈的印象。——黄里带白的脸色,根根直竖的头发,浓黑划一的胡须,几个"瘦",笔笔表明这是鲁迅。

(3) 由远而近,逐步深化。第一次远望,只能"模糊辨出"鲁迅的身影;第二次近看,从脸孔到头发再到胡须,犹如电影中渐渐放大的脸部

"特写"镜头,把最显眼的外表特征,由整体到局部再到细部,逐一展现在读者眼前,具体而明晰。第三次也是近看,不仅特征再次出现,而且笔笔加浓:"牙黄的长衫"看清了质地——"羽纱";烟嘴"安烟的一头""已经熏黑"。

3. 鲁迅先生的形象跃然纸上,是否只是由于肖像刻画得相似的缘故?

不完全是。刻画人物外貌要着力于表现其精神,以有限的描写表现无限丰富的内容,以逼真的肖像描写显示鲁迅"精神抖擞"的内在气质。"天真"的"大笑",写其坦率、爽朗、乐观;"没有一点颓唐的样子",写其旺盛的战斗精神。形神兼备。("颓唐"为何意?反义词是什么?)

4. 鲁迅先生的高大形象跃然纸上,不仅由于采用了抓住特征刻画人物外貌的艺术手法,还由于在描写鲁迅先生言行时结合写作者自己的深切感受,因而分外感人。

① 请学生朗读第17~38段。

② 思考回答:哪些段落着重把鲁迅言行的描写与自己的感受结合起来写的?表现了鲁迅怎样的精神?表达了作者怎样的感情?

第20段。"正直而好心肠"的"眼光",使"踌躇"的"我"感受到了父辈的关怀与爱护。当时,自然环境"冷","店里冷得像地窖一样";社会环境"冷","平素看惯了西装同胞的嘴脸"。如今一个长者如此谦和,如此恳切地问,怎不使这个在黑暗中受欺受穷的青年感到春天般的温暖呢?"抚摩",轻轻地抚摸着,表现感情的细致、深沉。(注意破折号的作用)

第25段。"扳下一本书来""用竹枝似的手指递给我",说的是"你买这本书吧,这本比那一本好",这言这行激起"我"思潮翻滚。"疑惑""猜""断定",是为了突出这个人的诚恳、真挚、不平常。

第26~35段。先生一句句平易关怀的话,使我"恢复了勇气",使我"惊异",使我"欢喜"得要跳起来。此时此刻,已不是思潮起伏,而是激情澎湃,表现于口的,是"结结巴巴";藏在心中的是那个名字在乱蹦。为什么会"乱蹦"?是偶然的吗?不。"赫然印着'鲁迅译'三个字,我便像得到了保证似的,立刻从书架上抽下一本","我先看那后记",说明平素仰慕鲁迅,爱读鲁迅的书。"笑声"形成"悬念","见面"勾起"猜想",心中一直崇敬的人,现在突然出现在眼前,又怎不欢欣,怎不要"乱蹦"?可是又为什么"没有把它蹦出来"呢?"我向四周望了一望",这个句子有文章。1932年的时候,国民党反动派疯狂地进行军事"围剿"和文化"围剿",鲁迅在上海的处境十分危险,为了鲁迅先生的安全,作者尽管万分欣喜,但还是抑制住自己的感情,没有把它蹦出来。鲁迅"微笑"了,"默认地点了点头",这意味着什么呢?这意味着对同志、对朋友的无限信任,这意味着鲁迅与穷苦工人心心相印。此刻无须讲话,此时无声胜有声。

第36段。父亲般的抚摩,同志的信任,朋友的真情,叩击作者的心扉,作者再也抑制不住自己奔腾的感情,他呼唤着,赞颂着,赞颂这伟大而高尚的灵魂。

请两个学生朗读第36段,读到"给……毁坏了"。注意两个"完全"。

对黑暗势力进行韧性的战斗,艰苦卓绝的战斗,"横眉冷对千夫指"。对青年,对人民呢?"俯首甘为孺子牛。"

第37、38段。鲁迅赠书时的语言如此质朴无华,实事求是,正如他自己说的"有真意,去粉饰,少做作,勿卖弄",无丝毫矫揉造作之态。这高尚的品格对作者是极大的教育,做奴隶的人(衣服上一只口袋都没有)受到如此的挚爱深情,怎能不激动?只能把千种情,万种意表现在"鼻子里陡然一阵酸",凝聚在"恭敬地鞠了一躬"之中了。

作者写自己的感受,情真意切,如诉如泣,既产生了感人之甚的艺术力量,又使"站在前进行列最前面的我们的同志、朋友、父亲和师傅"的鲁迅先生的高大形象光彩照人。

这一部分前前后后反复写了好几个"瘦",它深刻地表现了鲁迅先生为革命、为人民奋不顾身的战斗精神。"瘦"是形貌描写中的点睛之笔。

5. 作者在文中一再写自己工作的劳累,地位的低下,生活的贫困,这是为什么?是不是游离主题?

这样写,既真实地反映了在风雨如磐的旧社会里,劳动人民在饥饿线上挣扎的苦难,更突出了鲁迅先生对穷苦工人的悉心爱护,与劳苦大众息息相通的高尚品质。这样写,不是闲文浪墨,游离主题,而是为了更具体真切地表现主题。

6. 小结:

综上所述,可知这"一面"虽"小"、虽"少",但由于作者反复运用了生动传神的外貌描写,由于结合写自己的深切感受,矗立在我们眼前的是栩栩如生的鲁迅高大形象,一个伟大而高尚的灵魂。这就是小中见大,以一目尽传精神的艺术手法。

四、学习第二部分

1. 这见"一面"的场景是感人的,然而其意义绝不局限在当时,这"一面"究竟产生了多大的精神力量呢?请读第二部分。

2. 朗读,回答:

这"一面"影响了我的一生,给予我巨大的鼓舞,使我终生难忘。"昂着头","鲁迅先生是同我们一起的","更加坚强起来",这些语言深化了"站在前进行列最前面"的"同志""朋友""父亲"和"师傅"的形象,鲁迅先生的精神品格光照人间。

3. 作者对先生的逝世表达了怎样的感情?两个"不愿"起什么作用?

为人民做牛马的人离开人间,人民怎能不哀思如潮?不悲痛万分?然而,更重要的是继承遗志,努力战斗,两个"不愿",正是要把无限的悲痛化为前进的力量。悼念先生的最好行动是"只有踏着他的血的足印,继续前进"。

感情收敛起来,似乎可以收笔了,为什么又要写下最后一句话呢?因为作者崇敬、爱戴、怀念等深情交织在一起,不能"自已",抑制不住,不得不奔放出来,情动于中,故而言溢于外,于是写下了这篇悼念先生的文章。感情抑扬,结尾起伏,故意味隽永,叩击读者的心扉。

这一部分的抒情、议论,是前一部分记叙的发展和升华。

五、指名朗读全文,加深对主题的理解

40多年前阿累见鲁迅"一面",终生难忘,获得精神力量。我们虽不能亲自见到鲁迅,但读了该文,也仿佛觉得刚与鲁迅见面回来,是那么亲切和难忘。

鲁迅是"站在前进行列最前面的我们的同志、朋友、父亲和师傅",你们对这句话是怎样理解的?能不能联系自己已学过的课文或课外读物中接触到的鲁迅先生的思想言行,举例说明。

(请几个学生说一说)

六、布置课外阅读,培养读鲁迅作品的兴趣,加深对鲁迅思想品格的理解与认识

1. 小结学生口头表达的情况。

以上学生说的都是奉献给鲁迅先生的爱戴、崇敬、热爱祖国、建设祖国的决心。这些还比较肤浅。要纪念鲁迅,学习鲁迅,认识鲁迅精神,就要认认真真读他的作品。

2. 分发鲁迅作品,指导:

① 先看"序"或"后记",了解写作意图和有关情况。

② 认真精读一两篇,从内容到文字仔细推敲,真正看懂。

③ 写一篇读书笔记,中心是赞鲁迅先生的思想品格、战斗精神。

【板书设计】

一 面

抓住特征,渲染铺垫 ⎫ 小中见大　　同志、朋友、父亲和师傅
反复描写,逐层深化 ⎭ 刻貌传神　　伟大而高尚的灵魂
　　(瘦)

感到,断定,惊异,欢喜

【教　后】

1. 某学生能质疑了,说"他的面孔是黄里带白","黄里带白"是谓语,"是"是加重语气,既然加了"是",后面就应加个"的"。表扬这位学生读得仔细,并解答了她的问题。

2. 有学生问:"那个名字在心里'蹦'就是了,为何要'我向四周望了一望'?"议论时突出了当时社会环境的恶劣。

3. 教外形描写时,一位学生认为先用写意画的笔法,然后工笔画细描,再后笔墨加浓,写法是由远而近,理解得较好。另有位学生不满足教师的归纳,认为进行肖像描写时还用了互相矛盾的手法,如"天真"与"五十左右"的矛盾,"大病新愈"与"精神很好"的矛盾等,有道理。

4. 口头练习时有个学生回忆《一件小事》读后受到的启发,也有学生谈为方志敏传递《清贫》等文稿的感人,又有学生谈读《"友邦惊诧"论》后对鲁迅先生疾恶如仇的理解。另有学生谈了不同的见解,认为鲁迅先生有时对人比较"苛刻",比如对李四光的看法。还认为鲁迅先生作品好,对自己有一定的参考价值。有的学生认为这位学生"狂妄""自高自大"。我肯定了这位学生能发表自己的见解,对后面的说法请她自己考虑。第二天再问她,她认为"有一定的参考价值",说法不对。

《一面》

5. 有个学生问文章是写鲁迅的,为何用很多笔墨写"内山"?教课时其他问题都注意解答,这个问题疏漏了,第二天早读课才补充解决了这个问题。上课要精心,不可有丝毫的疏忽,一定要努力把学生提的所有问题迅速地有条理地储存在自己脑子里,然后结合课文选择最恰当的时候解答。

《二六七号牢房》

【教学目的】

1. 从伏契克和他战友的坚贞不屈的崇高品德和高昂的革命乐观主义精神中受到教育与感染。

2. 学习通过具体事迹刻画人物优秀品质的方法,领会含蓄地表达思想感情的写作特点。

【教学时数】

两课时。

【教学步骤】

一、介绍作者与作品,激发学习热情

出示《绞刑架下的报告》。

这是一本著名的报告文学作品,又被译名为《绞索套着脖子时的报告》。作者是伏契克,捷克斯洛伐克共产党员,著名的反法西斯战士和作家。

请学生朗读注释①。

1942年4月24日,由于叛徒的出卖,他不幸被捕,囚禁于庞克拉茨监狱。在牢狱中他身受酷刑,刚毅不屈,英勇地进行斗争,表现了共产党人的大无畏的革命精神。《绞刑架下的报告》不是一般的报告文学作品,它是在身受摧残,又被严密监视的极端艰难的情况下,从"死神那里窃取的时间里",用生命写成的壮丽的英雄诗篇。这部作品共约七万字,分八章。开头三章——《二十四小时》《临死前的痛苦》(又译《弥留》)《二六七号牢房》,记叙被捕时的情形和最初一个时期的狱中生活。

伏契克于1943年9月8日英勇就义。烈士的英雄形象已经超越捷克的国界,活在世界革命人民的心中。让我们怀着对英雄的崇敬与缅怀,学习该文,从中获取丰富的营养。

二、阅读全文,初步掌握要点

《二六七号牢房》是《绞刑架下的报告》一书中最精彩的篇章之一,是伏契克英勇战斗的真实写照。先明确:

1. 全文三个部分围绕着一个中心写。围绕着一个什么中心呢?

揭露德国法西斯的凶狠残暴和色厉内荏的虚弱本质,歌颂捷克爱国者坚强不屈、英勇无畏的革命精神,坚信法西斯必败,捷克斯洛伐克人民必胜。

2. 在捷克英雄群像中着重写了哪些人?

卡瑞尔、"老爸爸"——约瑟夫·贝舍克,与牢房中的爱国志士组成的战斗集体。

3. 三个部分各写了什么内容?概括说明。

第一部分着重描绘爱国工人卡瑞尔·马里茨的光辉形象,揭露法西斯监狱的黑暗和残暴。

第二部分着重描绘老爱国志士约瑟夫·贝舍克的英雄形象,赞美爱国者之间深厚的战斗情谊。

第三部分叙述自己以对敌顽强斗争的实际行动鼓舞难友和同志,显示坚贞不屈的斗争意志和革命乐观主义精神。

三、分段推敲,理解重点语句的深刻含义

1. 第一部分:

(1) 牢房内恶劣的生活环境。

"从门到窗子是七步,从窗子到门是七步。""走过去是七步,走过来是七步。""这个,我很熟悉。""是的,这一切,我很熟悉。"——普通的语言,不普通的内容。揭示牢房的简陋、狭小;揭露捷克内外反动派是一丘之貉,都是迫害革命者的刽子手;表达作者身陷囹圄,渴望自由的感情和勇于献身的信念。

(2) 牢房生活。

读第1~4段、第12段。

牢房是人间地狱,对革命者严密监视,精神上折磨,生活上虐待,拷打审问,"不是表露感情的地方"。作者揭露法西斯匪徒的凶残本质,对那些披着人皮的野兽进行控诉与鞭挞。

"趴""转动""举起""支着""翻过身来"等词句深刻地揭露法西斯匪徒摧残革命者的血腥罪行。

(3) 卡瑞尔的形象。

"这是我的义务","我只能这样做",这些看来平常的话饱含着他高度的思想觉悟和献身革命的精神。他爱妻子和孩子,然而酷爱自由胜于酷爱亲人,为了祖国解放事业,他离妻别子,献身革命。

对作者是战友情深,为了拯救战友的生命,他不得不借助外力进行强制。"命令他在五分钟之内准备出发……或者到绞刑架下去了结他的生命",他"跪在我的床边,双手捧着我的头,吻我",是那样从容不迫,视死如归。爱祖国,爱人民。卡瑞尔这个爱国者的形象,是捷克工人阶级优秀代表的高大形象。

2. 第二部分:

(1)"牢房里就剩下我们两个"一句在结构上联系上下文。

(2)"……从两个换成三个,又从三个换成两个,然后又是三个,两个,三个,两个,新的囚犯来了又去了",语言含蓄,感情深沉,既是对离去同志的无限怀念,对失去战友的无比悲痛,又是对灭绝人性、双手沾满革命者鲜血的法西斯侵略者愤怒的控诉。

（3）"老爸爸"的感人形象。

表情朗读第19~22段。

血肉凝成的友情："引号"不存在了；"变成真正的父子""习惯""字眼""腔调"都"掺合起来了"，四个"哪些"的语句都表明了这一点。文笔纯熟，感情深沉。

作者用极其朴素的语言叙述"老爸爸"对自己无微不至的关心和照料，由衷地赞美约瑟夫这位老爱国志士的高尚品格和无私无畏的精神。"一小朵雏菊和一根青草"这一细节描写，表现了对战友的鼓励，给死气沉沉的牢房带来生的气息。

"老爸爸"的高尚品质，坚定、无畏、乐观的形象与卡瑞尔一样，是通过一件件具体的事实加以表现和刻画的。

3. 第三部分：

这部分是重点。以侧面描叙的方法写虎穴中斗顽敌的情况。

（1）深刻的揭露。

读第26段。体会：敌人惨无人道地提审"不能移动"的囚犯，还要用载重五吨的大卡车，还要"握"枪"监视"，"怕我逃走"。作者用幽默辛辣的笔调入木三分地揭露敌人色厉内荏的虚弱本质，表露了对张牙舞爪敌人的极端蔑视。

（2）贴心的关怀。

"要拿稳啊"，"手里要拿稳，心里也要拿稳"，"从敲打厚墙的声音里，从管分饭的人送饭时候的眼光里，我体会出他们是在向我祝贺"——战友贴心的关怀，是对作者巨大的鼓舞。战斗，血的战斗，为了民族的解放，不是孤军作战，并肩前进的，随在身后的有无数战友，这就是革命的希望所在。

（3）由衷的歌唱。

"二六七号牢房在歌唱。我一生都在歌唱。"

"只要不灭亡,还要这样歌唱下去。"

"没有歌唱就没有生命,就像没有太阳就没有生命一样。"

革命者的生活里充满了战斗,充满了歌唱。这种歌唱是英勇战斗的伴奏,是革命乐观主义情怀的抒发,是对胜利到来的向往。

伏契克的一生是歌唱的一生,燃烧的一生,他坚信太阳"一定要继续照耀下去""人们一定会在他那温暖的光辉里生活下去"。伟大的革命理想,坚如磐石般的革命信念支持鼓舞他奋勇战斗,经受住难以忍受的肉体摧残与精神折磨,成为捷克人民的骄傲,虽死犹生的伟大战士。

伟大理想,坚强意志在战争年代十分可贵,在建设年代同样重要。

四、作业

1. 朗读第三部分。
2. 练习三。
3. 课外阅读《绞刑架下的报告》。

【教　后】

1. 学生开始对朴素的语言中寓含丰富的思想感情不注意,往往一读而过。着重讲了这个问题。欧阳修说过:"含而不尽之意,见于言外。"抓住每一部分的重点语句启发学生思考、推敲,如四个"七步",两个"熟悉"等,帮助他们学得深一些。

2. 一下课学生抢着要借《绞刑架下的报告》,看来已被文中英雄的高尚思想所感动。我带的四本太少了,不能满足学生的要求。

《拿来主义》

【教学目的】

1. 了解和学习鲁迅先生对待外国文化的正确态度与方法,发扬"拿来主义"精神,在阅读中外作品时注意吸取精华,剔除糟粕。

2. 理解本文在批判中立论的方法,领会运用形象化的比喻和幽默讽刺的语言来论证论点的写作特点。

【教学设想】

1. 以本文作为指导学生课外阅读的教材,重点放在文章的后半部分,使学生弄清楚什么是"拿来主义"。

2. 文章前半部分是难点,着重使学生认识"送去主义"的实质与危害,不在个别实例和语句上纠缠。

3. 重要段落加强朗读背诵,以加深对文章主要观点的理解。

4. 多用启发性的提问,注意培养学生思考、分析的能力。

【教学时数】

两课时。

第 一 课 时

【教学要点】

弄清"送去主义"的实质与危害,体会幽默讽刺的语言在批判错误观点时显现的表现力。

【教学内容和步骤】

一、由课外阅读引入课文,激发学习兴趣

同学们课外阅读兴趣很浓,阅读范围比较广泛。半学期以来,据初步统计,全班看的杂志多达 67 种。书也读得不少,科技作品不说,中外文学作品,也有 270 多本,平均每个同学课外书籍看五本左右。有个同学连杂志带书籍看了 40 多本。书的种类也较多,有唐宋诗词、《三国演义》《水浒传》、明清笔记小说选译,还有同学看《西厢记》。外国作品也看了不少,如列夫·托尔斯泰的《安娜·卡列尼娜》《战争与和平》、巴尔扎克的《高老头》、雨果的《悲惨世界》等。总之,古今中外的作品都有。

古代和外国的这一些文化遗产,我们在接触的时候,采取怎样的态度才是正确的呢?学习鲁迅先生的《拿来主义》,从中可受到启发,得到教益。

二、解题

请学生看课文注释,回答《拿来主义》一文选自何书。

针对学生回答指出:本文选自《鲁迅全集》第六卷的《且介亭杂文》。有一段时间,鲁迅先生住在上海闸北帝国主义越界筑路区域,这个地区有"半租界"之称。鲁迅先生有很强烈的民族自尊心,对帝国主义十分憎恨,因此将"租界"二字各取一半,成"且介",以表愤慨之情。"且介亭"标明这篇杂文是在上海半租界的亭子间里写的,形象地讽刺了国民党统治下半殖民地半封建的黑暗现实。

师生共读:且介亭杂文。

"拿来主义"是鲁迅先生创造的词语。什么叫"拿来主义"呢?为什么对文化遗产必须采取"拿来"的态度呢?这就是学习这篇文章要弄明白的问题。

三、讲读课文前半部分

文章前半部分是第1～4段。请学生阅读思考：鲁迅先生在提出"拿来主义"主张之前，先批判了哪些主义？重点在揭露和批判什么主义？

学生阅读、思考、回答，明确：批判"闭关主义"和"送去主义"，重点在后者。运用学生粗知的鸦片战争、中日甲午战争、八国联军等历史知识，加深对"又碰了一串钉子"的理解，懂得文章开头两句话从追述清政府的闭关锁国政策入手，非常概括地说明中国近百年来从盲目排外到一味媚外，从"闭关主义"一变而成"送去主义"，从历史、社会根源揭示"送去主义"的本质。

1. 学生细读第1段，思考回答：什么是"送去主义"？鲁迅摆了哪三件事实来揭露的？三件事都着眼在一个什么字上面？"别的且不说罢""不知后事如何""也可以算得显出一点进步了"等语句在揭露中起什么作用？

要求学生条理清楚地口述三件事，明确：举的三件事都着眼于一个"送"字，"先送"、"捧"中寓"送"、"还要送"，虔诚恭敬之态可掬，无情揭露了国民党反动当局及其御用文人的卖国媚外嘴脸。批判锋芒不是对着几位艺术家，而是指向利用这几件事大叫什么"发扬国光""催进'象征主义'"的反动文人。

"不知后事如何""也可以算得显出一点进步"是用反语进行强烈的讽刺和鞭挞。"后事"是盗卖文物，盗卖古代珍宝。以展览古董为名，行盗古董之实。鲁迅明知，却说"不知"，以此表达强烈的憎恨。反用"进步"起同样作用，实质是堕落、无耻，字里行间充满了憎恶与鄙视。

学生齐读第1段，思考、议论、回答"别的且不说罢"的作用，明确：这一句非常严密地把要揭露的、论述的范围加以严格的限制，单讲文学艺术上的东西。其实，国民党反动派搞"送去主义"，何止只是"学艺"上的问题？何止只是文化领域的事情？当时是1934年，日本帝国主义的魔爪已经伸到了东北、华北，国民党政府推行卖国政策，变本加厉地出卖国家的领土、资源和主权，确实"成了什么都是'送去主义'了"。因此，用"别的且不说罢"的句子，不仅使论述的范围明确，而且增添了揭露的深刻性。

2. 第2段以朗读过渡，讲述"礼尚往来"的含义。

国民党政府卖国媚外，只送去，送去，送去，不拿来。只送去不拿来的后果怎样呢？

3. 学生默读第3段，要求找出说明只送去不拿来的后果的关键语句，思考鲁迅先生用怎样的笔法来论述这个问题的。

学生默读时巡视、指导，辨别"诩""炙"的字形、字音，讲述"自诩""残羹冷炙"的含义。

学生议论、回答，明确：后果是——我们的子孙，"当佳节大典之际，他们拿不出东西来，只好磕头贺喜，讨一点残羹冷炙做奖赏"。卖国的结果是使我们的子孙后代无法立足于世界民族之林。"磕头贺喜""讨"等词活画出所处的地位与神态，描画出可悲的亡国奴景况。"残羹冷炙""奖赏"等词感情色彩浓烈，深刻揭露帝国主义榨取中国人民脂膏的吸血本质和恶劣伎俩，寓强烈的愤怒于幽默讽刺之中。

学生讨论后，教师归纳、明确：论述国民党政府实行"送去主义"的严重后果时，作者未直说，而是先用反语讽刺；"送出去"明明是坏，说"不算坏事情"，以敌人自我解嘲的话鞭挞敌人；"丰富""大度"不过是"送去主义"者掩盖媚外卖国实质的遁词。接着，与尼采自诩为太阳作比较，一针见血地指出"只是给与，不想取得"是发了疯，吹嘘"中国地大物博，开化最早，道德天下第一"的"送去主义"者，势必使中国国势日弱，文化贫乏，最后完全沦为殖民地。最后，举开掘地下的煤为例引出"送去主义"的严重后果，既深刻论述了"送去主义"的危害，又辛辣地嘲讽了国民党的奴才相。笔法曲折，解剖入木三分。

学生朗读第3段,体会内容与写法。

4. 学生朗读第4段,思考回答:这一段中区别了哪两个词?为何这样区别?对"我在这里不想举出实例"应怎样理解?

学生回答:特地区别"抛来"与"抛给",讽刺国民党不过像叭儿狗得到主人"抛给"的骨头一样。"抛给",贬义,用鄙视的目光。洋大人不会发慈悲心,他们以主子自居,把中国人民身上榨取的血汗、掠夺去的财富,吃剩下来,抛一点儿给走狗,以作为进一步榨取的诱饵。明确:"我在这里不想举出实例",是因为"抛给""送来"的实例比比皆是,举不胜举;是因为国民党政府对这一点讳莫如深。这样写既对卖国政府进行含蓄锐利的批判,又抒发了作者的愤慨之情。

四、小结

(破)闭关主义　　送去主义

学艺 { 内容 / 实质 / 后果 }

以上是文章的第一部分。这一部分揭示了反动统治集团由"闭关主义"变为"送去主义",由"惧外"到"媚外"的发展逻辑,着重批判了"送去主义",把它的内容,特别是"学艺"方面的具体内容、反动实质、恶劣后果揭露在光天化日之下,破得彻底。而且,把问题放到了总结近百年历史教训的广阔背景上来论述,运用充满感情色彩的语句表达,既深刻、又有战斗力。

学生自由朗读第1~4段,认真体会其内容与语言的表现力。

五、作业

(1) 给加点的字注上汉语拼音。

礼尚往来　自诩　残羹冷炙　冠冕

(2) 预习课文的后半部分,要求仔细读两遍,不认识的字查字典。

第 二 课 时

【教学要点】

理解"拿来主义"的主张,领会运用形象化的比喻阐明抽象的、深刻的道理的写作方法。

【教学内容和步骤】

一、检查复习

注音：礼尚(shàng)往来　　自诩(xǔ)　　残羹(gēng)冷炙(zhì)

二、讲读课文后半部分

1. 指名朗读第5、6、7段。

注意对"吝啬""髓"正音。吝(lìn)啬(sè)　髓(suǐ)

2. 要求学生思考回答：作者批判了"闭关主义",尤其是批判了"送去主义"之后,是怎样提出"拿来主义"主张的？哪些词语饱含了讽刺的意味？"送来"和"拿来"区别何在？为什么要把"送来"和"拿来"加以区别？

3. 学生讨论后,明确：先用"我在这里也并不想对于'送去'再说什么,否则太不'摩登'了"一句推开上文,然后提出自己"拿来主义"的主张。先破后立。前半部分着力批判"送去主义",破得彻底,然后提出"拿来主义"的主张,就立得鲜明。"摩登",讽刺反动文人无耻地奉行"送去主义",趋时逢迎,赶时髦。用"吝啬"与上文的"大度"进行强烈的对照,对"送去主义"者进一步讽刺。

作者用列举的方法一针见血地阐明"送来"的实质,揭露帝国主义企图亡我的罪恶。从经济到军事到文化,所谓的"送来",就是贪得无厌的侵略、掠夺。"拿来"则不然,是中国人民根据自己的需要,主动"运用脑髓,放出眼光,自己来拿"。一"送"一"拿",本质不同,内容全异,将二者严格区别,既可明辨是非,澄清人们"吓怕"了的模糊思想,又可使所立的论点更加鲜明突出。

4. 齐读、背诵第 7 段。

5. 指导阅读第 8、9 两段,要求弄清楚:作者以什么作比方来阐明对待文化遗产的态度?批判了哪三种错误倾向?表现这些倾向的关键词语是哪些?"拿来主义"者采取怎样的态度?整个论述过程中运用了比喻论证,起什么作用?

6. 学生回答,教师择要板书:

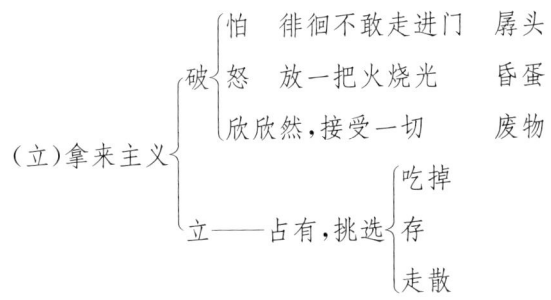

7. 学生讨论回答时,除明确上述破与立的内容外,还须强调:对待文化遗产"占有"是前提,"挑选"是关键。"不管三七二十一,'拿来'",语气斩钉截铁。"挑选"要"运用脑髓,放出眼光",标准在是否对我们"有营养"、有"用",从而区别对待,吸取精华,剔除糟粕。文中运用"大宅子""鱼翅""萝卜白菜""鸦片""烟枪烟灯"及"姨太太"等当时人们熟悉的事物打比方,具体、通俗、形象,使如何对待文化遗产这个抽象的问题具体化。深奥的道理浅显化,破立鲜明,取舍清楚,不仅闪烁着历史唯物主义的光辉,而且漫画式地勾勒"孱头""昏蛋""废物"等形象,语言生动,妙趣横生。

8. 齐读最后一段,指出在分析论证的基础上加以总结,是全文思想和语言的精华所在。

9. 要求学生逐句讲述含义,明确:第一句重申"拿来"的主张,既紧扣题意,又收束全文。第二句承接前一节的"挑选",根据对我有用的原则,对文化遗产区别处理。(在板书"吃掉""存""走散"后面分别写上"或使用""或存""或毁灭"。)第三句阐明"拿来"的目的是推陈出新,创造无产阶级新文化。第四句与前文斥责的"孱头""昏蛋"相照应,提出在对待文化遗产上辨别真假革命者的标准,明确地说只有"沉着、勇猛,有辨别,不自私"的无产阶级革命文艺工作者,才能担当起破旧创新的艰巨任务。最后一句是全文的中心思想所在,用排比的手法,双重否定的句子强调实行"拿来主义"的必要性与重要性;言简意赅,感情真切。

10. 自由朗读最后一段;教师提问,学生背诵。对待文化遗产我们应采取怎样的态度?背诵第一句。怎样"拿来"?背诵第二句。"拿来"的目的何在?背诵第三句。怎样的人能真正担当起"拿来"的任务?背诵第四句。全文的主旨是——师生一起背诵文章的最后一句。

三、总结全文,加深理解

这篇文章至今仍放射着思想的光辉。就其见解来说,仍有现实意义。作者所论证的"拿来主义"的主张,跟马克思、列宁、毛泽东同志所讲的对待文化遗产的历史唯物主义观点是吻合的,一致的,我们至今还在用。邓小平同志在第四次文代会上说:"所有文艺工作者,都应当认真钻研、吸收、融化和发展古今中外艺术技巧中一切好的东西,创造出具有民族风格和时代特色的完美的艺术形式。"这是对"拿来主义"的极其精辟的解释。

写作方法有什么特色?要求学生回忆前一节课的板书,运用这节课的板书,扼要说明先破后立、有破有立的方法,说明运用贴切的比喻、幽默的语言阐明抽象的深奥的道理的特色。

指名学生朗读全文,集体背诵第10段。

四、布置作业

1. "思考和练习三",课后完成。

2. 运用"拿来主义"观点,写一篇分析课外阅读的古代或外国文学作品的短文。

【教　　后】

1. 原以为课文较深,学生不易理解。实践证明,学生对文中的主要观点能掌握。教师只要注意引导,学生学起来就很有兴趣。对学生应有足够的估计,特别是他们学习上的潜力。

2. "残羹冷炙"一节笔调既含蓄,又曲折,是本文的难点所在,教时兜了一些圈子,未能单刀直入地阐明要义。事前考虑不周,这类情况以后应努力避免。

《我的叔叔于勒》

【教学目的】

1. 理解资本主义社会中人与人之间的金钱关系,认识资本主义社会金钱至上的罪恶。

2. 理解课文中情节跌宕起伏的特点和人物心理变化的写法。

【教学时数】

两课时。

【教学步骤】

一、引用名言,揭示主题

马克思、恩格斯在《共产党宣言》中十分深刻地指出:"资产阶级撕下了罩在家庭关系上的温情脉脉的面纱,把这种关系变成了纯粹的金钱关系。""它使人和人之间除了赤裸裸的利害关系,除了冷酷无情的'现金交易',就再也没有别的联系了。"革命导师的剖析入木三分,尖锐地揭露了资本主义制度下金钱至上的罪恶。

《我的叔叔于勒》是法国著名的批判现实主义作家莫泊桑的短篇小说,他逼真地描绘了社会细胞——一个家庭发生的悲剧性的事情,深刻地反映了资本主义社会的罪恶本质。

二、检查预习,引起悬念

1. 这篇小说讲述了怎样一个故事?表达了作者怎样的意图?

记叙了菲力普夫妇急切盼望于勒发财归来以及与沦为穷水手的于

勒突然相遇的情景,反映资本主义社会人与人之间的关系是以金钱为转移的,是冷酷无情的现金交易。作者通过典型的艺术形象暴露和批判资产阶级金钱哲学的罪恶。

2. 小说采用了第几人称的手法?主要人物是谁?既是菲力普夫妇,为何又以"我的叔叔于勒"为标题呢?

小说采用了第一人称的写法,通过若瑟夫的自述,生动地描述了"我"一家对于勒态度前后的曲折变化,由于自叙,十分逼真。

主要人物既是菲力普夫妇,为何又以"我的叔叔于勒"为标题呢?于勒在文中又起什么作用呢?弄清情节的起伏跌宕就可获得解答。

三、理解情节的巧妙安排

采用先粗后细的方法理清情节。

1. 本文可分为两大部分,该怎么分?第一部分怎么写于勒?第二部分又怎么写?表现菲力普夫妇前后怎样的心情?用两个词语分别加以概括。

第一部分(第1～19段):对于勒虚写。盼望。

第二部分(第20～49段):实写。失望。

2. 还可分细一点,按故事的开端、发展、高潮、结局再划分一下,请同学分。

第1～4段:故事的开端。

第5～19段:故事的发展。

第20～38段:故事的高潮。

第39～49段:故事的结局。

3. 小说围绕人与人之间的关系开展故事情节,情节安排得十分巧妙,起伏跌宕。(板书:起伏跌宕)

(1) 阅读故事开端部分,抓住关键词语说明菲力普一家的概况。

生活拮据(属于小市民)

衣冠整齐(装模作样,虚荣)

永不变更的话(像在盼望什么)

"惊喜"(盼望)

(2)菲力普一家急切盼望的那个人是怎样的人呢?情节开始跌宕,运用插叙展现于勒过去的情况。

盼望的原来是全家的"恐怖""坏蛋""流氓""无赖",家里人"打发"他到美洲去。

(3)这样的人全家为什么如此盼望他归来呢?

"希望。""唯一的希望。"两封信成了菲力普家的福音书,于是,于勒变成了"正直""有良心""有办法"的人;菲力普一家盼望于勒归来的情绪与日俱增。归根结底,于勒是和财、和钱连在一起的。全家认为于勒回来是十拿九稳的事,因此订了上千种计划。

(4)此时,这家人对于勒的态度如用一个字来概括应是什么呢?

热。当时菲力普夫妇心情平静、快活。(海水的描绘)

(5)朗读第20~38段。经过层层铺垫、渲染,于勒终于出现了。眼前的于勒是怎样的形象呢?父亲态度如何?母亲呢?

一个衣衫褴褛的老水手。"郑重其事"请女儿女婿吃牡蛎的父亲,原本要装腔作势摆"高贵"的架子,一看到成为穷水手的于勒,脸色"苍白",神色"狼狈";母亲始而"害怕""哆嗦",继而"暴怒"、大骂。于是,于勒在他们心目中又成了"贼""流氓",怕他"拖累我们",于是走开、躲避。态度由热而冷。("紫色阴影"的描绘)

4. 小结。

这样安排,情节跌宕起伏,把菲力普夫妇对于勒前热后冷的态度淋漓尽致地表现出来。于勒是情节发展的关键,故事始终围绕着对于勒的态度进行的。于勒又是财富有无的象征,对菲力普夫妇思想性格的刻画起着重要作用。小说借于勒深刻地揭露了他们金钱至上的卑劣品质。

既然小说解剖刀的锋芒对准菲力普夫妇,为什么又要以"我的叔叔于勒"为标题呢?小说是以"我"——若瑟夫的口吻叙述的,重点在"我的叔叔"。在金钱主宰一切、支配一切的社会里,父母亲把自己的亲兄弟视为陌生的路人,甚至骂他为"贼""流氓",躲而不见,这就更为深刻地揭露了资本主义社会人与人的关系只是纯粹的金钱关系,冷酷无情的"现金交易",也表示了孩子的心未被铜臭完全沾污,他不平,心里在呐喊:"这是我的叔叔,父亲的亲弟弟,我的亲叔叔!"

四、在讲析情节的同时,帮助学生理解人物形象的刻画

菲力普夫妇有共性,又有各自的个性。

1. 要求学生口头简析他们的共性与个性。

要点:发财观念极重。只有金钱利害关系,无半点手足之情。一个极爱虚荣,附庸风雅,胆小懦弱;一个鄙吝、尖刻、泼辣、自私。

2. 抓住关键词句,紧扣情节发展,理解人物心理变化的描写。(指导看板书,要求学生口述)

五、结束语

作者通过社会细胞——一个家庭发生的认不认亲人事情的描述,反映了资本主义社会人与人之间的尔虞我诈,揭露了资本主义制度金钱至上的罪恶本质。

小说以小见大,写出了旧世界的世态炎凉,只认钱不认人,人情薄如纸。我们生在新社会,读读这样的小说,有助于我们认识资本主义社会的本质,珍惜今天同学之间、师生之间、亲友之间的真挚情谊,热爱我们的社会。

六、简介作者,布置课外作业

1. 莫泊桑(1850—1893)是19世纪法国批判现实主义作家,短篇小说的巨匠,一生写了300多篇短篇小说。小说题材广泛丰富,人物刻画生动形象,语言简洁朴素。其中十分著名的有《项链》《羊脂球》《俊友》《一生》等。他的小说,真实而深刻地揭露法国资本主义社会的黑暗与丑恶。

2. 阅读《语文阅读教材》(自编)第二册中的《项链》,理清情节,分析其主题思想。

3. 抄写词语;书面分析菲力普夫妇的个性与共性。

【板书设计】

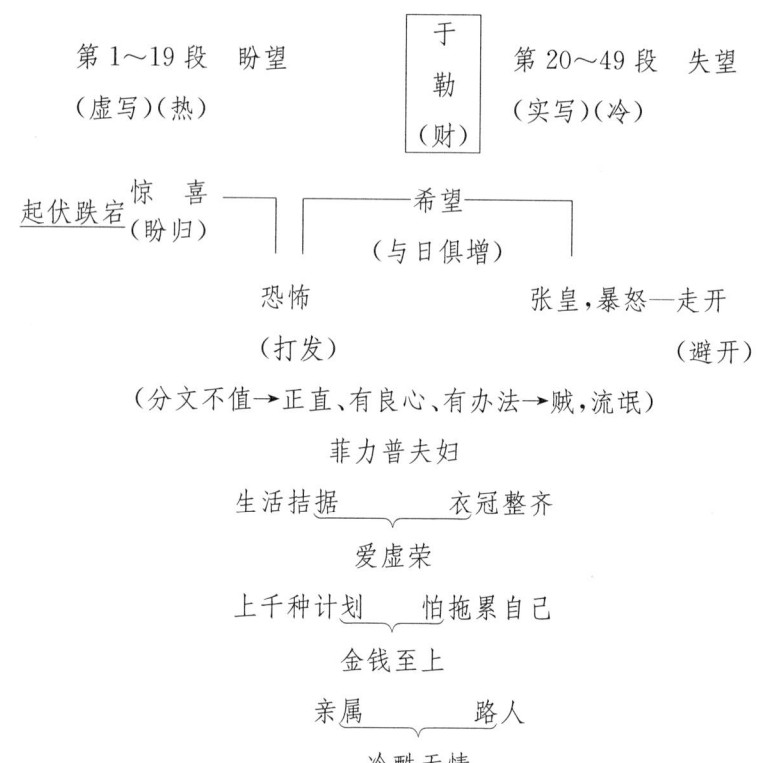

【教　　后】

1. 《共产党宣言》中两段话叫学生听写,加深印象。

2. 叫两个概括能力较差的学生讲述小说记叙怎样一个故事时,前半段较好,后半段啰唆。要继续注意培养口头表达的能力。

3. 理清情节时,学生有争议。高潮与结局的划分有的同学分在第42段,有的分在第47段,讨论结果,仍以分在第38段为好。

4. 学生找关键词句有一定能力,有一定的速度。由于师生呼应较好,两节课能轻松愉快地完成教学任务。

《竞选州长》

【教学目的】

1. 认识资产阶级"民主政治"和"自由竞选"的虚伪性和欺骗性。
2. 理解摘引文字在情节发展与揭示主题中的重要作用,以及它与作品中"我"的心理反应交叉起来写的艺术特点。

【教学时数】

两课时。

【教学步骤】

一、运用比较,引入课文

一篇小说往往具有哪些特点呢?请学生回答。有较完整的故事情节,有鲜明的人物形象,有典型环境的描写,通过特定的人、事、景的描写,表现作者的写作意图,表现作品的主题思想。

然而,这些特点在作家的妙笔之下,可以表现得形式多样,各具特色。美国进步作家马克·吐温的《竞选州长》,就是一篇别具一格的短篇小说。在这篇小说中没有常见的景物描写和故事情节,通篇是怎样写的呢?请学生在预习的基础上思考回答。

通篇是独立党候选人"我"的自白。

"我"的一系列心理活动又是随着什么而引起、而发展的呢?众多的新闻报道和匿名信。因此,摘引有关文字与"我"的自白交叉写,构成了这一篇小说很大的艺术特色。

二、朗读文章的开头结尾,思考回答

1. "我"参加竞选有什么显著长处?作者用怎样的写法来突出"我"的长处?有这样的长处,在竞选中应该获得怎样的结果?

2. 事实呢?"我"成了怎样的人?"我"原来是怎样的心情?现在又是怎样的心情?找出关键词句。

"我"的显著长处是"声望还好"。为了突出这个长处,作品运用了对比的方法,用词幽默。先退一步说,"即令他们曾经知道保持名誉的好处,那个时候也已经过去了";进而直截了当地指出"他们显然对各式各样可耻的罪行都习以为常了"。两相对照,"我"竞选的条件优越,觉得有取胜的把握,故而暗自"得意"。(作者未直接斥责竞选对手伍德福和霍夫曼是劣迹昭著的恶棍,而是揶揄挖苦,把憎恶、轻蔑之情渗透于字里行间。)

然而,事实是怎样呢?"我"原是个正派人,几个月的短暂时间却成了身败名裂的罪犯,只得"偃旗息鼓,甘拜下风"。原来是心情"快乐",而今落得个"满怀懊恼"。

"声望还好"的正派人落得如此下场,而不出场的无耻之徒竟然得逞,这就撕开了资产阶级社会的遮羞布,戳穿了美国"民主政治"与"竞选自由"的虚伪性和反动性。

作者引文至此,满含愤怒,把自己和作品中的"我"融为一体,签上自己的名字,加上一系列犯罪的帽子,大大增强故事的真实性。

一个参加竞选的正派人怎么会一下子成为十恶不赦的罪犯呢?请看未公开出场的竞选对手的卑鄙伎俩!

三、理解文章的主体部分

1. 两个学生朗读,一个读摘引文字,一个读"我"的反应与辩白。

2. 思考回答:

(1) 竞选对手采取了哪些伎俩?为什么采用这些伎俩?

（2）对手怎样步步升级？"我"怎样步步退让？表现了双方各是怎样的人？（紧扣关键词句理解）

（3）摘引文字在文中起何作用？从摘引的新闻报道中怎样理解资本主义社会里的舆论工具？

（4）文中怎样把摘引文字和"我"的心理状况交叉起来写的？这样写有何效果？表现了作者怎样的写作意图？

3. 学生讨论后，归纳要点：

（1）劣迹昭著的竞选对手采用了造谣污蔑，恶意中伤，恫吓构陷等极其卑劣的手段。为了达到当选纽约州长的目的，心狠手辣，无所不用其极，欲置"我"于死地而后快。

（2）对手诬陷步步升级，"我"成为被告，步步退让。

请学生根据文章内容列表标明。

对手	"我"	
1. 动辄相提并论。	1. 烦乱（卷入漩涡，无法撒手）。	
2. 捏造"伪证罪"。"以保持缄默，似有隐衷"，落实"伪证罪"。	2. 诧异得要爆炸（不知所措）。	
3. 捏造"小偷罪"。	3. 戒心（畏若蛇蝎）。	
4. 捏造"盗尸罪"（聚众冲击，抢劫财物）。	4. 逃。	缄默
5. 诽谤："酗酒"。	5. 难以置信。	
6. 社会上的匿名信、恐吓信。	6. ……	
7. 捏造"贿赂罪""讹诈罪"。	7. 没有办法，深感羞辱，准备"答复"。	
8. 捏造一系列新的恐怖事件。	8. 恐慌、发疯、动摇。	

无稽的指控，下流而恶毒的谣言，公开的动武与迫害，这就是竞选对手资产阶级政客为了达到竞选获胜的目的而采取的种种卑鄙伎俩。这两

位"先生"不仅自己声名狼藉,劣迹昭著,而且手段卑鄙,心毒如蛇蝎。

"我"是一个老实憨厚的受诬者,阅历甚浅,性格懦弱。与上述大搞阴谋诡计的对照,竞选败下阵来,看来在意料之外,而在资本主义社会中,又必然是在意料之中。开头的"浑浊潜流","祖母"信中的话不仅证明此人正派,更预示了他的可悲结局。

这部分是情节的发展、高潮,辛辣地描绘了竞选的丑态,戳穿了美国"民主政治"的虚伪性。

(3)摘引文字组成了情节发展的线索,把未公开出场的讽刺对象揭露得淋漓尽致。明明是臭名昭著的恶棍,陷害竞选对手时,一会儿摆出主持正义、仗义执言的架势,一会儿道貌岸然、故作正经,一会儿雇用打手,贼喊捉贼,卑鄙肮脏的灵魂跃然纸上。

摘引时详略分明,既直录,又穿插转述,引文多变化,情节如波浪起伏。

摘引的新闻报道充分说明资本主义社会的舆论工具操纵在资产阶级手中,依附于资本与钱袋,可以颠倒是非,骗人耳目。

(4)"我"的心理状态,"我"的表白随着摘引文字的内容发展变化。矛盾双方一明一暗,一方在暗里步步进逼,得寸进尺,射一枝枝冷箭,一发发冷枪;一方在明处节节后退,由自信到恐慌到懊恼,以致放弃竞选。这样明暗搭配,明暗相辅,如在用口头语言辩解书面伪造的文字,情节紧凑,气氛紧张,增强了真实感,增强了艺术效果。

作者用夸张的漫画式的笔触,艺术地再现美国社会中竞选的种种秽闻丑事,对"民主政治""自由选举"进行讽刺与批判。

小说善用幽默的语言,时而挖苦,时而揶揄,时而犀利,时而含蓄,嬉笑怒骂,皆成文章。

四、总结全文

这是一篇政治讽刺小说,写于1870年,是马克·吐温早期的优秀作品之一。

马克·吐温说过:"只有建筑在真实的生活基础上的幽默才会不朽。"这篇幽默的讽刺小说之所以流传至今,就是由于建筑在美国真实生活基础之上的缘故。

开头我们讲到这篇小说别具一格,请学生有条理地归纳概括该小说的主要艺术特点,使"别具一格"具体化。

五、布置课外阅读

1. 读《百万英镑》提要,回忆《百万英镑》的电影,体会马克·吐温的写作意图和构思特色(《外国文学作品提要》第一集)。

2. 请一学生介绍马克·吐温的生平与主要作品。

3. 读姚雪垠的《谈文学语言问题的一封信》(《小说季刊》1981年第1期),做简要的笔记。

【板书设计】

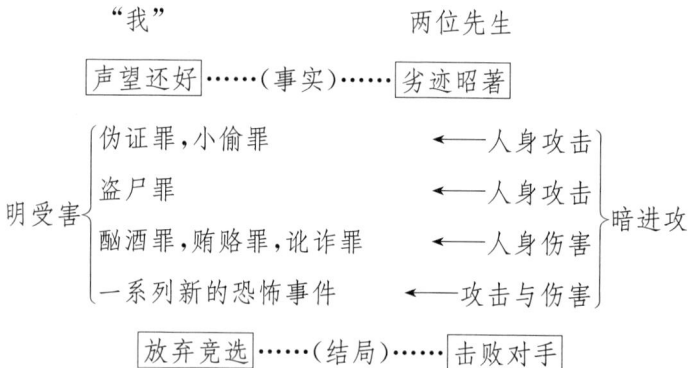

【教　后】

1. 学生朗读时有些字读不准,有些意思讲不清,要求他们立刻查字典。教的过程中加强了字词教学,如动辄(zhé)、讹(é)诈、偃(yǎn)旗息鼓。

2. 课外增加抄词、解词的练习。

3. 请两位学生分读,效果很好,有的学生讲,简直就像真的。

4. 请一学生介绍了马克·吐温的生平,并推荐了他的主要作品。由于他准备得比较充分,所以其他学生听得很认真,并要求他写在黑板上,便于记录。

5. 联系到去年年底的美国总统大选,加深对美国"民主政治"的认识。

《老杨同志》

【教学目的】

1. 学习通过人物的语言、动作来刻画人物的方法。

2. 体会赵树理的语言风格——通俗朴实、活泼生动和口语化,在习作中学习运用这样的语言。

【教学时数】

两课时。

【教学步骤】

一、作者介绍

课文节选自赵树理的小说《李有才板话》。原标题是"恒元广聚把戏露底",现在标题是编者加的,突出节选部分的核心人物"老杨同志"。

赵树理,现代优秀作家。1904年出生在山西省沁水县的尉迟村。他自小喜爱民间文艺,对曲艺、戏剧和民间乐器特别感兴趣,这给他以后继承和发展民间艺术打下扎实的基础。他熟悉农民生活,为文艺通俗化做了很大努力。

他的有名著作是《小二黑结婚》《李有才板话》和《三里湾》等。1970年被"四人帮"迫害致死。

二、关于《李有才板话》

该书取材于抗战时期解放区的斗争生活。李有才是小说中阎家山最贫穷的秀才。他机智、幽默,用自编的快板辛辣地讽刺地主阎恒元,戳穿他的种种阴谋。故事情节都用快板来贯串,所以叫《李有才板话》。

课文选自小说的第7段。

学习时重点放在如何刻画老杨同志这一点上。

三、请学生按老杨同志的活动足迹划分段落

第1段:老杨被介绍到模范村阎家山检查督促秋收工作。

第2~4段:到村公所与广聚初次交锋,广聚向恒元求教对策。

第5~9段:在老秦家吃饭,交谈中发现"模范村"的虚假。

第10~13段:在打谷场与群众一起劳动,细心了解,赶走广聚,得到群众的信任。

四、分析老杨同志形象(先画出描绘他的词句,再进行综合分析)

1. 在区农会时,他从介绍中得知阎家山是模范村,可到了那里后,他的态度、心情起了怎样的变化?

圈出表现他的语言、动作的关键词。着眼于一个"变",理解他的思想与性格。

先	后
(1) 等了一会;问"哪一位是村长?"——无架子。	(1) 刘打官腔,陈冷淡,他有些不耐烦,话中有刺。一"丢"一"坐" 不满。
(2) 先婉言谢绝,很有分寸。	(2) 严肃回绝,义正辞严。

——表现出他政治上敏感,原则性强,对作风不正的刘广聚憎恶、不满。作者不仅正面描写,还通过广聚所见侧面描写。(土眉土眼,不随和)

应酬(chóu):交际往来,接触的意思。

2. 为何要写广聚向恒元求教对策的情节?

为老杨后面的活动及进一步展示他的精神品质设置悬念;能否经

受住考验？会不会被敌人拉过去？情节显得曲折、有波澜。

3. 老杨同志对老秦和其他群众的态度如何？怎样做有心人，注意调查研究的？圈出描写他语言动作的有关词句，并加以分析。

觉得对他客气，"不舒服"，表示要"吃一锅饭"。一家人不吃两锅饭。

称"老人家"，亲切尊重；不要称"先生"，而要称"老杨"，平易近人。

他的调查方式不是坐下来开会，而是急群众所急，扛起木锨、扫帚和群众一起打谷，与群众一样喝水、吃干粮，和群众打成一片，故而能了解到实情。

4. 老杨怎么会发出"模范村？这算什么模范？"的感叹？

老杨以自己的言行表明自己不是旧衙门的"官"，而是群众的贴心人，因而先后从老秦老婆、小顺、小孩子口中了解到农民押地，生活困苦，以及未组织互助小组的真实情况。发现"模范村"名字好听，实则是"不实在"，尽是虚假，故发出感叹。这个感叹，既表达自己的愤慨之情，又为下文的进一步调查研究打基础。

5. 老杨同志与广聚两次交锋的心情怎样？他的语言动作表现了怎样的思想性格？怎样的斗争艺术？

（1）朗读第2～4段与13段。

（2）第一次交锋：对广聚不满，说"你们忙得很"是话中有刺，明知故问。虽然是表面上的感觉，但反映了主人公的敏感。

第二次交锋：厌恶、憎恨，表明主人公鲜明的立场。

（3）从第二次交锋看老杨同志的斗争艺术：

先婉言推辞，"你且回去"，软钉子，有分寸；再表明态度，"半软半硬地发话"，区别"正事"与"闲事"，打击狗腿子气焰；然后毫不客气地打发刘广聚走："你还等谁？"

最后故意补说几句："没有见过这种村长！农救会的人到村里，不跟农民谈话,难道跟你村长去谈!"这些话旗帜鲜明,"碰"了群众"惹不起的厉害人",取得了群众的信任,群众从心底里觉得老杨"真是自己人"。

6. 综上所述,请学生归纳,说明老杨同志是怎样一个人?

要点:

老杨同志是个优秀的农村干部,生活俭朴,作风深入,平易近人。他阶级立场鲜明,坚持原则,政治敏感,对坏人坏事敢于斗争,善于斗争,被群众视为信得过的自己人。

五、朗读全文,并理解写作特点,尤其是语言上的特点

1. 注意字音：

箍(gū)　　兑(duì)　　随和(suí he)　　衙(yá)

烙(lào)　　扛(káng)　　锨(xiān)　　洽(qià)

2. 明确写作上一些特点：

(1) 描写人物运用白描手法,不加修饰。运用个性化语言(包括感叹与诘问),和在特定场合下表现思想感情的动作。衣着描写放在广聚的眼中,既可刻画俭朴,又暴露刘广聚的嘴脸。

(2) 语言通俗,朴素,生动活泼。如"话头有些不对""凑过来搭话",言辞简洁,绘出小心的神态。又如老秦的"官官相卫""一张疯嘴""劈头……一掌"等刻画出胆小怕事,思想闭塞的思想性格。再如快板的通俗、顺畅。凡此种种,皆是作者长期向人民群众学习语言的结果。

六、作业

1. 收集群众口头生动活泼的语言,丰富自己的语言仓库。

2. 练习三。

3. 课外阅读《李有才板话》《三里湾》《罗汉钱》《小二黑结婚》,并就语言风格问题开个小讨论会。

【板书设计】

老 杨 同 志

老杨同志
(爱憎分明)
- 对刘广聚：不耐烦，故意问；"且回去"，半软半硬；赶，"没见过这种村长！"
- 对老秦与其他群众：称"老人家"，"吃一锅饭"，一块打谷

【教　后】

1. 学生问：既然老杨同志被分配去"检查督促"秋收工作，为何要到比较进步的村去？是否与"检查督促"矛盾？开展了讨论，结论是不矛盾。

2. 备课时忽视"是荷"，学生质疑，始注意讲解。"是荷"表示承蒙恩惠，是客气话。这类词学生见得少，以后要注意指点。

3. 学生对文章语言上的特点理解不深，这是由于少接触赵树理同志文章的缘故。补讲了几个例子。

《松树的风格》

【教学目的】

1. 学习松树崇高的风格,立志做具有共产主义风格的人,为实现祖国的四个现代化贡献全部精力。
2. 学习运用比喻和联想阐明道理的写作方法。

【教学时数】

两课时。

【教学步骤】

第 一 课 时

一、解题

《松树的风格》是一篇脍炙人口的极富教育意义的好散文,作者是陶铸同志。

该文1959年2月28日在《人民日报》上发表之后,立即受到广大读者特别是青年们的热烈欢迎和喜爱,并很快选入语文教材,作为学习的楷模。文中松树鲜明的形象,崇高的风格,伴随着铿锵有力的语言,扣动人们的心弦。读时,受到感染,获得力量;读罢,深思遐想,领悟做人的真谛。然而,在"文化大革命"中,阶级异己分子姚文元出于林彪、"四人帮"反革命的政治需要,采用颠倒黑白、栽赃诬陷的卑劣手法,对该文及陶铸同志的其他一些文章,进行恶毒的攻击和污蔑,妄想使它们泯灭于人间。区区小丑岂能改变人民的意愿?经过长达十年的霜雪考验,《松树的风格》终于又与我们重逢。失去的佳品重新回到人民手中,倍觉亲切与珍贵。让我们怀着对陶铸同志无比崇敬与深切悼念的感情认真学习这篇文章,仔细体会老一辈无产阶级革命家对青年一代倾注的深情与期望。

二、学生轻声读课文,看注释,查字典,教师巡回答疑

正音正字:瘠(jí)　憩(qì)　奕(yì)　婀娜(ē nuó)　绚(xuàn)

三、讲读第1段

1. 启发思考:作者怎么会想到写这篇文章的?意图是什么?

2. 指名学生朗读第1段,其他学生看书思考,画出说明该问题的关键词语。

3. 学生回答,教师根据学生回答的内容或补充或小结。

小结要点:这一段是文章的第一部分,明确交代写作本文的缘由与意图。

先叙见景生情,为沿途松树不畏寒冷的姿态所感动,想写下自己的感受。冬天,万花纷谢,树木凋零,唯独松树"郁郁苍苍,生气勃勃,傲然屹立",神态非凡。作者见此,敬意油然而生。"油然"描写敬重感情的充盈旺盛,"久久不忘",形容感受深刻,铭记心间。

(板书:郁郁苍苍　　生气勃勃　　傲然屹立　　敬意)

再述写作意图。因"久久不忘",故"又谈到"这个问题,由松树的姿态想到松树的风格,希望青年做具有松树风格,即具有共产主义风格的人。文章步步推进,十分清晰地说明写作意图。

"想""写下来"—"不能写成"—"写出来",叙说写作缘由曲折有致,不平铺直叙,引人入胜。

四、讲读第2～8段

1. 启发:第2～8段是文章的重要部分,精华所在。自古以来,松树常被作为歌颂的对象,在诗、画、文中常见,以它来比喻、象征人的崇高品质。作者沿用了这种传统的比喻,给以崭新的内容。他从松树身上看出许多新的东西,看出共产主义风格的形象。松树究竟具有怎样的风格?这一部分就此作了精辟、生动的描述。

2. 学生齐读第2~8段。要求学生读后抓住关键词句概括回答松树具有怎样的风格。(学生回答,教师摘要板书:生命力强 自我牺牲精神 乐观主义精神)

3. 重点讲读第3~8段

作者对松树风格的三个方面作了生动细致的描摹,要求学生阅读思考:文中从哪些角度赞叹松树顽强的生命力?怎样盛赞松树自我牺牲精神和乐观主义精神?又为什么要写杨柳桃李?

学生谈自己的学习体会,教师更正或补充。

要点:

从"不择地势""不畏严寒酷热",不赖"施肥""灌溉",不屈于"狂风""洪水"等角度赞叹松树旺盛的生命力。"茁壮"准确地刻画出在任何艰难困苦的条件下松树种子一出土就顽强生长的动人景象。"吹不倒""淹不没""冻不死""旱不坏"铿锵有力,描绘其能冲决一切险阻的气势。"一味"写其专心不二,一个劲儿生长的可贵精神。

以"为了人类"做到了"粉身碎骨"来盛赞其伟大的毫无自私自利之心的自我牺牲精神。先一一述说松树的叶子、干、脂液、根、枝的用途,再指出众所周知的夏日遮荫、黑夜照明的作用。浑身是宝,为人所用。这样叙述,使"自我牺牲精神"具备了充实的内容,有极大的说服力与感染力。

以"总是精神奕奕",从不知道"忧郁和畏惧"赞扬其乐观主义精神。

赞颂松树风格之后,以杨柳、桃李作反衬,进一步突出松树风格的崇高。贬杨柳、桃李"不能给人以力量",赞松树能"给人以启发,以深思和勇气",一贬一赞,寄寓深情。

一名学生朗读第3~8段,要求声音响亮,感情充沛。其他学生认真看书,并思考赞叹松树风格的几段文字怎样既严整,又错落有变化。

4. 教师分析难点,并概括小结。

作者赞颂松树风格的三个方面,行文既严整,又错落有变化。"敬"字贯串始终,"原因之一""更重要的原因""还包含"把分别描述的内容紧密地联系起来,很为严整。但文章又错落有变化,使主题更为突出。写"生命力"用发自肺腑的两个赞叹句作结,引起人们共鸣。写"自我牺牲精神",在结论性话语之后,立即生发开去,用"要求于人的甚少,给予人的甚多"对松树伟大崇高的风格作精辟的概括,随之又引用鲁迅先生自我写照的话作为松树风格的写照。无私、忘我、心甘情愿为人类贡献自己一切的自我牺牲精神是松树风格的精髓,也就是共产主义风格的精髓,故着力强调。至于乐观主义精神仅一笔带过。

五、布置作业

熟读背诵第二部分,理解松树的风格,体会语言的生动、明确。

第 二 课 时

一、复习检查

请一名学生背诵文章第二部分,并简要说明松树具有怎样的风格。

二、讲读第9~14段

1. 过渡:第二部分作者生动地描述了松树的风格之后,用"看""想""联想"的句子过渡,由树及人,以松树的风格喻共产主义的风格,要言不烦地阐明共产主义风格的根本内容。既然共产主义风格的精髓所在已经十分清楚,那么具有共产主义风格的人应该是怎样的呢?文章的第三部分就从这一点出发,结合实际进行具体的论述。

2. 学生轻声读第 9~14 段。要求学生读后简明扼要地回答这一部分内容。

学生发表意见,教师或肯定或纠正与补充。

要点:先紧扣上文松树风格的三个方面说明具有共产主义风格的人应具备的优良品质,再述说在革命艰苦的年代和在社会主义建设时期很多具有共产主义风格的人的忘我表现,最后断言具有共产主义风格的人越来越多,并殷切期望每一个人成为具有共产主义风格的人。

3. 运用朗读对照的方法帮助理解以松树喻人的新意。

请一名学生朗读松树风格的三个方面,一名学生朗读第 11 段。

在学生对照思考的基础上,教师指出:以松喻人,如前所说,是传统惯用的比喻,在大诗人杜甫的《将赴成都草堂途中有作先寄严郑公五首》的第四首中就有"新松恨不高千尺,恶竹应须斩万竿"的名句,以表达其铲除腐旧的恶势力,培养新生力量的强烈爱憎。然而以松树的风格喻人的共产主义风格,这是前所未有的。作者以一个共产主义战士的敏锐目光观察松树,推陈出新,其高度、深度远非前人所能比。笔笔写松,处处喻人,使共产主义风格得到具体生动的说明,说理深刻,形象鲜明,给人以感染与力量。第 11 段中的"每一个……都应该……",语气斩钉截铁,指出无一可例外。这就使松树比喻的新意得到了充分的阐发。

4. 学生朗读第 12、13 段,要求思考回答:这两段着力赞颂什么精神?表现这种精神的关键词句是什么?这两段的末尾一句有何特点?起什么作用?

学生发表意见,教师或补充或小结。

要点:作者饱含深厚的革命感情赞颂具有共产主义风格的人的自我牺牲精神。忆革命艰苦年代,"他们贡献出所有的精力,甚至最宝贵的生命";看建设时期,他们"一切都是为了迅速改变我国'一穷二白'的面貌,一切都是为了加速我们的社会主义建设"。"所有""一切"十分准确而深刻地表现了具有共产主义风格的人的崇高的思想境界,忘我的革命精神。

这两段末尾重复用了同样的句子,并使用感叹号表达强烈的感情。这样写由人及树,既与这部分开头的由树及人紧密呼应,巧妙地运用联想的方法来说理,又表露对松树久久不忘的敬意,更进一步突出松树风格的比喻意义,使人们对共产主义风格认识得更加具体深刻。

5. 齐读最后一段,要求学生体会两个"希望"句的重合内容与寄寓的无限深情。

三、教师小结

本文是一曲松树风格的赞歌,情深文茂,说理精辟形象。陶铸同志不仅给我们留下了这样"给人以启发、以深思和勇气"的好作品,更以自己的生命为人们谱写了一曲感人肺腑的共产主义风格的赞歌。在革命艰苦年代跋山涉水,舍生忘死;在社会主义建设时期废寝忘食,全力以赴;就是在惨遭林彪、"四人帮"迫害致死的前夕,他仍然革命意志坚如钢,以"心底无私天地宽"的诗句来表露自己坦荡的革命胸怀,忠贞不二的共产主义精神。许多无产阶级革命家、无数革命先烈就是具有松树风格的完美典型,一想到他们,敬意就油然而生;他们崇高的共产主义风格,我们要学习、继承,发扬光大。

四、请一名学生表情朗读全文

五、布置作业

1. 以松树的风格为喻,写一篇赞颂为"四化"献身的人的短文。
2. 读陶铸同志的《理想·情操·精神生活》,读后交流心得体会。

《地质之光》《探索星空奥秘的年青人》

【教学目的】

1. 学习新老科学家为发展祖国科学事业刻苦钻研、永攀高峰的革命精神。

2. 理解报告文学的特点,学习选择典型意义的材料结构情节、刻画人物、描写环境的方法。

【教学时数】

三课时。

【教学步骤】

一、激发兴趣,引入课文

在战斗中,轻骑兵是以行动迅速灵活而称著的。在文艺方面也有轻骑兵。如乌兰牧骑文艺小分队,驰骋在草原,为蒙古包里的牧民演出,被誉为"文艺上的轻骑兵"。

文学作品中也有轻骑兵,它就是报告文学。报告文学或称特写,以文艺形式来反映真人真事,被称为"文艺的轻骑兵"。它是第一次世界大战以后开始发展起来的年轻的文学样式,始于德国。在我国是在30年代开始出现的,在抗日战争、解放战争和抗美援朝战争中得到发展。夏衍的《包身工》、魏巍的《谁是最可爱的人》,皆是著名的代表作。

我们学过哪些报告文学的作品?

《谁是最可爱的人》《二六七号牢房》等。

请学生看课文第49页练习三,结合自己学过的课文,说说报告文学的特点。

1. 新闻性。写真人真事,不同于小说的虚构;反映及时,把最新发生的现象及时介绍给读者。

2. 文艺性。作艺术加工,不同于新闻报道,要讲究情节安排,性格刻画,环境描写和必要的细节描写,有一定的感染力,使读者想看、爱看。

本单元两篇文章就是报告文学作品。

二、**概括介绍,指导自学**

这两篇文章分别报道了新老科学家为祖国科学事业的发展做贡献的事迹。两代人有共同的奋斗目标,又有在各自的环境中从事科学研究的特色。

两篇都是节选。

《地质之光》是老作家徐迟同志的作品。粉碎"四人帮"后,他满怀激情投入生活洪流,先后写了《哥德巴赫猜想》《生命之树常青》等反映科技战线向四个现代化进军的优秀报告文学作品。《地质之光》也是其中之一,深受读者欢迎。全文由六个部分组成,节选的是最后两个部分,是原作中的高潮与结束,是描绘李四光这位科学家形象最重要的部分。

《探索星空奥秘的年青人》原载《解放军文艺》1978年第3期,课文是从其中节选的。

两篇节选的作品在选材、组材、人物刻画、环境描写上都不尽相同。请学生自学课文,要求:

1. 理清两篇文章中各选择的有典型意义的材料,先后有序地排列出来。

2. 划分段落,明确中心思想,积累有关词语。

3. 就选材、组材、人物刻画、环境描写四个方面比较两篇文章的异同。该题用画表方式说明,如下页的图表。

可自行设计,只要能说明问题就行。

内容比 \ 篇目	地质之光	探索星空奥秘的年青人
选 材	同 异	
组 材	同 异	
人 物	同 异	
环 境	同 异	

三、口头交流,取长补短

1. 交流第一题时,检查学生思路是否清晰,注意培养概括能力。前一课清晰,后一课整理不易,须注意指导。

2. 第二题交流从略处理。

3. 重点交流第三题,要求明确。

选材

① 同：材料具体,皆有代表性。

② 异：《地质之光》题材较大,主要写周总理、毛主席与李四光谈话的场景以及李四光演讲的场景。

《探索星空奥秘的年青人》是日常生活中的素材,看来虽平常细琐,但仍有典型意义。

组材

① 同：皆有详有略。

② 异：《地质之光》按时间顺序连贯起来写，不分小标题；着重从新的生活开始写。

《探索星空奥秘的年青人》运用倒叙方法。先以引子概括全文，然后分小标题，把一组组材料归在小标题下。

〔人物刻画〕

① 同：皆注意刻画人物的精神面貌。

② 异：《地质之光》以记叙谈话为主刻画人物。在进行人物语言描绘时，注意议论与抒情，还采用了细节描写的方法。

《探索星空奥秘的年青人》主要进行行为的描写，采用了客观描述的方法，而不是夹叙夹议。

〔环境〕

① 同：有一定的诗情画意，与人物的思想性格、事情的发展有联系。

② 异：《地质之光》重在社会环境的描写。突出一个"新"字，气势磅礴。着重写白天。

《探索星空奥秘的年青人》重在自然环境的描写，着重写夜晚星空的千变万化。

四、检查学习所得

1. 两篇文章从内容到表达的文字，哪些是值得学习的？

2. 你认为有无不足之处？

五、作业

1. 积累词语。

2. 课外阅读第三册阅读教材中的报告文学作品《为人民，我可不惜一切》《人民的好医生李月华》，摘录刻画人物、表现主题的警句。

【教　　后】

1. 学生能进行一些比较，但不够细，有粗疏之处。指导他们读书要精细，使文章中的内容、写法在脑中条分缕析地列出来。

2. 对"睐"进行了复习，唤起对《果树园》中景物描写的回忆，加深对这个字的印象。

3. 两篇文章虽词语丰富，但学生大都理解，就不重点讲了。

4. 学生对"谈笑风生"的"风生"不理解，加以指点。"风生"，形容谈话时气氛活跃，兴致勃勃。

5. 不少学生认为有些词用得不当，如"他说了这个很好的预言"，"说……预言"搭配不当。又如："今天的科学预言……"有歧义，若改为"今天的科学预言了……"就好些。再如"轻尘不飞""纤萝不动"用得过分了，无须如此夸张。

6. 有的学生认为《探索星空奥秘的年青人》事例太多，比较琐碎。